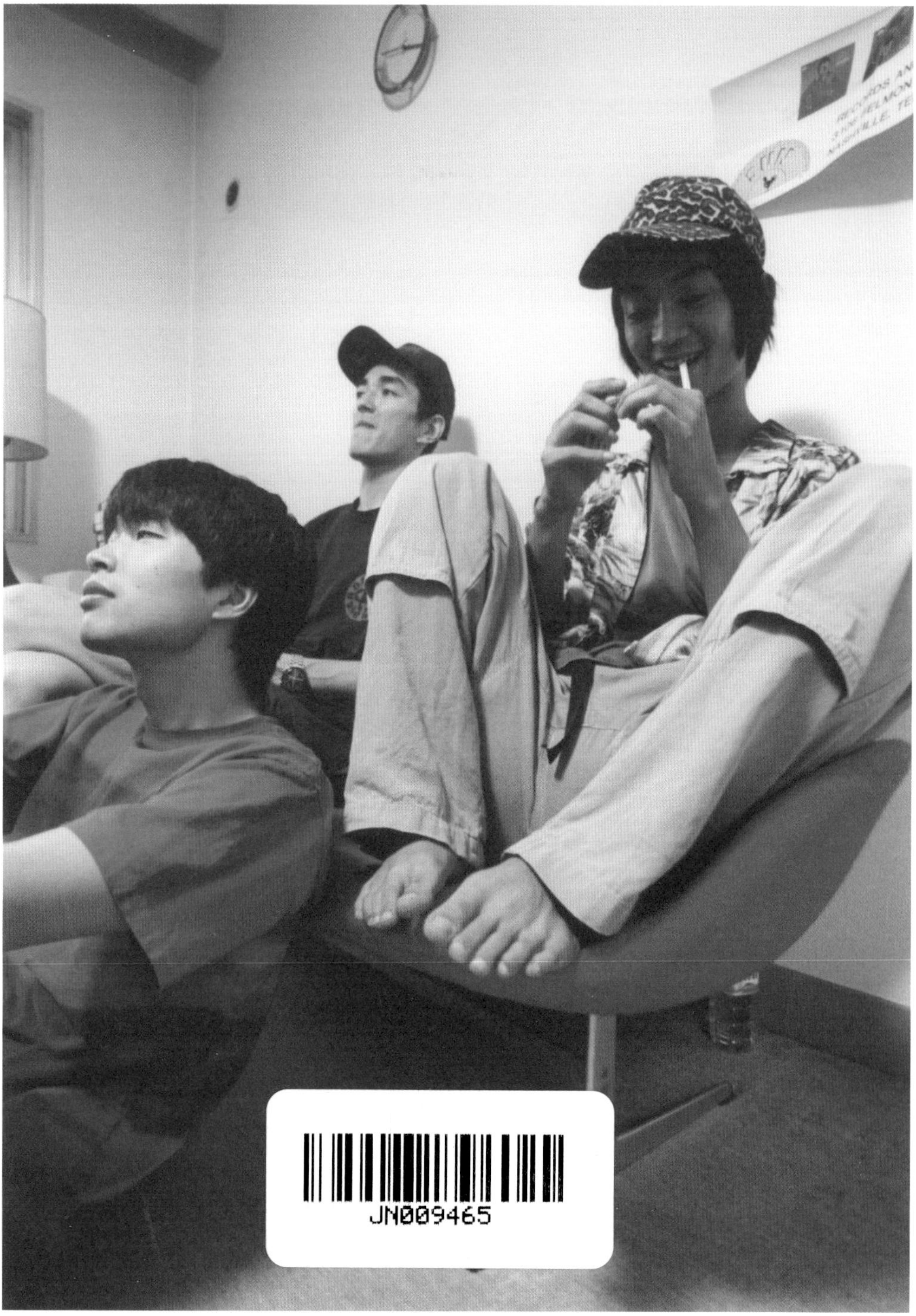

corduroy's mood
fishmans
(気分はコール天
91
ON SALE
ミニアルバム別冊
4曲入り/VJCA-10001
「Corduroy's Mood」
お買い
特典
●気分によって
スペシャル・
●下記のレコー
スワーフ)にて
をプレゼン
●さらに
て、今年
「?」をプレ
「救われる気持ち」
フィッシュマンズ・スタッフ募集
職　　種■フィッシュマンジャー
(フィッシュマンズに関する宣伝活動のお手伝いをしていただきます。)
給　　与■なし
待　　遇■よし(特典多し)
応募要項■白い紙に黒または青のインクで、あなたなりの「魚」の絵を描いて、履歴書(写真貼付)を同封のうえ下記までご応募下さい　書類選考のうえ、後日連絡いたします
(雑誌名を明記して下さい)
※入会日等相談に応ず　応募の秘密厳守
住　　所■〒151 渋谷区千駄ヶ谷5-18-20 代々木フォレストビル5F
ヴァージン・ジャパン邦楽(担当・横澤)まで
フィッシュマンズのお店
Fishmans Wharf
(フィッシュマンズワーフ)
札幌/玉光堂4丁目・玉光堂オーロラ、仙台/スーパーレコード、青森/ジョイポップス、東京/渋谷WAVE・CDぴあ・ディスクユニオン2号店・池袋山野楽器パルコ・帝都無線ミロード店・秋葉原第一家電・荻窪新星堂ルミネ・国分寺新星堂・吉祥寺山野楽器・池袋五番街・人形町乙女堂、神奈川/あさみのタチバナ・横浜山野そごう・藤島リッスン一番・本厚木レスポック、静岡/すみやSBS通り店、群馬県/新星堂高崎店、茨城県/ディスクポート筑波、新潟県/石丸電気新潟店、千葉/ラオックス千葉・ヤンレイ船橋、埼玉/山野楽器大宮店・アトレマルヒロ、山梨/新星堂甲府駅ビル店、愛知/ヤマギワメルサ店・音楽堂栄地下・音楽堂セントラルパーク・新星堂セントラルパーク・新星堂豊橋、石川/山蓄香林坊109、兵庫/大月楽器アステ川西・星電社三宮本店・バレックス、大阪/ワルツ堂梅田店・ビサWAVE梅田・ミヤコ心斎橋本店、京都/JEUGIA河原町・JEUGIA四条店・ビーバーレコード四条京極・JEUGIAポルタ、岡山/アシーネレコード、広島/メインングレイ・カワイショップ、福岡/ミュージックプラザインドウ・ベスト電器、熊本/マツモトレコード、鹿児島/鹿児島十字屋
【フィッシュマンズ・ライブツアー】
11・11▶渋谷クラブクアトロ
前売▶¥2,500 問▶SOGO03-3405-9999
11・18▶心斎橋クラブクアトロ
前売▶¥2,500 問▶サウンドクリエーター06-361-9900
11・19▶名古屋ハートランド
前売▶¥2,060 問▶ハートランド052-202-1351

木枯らしの吹く中、家へ帰って灯りをつける。部屋の空気が冷たい。急いでストーブの前にかがみこむ。カチャカチャいわして火をつける。手をかざす。少し暖かくなった。その間、15分。『Corduroy's Mood』は、そんな時に聴くと救われる気持ちになるアルバムです。

テンポ感というものは、とても時代に敏感だ。今、ハウスの連中は昔のアルバムをサンプリングして、テンポは自分流に決めるのが命。そんな時代の中でフィッシュマンズは独特のテンポを持っている。ゆっくりで、でも軽々とした速さ。そのテンポこそ、このバンドならではのメッセージになっているから素晴らしい。

WOO音楽情報室室長/平山WOO一氏

これは余裕です。THE Fishmans が精一杯がんばって作った、余裕の作品です。やりたいことは他にもたくさんあったはずですが、今回はこれだけを作りました。是非聞いてみてください。

フィッシュマンズ/佐藤伸治

Healthier Babies

MAGIC
F

Remoras
王様だったんだ、僕は。
Fishmans
KING MASTER GEORGE FISHMANS
税込定価 ¥3.000 税抜価格 ¥2.913
MRCA-10001
フィッシュマンズ ニューアルバム
"KING MASTER GEORGE" 92.10.21 ON SALE
ライブスケジュール
11/10 東京＝日清パワーステーション ソーゴー東京 03-3405-9999
11/16 名古屋＝ハートランド スタジオ ハートランド スタジオ 052-202-1351
11/17 大阪＝心斎橋クラブ・クアトロ サウンドクリエーター 06-361-9900
Now On Sale
ファーストアルバム "チャッピー・ドント・クライ" VJCA-00004 税込 ¥2.800
ミニアルバム "コーデュロイズ・ムード" VJCA-10001 税込 ¥1.500
下記各レコード店にて、フィッシュマンズのニューアルバム「KING MASTER GEORGE」の曲を収録したスペシャル・サンプラーカセットを9月末より無料で配布します。数量に限りがありますのでお早めに。問い合せ：株式会社メディアレモラス Tel.: 03-3356-0361
〈札幌〉玉光堂四丁目店、玉光堂オーロラ店 〈青森〉ジョイボックス、ビーバップ古川店 〈仙台〉スーパーレコード、タワーレコード仙台店
〈東京〉WAVE渋谷店、CDぴあ、ディスクユニオン渋谷2号店、山野楽器池袋パルコ店、帝都無線新宿ミロード店、新星堂国分寺丸井店
山野楽器吉祥寺サンロード店、池袋五番街、HMV原宿店 〈横浜〉山野楽器横浜そごう店 〈厚木〉新星堂本厚木ミロード店
〈静岡〉すみやSBS通り店 〈大宮〉山野楽器大宮そごう店 〈春日部〉新星堂ロビンソン 〈川越〉エイブル第一家電 〈船橋〉ヤンレイ 〈千葉〉ラオックス
〈水戸〉フジディスク 〈高崎〉新星堂高崎店 〈前橋〉新星堂前橋店 〈新潟〉ツモリレコード 〈名古屋〉ヤマギワメルサ店、大陽サウンドオン
〈京都〉JEUGIA河原町店、JEUGIA四条店、ビーバーレコード四条京極店 〈大阪〉WAVE梅田店、ワルツ堂梅田店 〈神戸〉星電社三宮本店
〈広島〉メイソングレイ、カワイショップ 〈福岡〉サウンドベスト 〈熊本〉マツモトレコード

ム・パブ」オープニング・テーマ
アトロ
THE 90 DAYS
90日間・トテナム・パブ・オリジナル・サウンドトラック
2・21 ON SALE
VJCA-00012 ¥2,500(税込定価)
毎週木曜日24:40〜25:10 ON AIR中!
Virgin JAPAN
問 ヴァージン・ジャパン邦楽
03-3356-0361

FISHMANS
100ミリちょっとの
フジTV系ドラマ「90日間・ト
FISHMANS
100ミリちょっとの C/W「あの娘が眠ってる」
(P.W.Mヴァージョン)
2・5 ON SALE VJDA-00008 ¥930[税込定価]
Live Information
2・24(MON)渋谷クラ
OPEN 18:00 START 19:00
前¥2,800
問SōGō 03-3405-9999

フィッシュマンズ プロフィール ❶ひとことメッセージ（20字以内）❷自分をどういう性格の人間だと思うか ❸尊敬するor好きなアーチスト（3アーチスト以

ハカセ

ハカセ
キーボード
1967・3・22生

❶金くれ
❷あやつり人形
❸バート・バカラック、ディー・ライト、デキシーズ・ミッドナイト・ランナーズ

きんちゃん

茂木 欣一
ドラムス
1967・12・15生

❶パーマあてて背が伸びました。
❷ウソがつけない
❸クリッシー・ハインド（プリテンダーズ）、ダン・ヒックス

ゆずる

柏原 譲
ベース
1968・12・20生

❶良い音楽のために
❷フィッシュマンズの良心
❸ハカセ関係のバンド

さとう

佐藤 伸治
ボーカル＆コルネット
1966・2・16生

❶曲作り煮詰まってます。休みよこせ
❷神経質
❸ケニー・ドーハム、ポール・シム

おじま

小嶋 謙介
ギター
1966・1・28生

❶よく働きよく遊ぶ
❷冷酷無情
❸ハウンド・ドッグ・テイラー

LTD. LICENSED HOTEL
MINEE: BRUCE L.WEIBYE

・LIVE & NEW ALBUM INTERVIEW
・LIVE REPORT
・UTATANE DX
…and more!!
Vol.15
1997年 9月27日(土)
5:30PM 開場 6:00P
指定
日比谷野外大音楽堂
◆主 催：SOGO
◆企画・制作：RIBBON
◆後 援：ポリドール(株)
◆お問合わせ：SOGO 03-3405-9999
ローソンチケット商品部（銀座）
C－12列
音だけがダイヤモ
2005.7.2 sat 7:00pm
http://kuchu-camp.net
FISHMANS NIGHT 2005 in Seoul
@ kuchu-camp
2005.3.19 7:00(pm)
HTTP://KUCHU-CAMP.CO.KR

Fishmans
long Season
...we are not four seasons
CARIBOU
聴いてて良かっ
FISHMA
さびしいー?
첫번째캠프데이
2004.10.02
1" CAMP DAY
BACKS
もうすぐ冬だ

「話す」というのは「放す」ことでもあると思った。デビュー30周年を口実につくられた『映画：フィッシュマンズ』で佐藤伸治について語っている人たちの多くは「話す」ことで、それまでの苦悩を体内から「放し」ているのだと。それだけ深く苦しみを抱え、佐藤伸治を失ったことが彼らの上に重くのしかかっていたことを痛感させられた。『映画：フィッシュマンズ』はロック・バンドの伝記映画でありながら、同時にセラピーの過程を見ている作品でもある。言葉につっかえ、表現に詰まり、自分の気持ちを探り出すように、ゆっくりと彼らは話していく。話＝放さなければ次に進めない。その切実さは是非を超えている。完成版を目前にした、いわゆる「零号試写」が行われたのは東日本大震災から10年目の前日で、その時期、ＴＶでは津波などによって家族を失った人たちの「話」が繰り返し流されていた。必然的にそれらと重なり合い、残された人たちがどう生きていくかという映画に見えてしまったのだ、僕には。

　フィッシュマンズはよく、ありふれた日常を歌にすると評された。それはあたかもどこにでもあるような日常を佐藤伸治が題材にしているかのように聞こえる。しかし、大事な人に死なれてしまった人たちの日常にも届く曲がスクリーンから次々に流れてくることもまた不思議な体験であった。ブライアン・イーノの『Music For Airport』は飛行機が墜落した時にも流れ続けることを前提に作曲されている。死を含んだ「日常」をイーノは想定していた。佐藤伸治が見つめた「日常」も同じである。フィッシュマンズが題材にした「日常」はロック的な皮肉を通過した「日常」であり、ロック・バンドとして一度は社会を否定した感覚の上に成り立つ「日常」の再獲得である。この世界を無条件に受け入れる「羊たち」の日常とはまったく異なっている。社会とぶつかり、苦しい思いをし、それでもこの世界で生きていくために「日常」を違う角度から見つめ直し、そのディティールを『空中キャンプ』では彼女に取り残され、新学期に取り残され、グルっと見回せば何にもないと、「取り残されること」が快楽にも思えてくる歌詞とサウンドに昇華させている。そして、多くの人たちから少しでも社会参加や人間関係の苦しみを取り除いてくれた佐藤伸治が、みんなの苦しみを引き受けるかのようにして他界してしまった。たくさんの人にサボタージュや「一番うしろを歩くことの面白さ」を教えてくれた佐藤伸治は１９９９年3月15日に忽然とこの世界から消えてしまったのである。あれから22年が過ぎた。佐藤伸治がジーザス・クライストであるかのような書き方をしてみたけれど、そう、佐藤伸治の曲を少しでも未来に届けようと奮闘している茂木欣一はもはや誰の目にもパウロにしか見えない。イエス佐藤とパウロ茂木のコンビはまだまだ苦しい思いをしている人たちをこの先も助けてくれることだろう。60年、70年、80年後の人たちも。

3月　なにもなかった日　　三田格

026

interview
Kinichi Motegi

茂木欣一

Kinichi Motegi

でも本当に、希望をくれるよね。静かに。静かに希望をくれるって感じだよね。

取材・構成：野田努
photos: Yasuhiro Ohara

かつて茂木欣一は、ステージ上の佐藤伸治との掛け合いにおいておとぼけ役だった。カールトン・バレットを師とするそのタイトなドラミングとは裏腹に、クスっと笑わせてくれるのが彼だった。フィッシュマンズのメンバーが次から次へと脱退しても、最後までそこにいたも彼だった。

　佐藤の夭折を経て、いつからか彼はフィッシュマンズのスポークスマンとしての役目も引き受けている。欣ちゃんの相性で親しまれている彼は、現在は主に東京スカパラダイスオーケストラのメンバーとして活動している。そして時折、フィッシュマンズとして柏原譲との見事なリズムセクションを披露する。佐藤の書いた歌を歌うこともある。フィッシュマンズの火を消さないための、それが彼に課された使命だと言わんばかりに。

フィッシュマンズの音楽の、なにが心をとらえてるんだろうなって

――デビュー30周年おめでとうございます。

茂木　いやぁ、びっくりですね。30年。

――映画を観てね、当たり前なんだけど、みんなほんとに若かったんだなって。子供だよねあれ、ただでさえ童顔だから（笑）。

茂木　ほんとに高校生の夏休みって感じですよ（笑）。

――ではまず、『映画：フィッシュマンズ』のご感想を。

茂木　なんだろうな、あらためて観たときにやっぱ仲間たちに、こんな素敵な仲間たちに出会ったのだなというのがすごく大きくて……2019年の正月に、「闘魂」というイベントをやると決まっていて、その決起集会みたいな感じでみんなで集まって。

――うんうん。

茂木　ちょうど、映画の撮影もそのときスタートするということにもなったので、そのときに、今回一度だけでもいいから、みんなの胸にしまってある言葉、一回だけでいいんで話してもらえないおじいさんになるまで、佐藤君とやろうと思っていました。だけど、99年に佐藤君がね、まさかの33歳という若さで亡くなってしまった。でも、彼の楽曲はそこでとまるものではない、彼の魂が、フィッシュマンズの曲を流し続けることでずっと生き続けるっていうことが、自分にとってすごい自然に信じられるというか。

かな、っていうことを話していたんですよ。

——それは欣ちゃんのほうから言ったんですか？

茂木　そうです。ドキュメンタリー映画になるというのは、監督やプロデューサーと打ち合わせてもうわかっていたので。で、そうみんなにお願いしました。ただ、彼らが何をしゃべったのか、僕は映画が完成するまでいっさい観なかったのね。だから映画を観たときに仲間のひとりひとりが、あ、ここまでカメラの前で、自分の心の中をね、話してくれたんだなぁっていう。なんか、その話してる内容にものすごく心を打たれたというか。

——こうして欲しいとか、ディレクション的なところで監督さんに何か言いましたか？

茂木　まず、フィッシュマンズのヒストリーを当事者たちが語るというやりかたはすごく良いなと思ったんですが、僕がひとつだけお願いしたのは、いま現在、フィッシュマンズを鳴らしつづけてる、ということが映画を観たあとに感じられるような、これからの未来を感じられるようにっていう。そんなことかな。

——欣ちゃんは、いまではフィッシュマンズを発信するという役目も負っていると思うんですよね。映画でも話していましたが、フィッシュマンズの音楽が、その時代その時代ではどうなのかと。そんな意味も含めて絶やさない、やり続けるんだと、そんなようなことを言っていましたよね。

茂木　うん。

——フィッシュマンズをいまのように発信するような役目を引き受けるようになったのは、たぶん自然の成りゆきだとは思うんですけど、ご自身のなかでそれを自覚しはじめたのはいつ頃なんですか？

茂木　もちろん佐藤君と一緒に鳴らしてるときはね、この楽曲たちをひとりでも多くの人に届けたいよな。自分だったら、この音楽を聴いちゃったらほんとうに人生変わっちゃうよなってくらいのものがあるよな。ってずーっと思っていたので

——あー、うんうん。

茂木　そういう活動をずっと、おじいさんになるまで、佐藤君とやろうと思っていました。そう思っていたんだけど、99年に佐藤君がね、まさかの33歳という若さで亡くなってしまったので。なんかこう、自分のなかにあった炎みたいなものが消えてしまうのかと思ったんだけど。でも、彼の楽曲はそこでとまるものではない、っていうのがね。そこで消えてしまうものではなくて。だから彼の魂が、フィッシュマンズの曲を流し続けることでずっと生き続けるっていうことが、自分に

とってすごい自然に信じられるというか。

――うんうん。

茂木　だからこそ、自分がちゃんとフィッシュマンズを鳴らし続けて、こんなにいい音楽があるよ、ということをみんなに伝えなきゃっていう気持ちというか。

――なるほど。

茂木　僕、自分がフィッシュマンズのメンバーじゃなかったとしてもこんなすごい良い音楽があるよ、というのをどこかで絶対伝えてるなっていうのがあって。10代の頃いろんな音楽に出会って、自分の人生をこんなにときめかせるものなのか！　って衝撃を受けて育ってきてるから。

――うんうん。

茂木　でもちょうど自分がフィッシュマンズのメンバーでもあるっていうことで。やっぱり佐藤伸治の作ってる楽曲って、ほんとに時代を超えてるよなと思って。

――まったく同感します。佐藤伸治抜きのフィッシュマンズをはじめてみたとき、ほんとうにどうなるのかこれはと思ったんですけど、佐藤伸治の作った楽曲に力があるということはどうしようもない事実なわけで。

茂木　うんうん、やっぱり演奏しててどうもしっくりこないなっていうようなときがあればまた考えるんだろうけど。一回一回演奏するたびにやっぱり心は熱くなってくるし、やっぱりこれは届けなきゃなって。

――これはすごく皮肉なことかもしれませんけど、佐藤伸治がいなくなってからのフィッシュマンズのほうがお客さんが満員になっている。

茂木　そう！　ほんとうにね（笑）

――すごくびっくりしたのが、いちばん最初に佐藤伸治抜きでライヴやったのが渋谷の……。

茂木　あぁ、２００５年の。

――そう２００５年のアックスでしたっけ。

茂木　そう、アックス。

――あのとき、会場に向かって公園通りを歩いていたら、若い子たちが「チケット譲ってください」というプラカードを持ってね。こんな光景って……。

茂木　いやぁ。

――90年代はなかったよね。

茂木　まったくなかったですね！　逆にこっちがプラカードを掲げて「来て下さい」みたいな（笑）。

――（笑）。だから２０１９年の「闘魂」に行ったときに思ったのが、もう少し僕らの世代がいるのかなと思ったら、ぜんぜん若い世代で。

茂木　うんうん！

――それはすごく珍しいというか、ほんとフィッシュマンズならではの光景ですよね。

茂木　だから結局、楽曲がね。ぜんぜんノスタルジーじゃないってことかなと思っていて。

――あぁ、言えてる。

茂木　うん、若い子たちの心にも自然に、入っていく言葉たちというか。

――うん、そう思いますね。

茂木　昨日僕さ、映画観終わってね。妻と喋ってたの、色んなことを。で、また朝起きて思ったんだけど、やっぱりフィッシュマンズの音楽の、なにが心をとらえてるんだろうなと思って。みんなの生活のなかでの、言葉にならない部分と言うのかな。そういうときになんか、大丈夫だよって言葉が無責任に聞こえることもあったりするじゃないですか。そういうときに、大丈夫だよとも言わサトちゃんのことを先生、先生と呼んでいたほど、佐藤君と同期の人たちはもう彼の才能には一目置いていましたね。もう存在感がね。やっぱり全国区になるとこういうカリスマ性のある人がいるんだなと思いましたね。

ずにただ寄り添っているというか。言葉とか音がね。それがこう、時を超えても自然に寄り添ってるというか。なんかね、それはすごい大きいのかなって。今日、朝起きたときは思ったかな。

——あぁ、なるほど。そう、だから今回の本ではフィッシュマンズがなんだったのか、というのを僕らは言葉で表現しようと思っているんです。

茂木　うんうん！

——欣ちゃんから「それは違う」と言われるかもしれないけど（笑）。

茂木　いや、それはやりましょう！

——いまでも『空中キャンプ』は傑作中の傑作だと思ってるし、なぜあれが傑作なのかっていうのを、ちゃんと説明できるようになりたいんです。

茂木　いやー。野田さんが説明できなかったら、俺はなにも説明できない（笑）。

一同　（笑）。

——まぁまぁ、それはともかく、今回は順を追いながらお話を訊きたいと思います。明治学院大学に入学して「ソングライツ」というサークルに入って、2学年上の佐藤伸治と会っていますが、彼は大学生時代から人とは違うオーラがあったんですか？

茂木　佐藤君が最初に活動していた時間というバンドがあって、ちょうど解散した直後だったんですよね、ひとり、ぽつんと座ってたのが。もうその佇まいでやられたというか。佐藤君の同期の先輩たちから、「伸治のことは先生って呼んでんだよね」って言われましたね。

——先生！

茂木　河野さんというんだけどすごい面白い、すごい熱い先輩がいて、その河野さんがサトちゃんのことを先生、先生と呼んでいたほど、佐藤君と同期の人たちはもう彼の才能には一目置いていましたね。僕たちがいたのは、オリジナル楽曲を定期的に作って発表するサークルだったんですよ。まぁ佐藤君は、当時からオリジナル曲をいっぱい作って活動していたし、もう存在感がね。やっぱり全国区になるとこういうカリスマ性のある人がいるんだなと思いましたね。

——そういう感じだったんだ。

茂木　高校生時代には、僕はすでに自分でドラムを叩いて歌ってましたし、それなりに意気込みをもって明治学院大学（のソングライツというサークル）に行ったわけですよ、そして佐藤君の歌いっぷりをみたら、あぁやっぱりいるところにはいるなと思いましたね。こりゃすごいと思った。

——うん。

茂木　なんかのカヴァー歌ってたんだよな。たしかピンク・クラウドかなんかの。"Last Night"かなんか。けれど歌いっぷりが完全に佐藤伸治流

> サトちゃんに出会わなければボブ・マーリーを聴くタイミングなんてもっと遅かったと思います。野音のワンマンのとき、ステージに出る前に〝ラット・レース〟を流してましたね。それから『バーニン』は、譲と僕にとってはもうバイブル。あのアルバムのリズムセクションはもうすごい。

なんですよ。

清志郎とボブ・マーリー

――僕は初めて聴いたときは、忌野清志郎さんの影響はすごい受けてると思ったんですよ。

茂木　うんうん！　実際そうだと思います。

――その影響について本人と話したことありますか？

茂木　ＲＣサクセションは、１９９０年だったけな。あの『Baby a Go Go』のツアーの野音のライヴをみんなで行ってますね。

――あぁ、そうなんだ。

茂木　えぇ。サトちゃんも、小嶋（謙介）さんも、それこそ僕も（柏原）譲も。ＲＣサクセション大好きだったから。もちろん、ＲＣサクセションが〈りぼん〉という事務所にいたからね（笑）。僕たちがその事務所に入った大きな動機にもなっている。それはありますね（笑）。

――ラヴ・ソングが多いのも清志郎さんの影響なのかなと思ったりするのですが。

茂木　どうでしょうね。影響を受けてる、みたいなことをサトちゃんは言わないので。あぁ、でもなんか昔ね。もしカヴァーするなら何がいいか、みんなで曲を一曲づつ挙げようみたいなインタヴューを受けたことがあって、たしか佐藤君が〝トランジスタラジオ〟と言ったんだよね。ただ、一番最初に僕が入学したときのサークルの春合宿で、サトちゃんに「欣ちゃん、ちょっとスタジオ入っちゃおうよ」と言って、飲んでるところを抜け出して、一緒にセッションしたのは〝雨上がりの夜空〟でした。

――ははは、へぇ。

茂木　最高の思い出ですね。

――音楽話で盛り上がるみたいなことってありました？

茂木　ボブ・マーリーはものすごくでかいですよね。

――ボブ・マーリーなんだ。

茂木　でっかいですね。佐藤君にボブ・マーリーを教えてもらった。サトちゃんに出会わなければボブ・マーリーを聴くタイミングなんてもっと遅かったと思います。野音のワンマンのとき、ステージに出る前に〝ラット・レース〟を流してましたね。それから『Burnin'』は、譲と僕にとってはもうバイブル。あのアルバムのリズムセクションはもうすごい。サトちゃんは『Babylon By Bus』、あの2枚組のライヴ盤が好きだった。

サトちゃんはボブ・マーリーもそうだけど、ジェイムズ・ブラウンとか、あとスライやPファンクとかも良く聴いてましたよ。

――おお、たしかにフィッシュマンズにはファンクのリズムの曲もけっこうあるもんね。

茂木　うん、あとサトちゃんはやっぱりミュート・ビート。そういう感じかな。

――フィッシュマンズにはレゲエのリズムがある。これはすごく重要なことだと思っているんです。あの佐藤伸治の言葉、ヴォーカリゼーションにレゲエのリズムがある。そこは譲さんと欣ちゃんのなかで、ものすごく追及されたと思うんですよね。

茂木　めちゃくちゃ追求しましたね。譲の家に僕が遊びに行って、よく二人でリズムの構築みたいなことをやっていましたね。サトちゃんが新曲をもってきたとき、これどう料理しようかというのを譲の家でやっていた。ただ、どこにもないものを作りたいから、頭のなかにあるどこにもないようなものを言語化するのって、とてつもなくやりようがない。けれどもわけのわからないことを言いながら、しつこくやっていくと、そういうものかもしれないというのに近づいてくんですよ。そういう時間がすごい大事だったと思いますね。

――それはもうアルバム・デビューする前からですか？

茂木　デビューする前から譲の家は泊まりに行ってましたね。デビューしてからも、初期の頃は譲の家に行ったり、二人で音出しをしてましたね。

――欣ちゃん個人のキャリアのなかでは、レゲエのリズムってなにが良かったんですか？　もともとはロックでしょ？

茂木　そう、ずっとロック。それこそフィッシュマンズの最初はクラッシュ。初期のクラッシュみたいに性急な8ビートだった。ガシガシ演奏してたんですけど、ただ佐藤君が楽曲を何度も紡いでいくあいだに、まぁ必然だったんでしょうね。自然に自分の歌いっぷりとか、スタイルにふさわしいところに落とし込んでいく過程で、レゲエっぽくなっていったのはあるんじゃないかな。ＢＰＭとか。

――レゲエのリズムのどこが良かったですか？　いろんなところで応用していくというか、フィッシュマンズ風にアレンジして独自なものにしていったとは思うんですけど、フィッシュマンズのベースにあるのはレゲエやダブだったりするじゃないですか。

茂木　なんかね、ひと言でいうとシンプルで強いなって思ったの。うん。とっても。それはすごく思ったことかな。それで、こだま（和文）さんのプロデュースでデビュー盤を作るわけですけど、それまでの演奏してたビート感と、やっぱりロックステディは少し違ったから。取り組んでいくうちに、これが佐藤君の楽曲にふさわしいかもしれないっていうね。だから最初からレゲエのビートが大好きというより、たしかに佐藤君の作る楽曲のベーシックとしてふさわしいよな、という感じのほうが大きかったかな。そんな気がします。佐藤君の歌詞は日常のなんでもない些細な部分を切り取ったようなところがあったりして、それに対してレゲエのテンポのリズムはハマるよなって。だからラスタ的なものとはぜんぜん関係ない。ほんとう素直にビートとして、フィッシュマンズの音楽にふさわしいんだなと思って取り組みだしたんですよね。

――なるほど。フィッシュマンズといえば佐藤伸治の歌詞がまたバンドにとっての重要な魅力なわけですが、じっさいの彼は読書なんかは好きだったんですか？

茂木　僕はそんなにみてないけど、よく読んでいたと思います。家に行くと文庫本があちらこちらに散らばってるような感じだったし。でも、サトちゃんて、国内のアーティストのヒットしてる曲とか、自分に刺激を与えそうなものをあえて聴かないようにしていた節がある。だから、自分ではそういうタイプの曲を作らないけどかっこいい、みたいな楽曲はすごい好きで聴いていた。ブランキージェットシティとかね。

——あぁ、なるほどね（笑）

茂木　自分のキャラとは違うじゃないですか。ブランキーはかっこいいね、とか話したりとかね。そんな感じでしたよね。本って読んでた？

植田（亜希子）　矢沢永吉の『成りあがり』は3回買ったとはいってた（笑）。

茂木　俺も3回読んだな（笑）。

メロディと言葉が一緒に降りてきてる

——91年にね、デビュー・アルバム『Chappie, Don’t Cry』を出しますが、プロでやっていこうっていうのは、もうこのとき思っていましたか？

茂木　佐藤君以外のメンバーはやる気だったと思いますよ。

——佐藤伸治だけが……。

茂木　サトちゃんはこう、表立って「やってやるぜ」みたいに口には出さないんですよ。かわすというか（笑）。やっていくうち、たまたまデビューに結び付いたというか。佐藤君のなかではそうだったのかも。でもおそらく、小嶋さんも譲も僕も、HAKASEも、もちろんデビューするよねって気持ちではあったと思うんだけどね。佐藤君はすごい冷静だった。こんな実力でデビューしていいのか、とはすごい言ってましたね。

——へぇ。

茂木　当時はバンド・ブームだったし、ある時期はライヴが終わるたびにレコード会社の人が楽屋の外でちょっと話したい、みたいな感じになったりして。うれしくはあったけど佐藤君は冷静だったかな。「まだ甘い！」みたいなことは言ってましたね。「こんな実力じゃまだ甘い」みたいな、「こんな実力でデビューしていいのか」みたいなことは思っていたでしょう。すごい自分に厳しかったですし、さすがって感じです。

——欣ちゃん自身は？

こだまさん手書きの「ベスト・オブ・ロックステディ」と書いてあるカセットテープをもらったんです。
たしかそのなかに、A面の頭と終わりにね、メッセージがはいってたんですよ。「僕が伝えたいのはロックステディです。
ダイヤモンドのような音楽の輝きを聴いて勉強するんだ」みたいなことを最初にメッセージで言うわけですよ。

茂木　もちろん食っていこうと思っていたし、僕からすると佐藤伸治の作る楽曲より良い楽曲はほかにないと思えるくらい、彼の作る楽曲が大好きだった。もちろんこの楽曲を世の中に広めるよね、という気持ちというか。だから、フィッシュマンズがデビューしないほうがおかしいみたいな感じかな。あ、自分のドラムの実力はさておきね（笑）。

――いやいや（笑）。『Chappie, Don't Cry』でいうと、どの曲が一番好きですか？

茂木　〝ひこうき〟とか〝チャンス〟、あと〝Future〟。

――〝Future〟いいですよねぇ。

茂木　名曲ですね。ほんとうによくこういう曲が書けるなというか。とにかくメロディと言葉の繋がりに必然性を感じる。言葉がいいんだけど、なんかメロディはちょっと違うんだねみたいな感じがまったくない。ほんとにこう、メロディと言葉が一緒に降りてきてるんじゃないのかというくらいに聴こえる。その感じはいまもまったく変わらない。

――『Chappie, Don't Cry』はフィッシュマンズのカタログのなかでも、ちょっとなにか、ちがう魅力があるよね。キュートですよね。

茂木　ほんとですよね。たしかに映画で譲も言ってましたよね。あのアルバム、録音がすごい良いんですよね。とにかく、あの頃は必死でしたね。まずミュージシャンとして演奏が大丈夫なのかというところを、こだまさんやメンバーに鍛えてもらって。そこからはじまっているので、いまでもぜんぜん客観的にはなれてないですね。

――こだまさん史のなかでも、たぶん、すごくいいタイミングだったと思うんです。こだまさんには、レゲエの本質はロックステディにありと考えた時期があったんですが、たぶんそのころのプロデュース作品なんですよね。こだまさんはこの翌年にもチエコ・ビューティのアルバム（『Beauty's Rock Steady』）をプロデュースしていますが、それもロックステディなんです。

茂木　僕ら、こだまさんからこれを聴けと、こだまさん手書きの「ベスト・オブ・ロックステディ」と書いてあるカセットテープをもらったんです。たしかそのなかに、A面の頭と終わりにね、メッセージがはいってたんですよ。「僕が伝えたいのはロックステディです。ダイヤモンドのような音楽の輝きを聴いて勉強するんだ」みたいなことを最初にメッセージで言うわけですよ。それでA面からB面にひっくり返そうとしたら、またメッセージがはいっていて。「このカセットを、途中までしか聴かなかったり、消してしまった場合は犯罪です！」っていう（笑）。

――（爆笑）。

茂木　これ、こだまさんめちゃくちゃやる気だよって（笑）。すごい気合入ってんだなと思いましたね。

――いいですね熱くて。

茂木　たしかにロックステディは魅力的でしたね。だからもうメンバーみんなで、スタジオ・ワンやトレジャー・アイルのLPを買いまくって、もう勉強しまくりましたね。

――純粋に売れたいという感じで最初の頃はやっていたんですか？

茂木　なんかね、売れたいっていうのは、自分のなかでは広めたいって感じなんだよな。なんでこんなに良い音楽を録音してきたのに広まらないのだろうっていう、そんな感じですかね。もちろん単純に売れてそういうことの喜びも感じられるのかな、とは思ったけれども。

——うん、なるほどね。

茂木　でもね、当時の映像をいま観るとね、単純にこれは売れないわって思います（笑）。

一同　（笑）。

——なんでよ（笑）。

茂木　見た目のね、売っていくための詰めみたいなものがね、ほんとうに枚数を稼いで売れようって思うなら、もっと売るための見た目の戦略とかもね、徹底してないとダメなんだろうなって気はすごいしましたね。あとは、曲の聴かせ方とかもあるんだろうなって思いますね。

——あぁ、たしかにね。フィッシュマンズって普通に下北歩いてきて、そのままこんにちは、みたいなね。ステージ衣装もなにもないみたいな（笑）。

茂木　そうそう、ほんとに近くのお兄さん的な感じの、友だちっぽい感じというか。

——それもフィッシュマンズのひとつの魅力にもなっているとは思うんですけどね。

下北の道ばたに座ること

——80年代末〜90年代初頭の日本の空気感みたいなものは覚えていますか？

茂木　バブルの頃はすごい印象に残ってるっていうか。フィッシュマンズが87年にはじまって、ちょうど世間的にも景気が良くなって、ほんとうにバンドがあふれかえっていたという感じはありましたよね。周りの子たちは、おしゃれとかにものすごいお金をかけていたりとか、女の子がすごいおしゃれだったりとか。男の子たちがもう車に乗ってとか。そういうムードが大学生時代はありました。でも、自分はバイトで貯めたお金はぜんぶリハーサルとか楽器につぎ込んでいたので、バブルとは無縁でしたけれど、周りのムードとしてはバブルですごく華やかだったというのはありますね。明治学院大学でいうと白金の校舎の中庭のところが、ファッションショーのような感じでした（笑）。高級な服を着た女の子がいる感じ。

——そういう華やかさと距離を保っている感じは『Chappie, Don't Cry』で描かれている素朴さにもありますよね。ただ、あの時代のほうが若者の生き方の選択肢は多かったようにも思うんですよ。バンドの数が多かったのも、就職しなくても生きていける、というような良い意味でのゆるさ、ボヘミアニズムみたいなものがあったのかな、と僕

自分はバイトで貯めたお金はぜんぶリハーサルとか楽器につぎ込んでいたので、バブルとは無縁でしたけれど、周りのムードとしてはバブルですごく華やかだったというのはありますね。明治学院大学でいうと白金の校舎の中庭のところが、ファッションショーのような感じでした（笑）。

世のなかをでっかく変えるとかそういうことじゃなくてね。うわ、こんな事件起きて世界が大変だよね、と言いつつ、その事件のことはわかっているけれども、自分の日常に大切なのは目の前にいる大切な人、っていう感じとか。いま、自分の周りにある、それこそ下北に座れてる日常みたいなものは壊されたくないとか。

は思うんですけど。

茂木　大きな違いは、情報がそんなにないということでしょうね。いまは（コンピュータで）セオリーみたいなものを検索してからやっている。あの頃は情報が少ないから、がむしゃらで気合いでやればなんとかなるみたいな夢の追い方がありましたよね。だからハンドメイドな感じというか、手作りな感じというか、それは大いにありました。就職しない子たちもぜんぜんいたし。就職難でもなかった。あの頃はほんとうに、みんな就職に困らないムードがあったから、そういう空気感と、どこまで夢を追えるか、みたいなところに燃えるバンドマンもたくさんいましたね。

——佐藤伸治の歌詞で「長い夏休みが終わらないんだ」というのがあるじゃないですか。あれを若者の自由な生き方の象徴みたいな言葉だとすると、あの歌詞は安易にその「夏休み」を肯定しているようにも聴こえない、かといって否定しているわけでもなく。

茂木　うん、面白いですね。

——バンドって甘くないんだ、世のなかって厳しいんだと思いながら、でも佐藤伸治という人は、そこを割り切って世間をうまく渡っていこうなんて思わなかった人じゃないですか。だから売れたいと言っても、数多のバンドが夢見るような売れ方を望んではいなかっただろうし。

茂木　うん、そうですね。

——だから、佐藤伸治は下北の地ベタに座っているのが好きで、おそらくはそういう日常をとくに大切にしていましたよね？

茂木　世のなかをでっかく変えるとかそういうことじゃなくてね。うわ、こんな事件起きて世界が大変だよね、と言いつつ、その事件のことはわかっているけれども、自分の日常に大切なのは目の前にいる大切な人、っていう感じとか。いま、自分の周りにある、それこそ下北に座れてる日常みたいなものは壊されたくないとか。そういうことを大切にしている感じだよね、佐藤君って。

——「この国の気分は、変わりすぎて疲れるぜ」という歌詞が『ORANGE』にありますけど、やっぱり日本という国に対する違和感はあったんでしょうね。

茂木　うん。だからこそ佐藤伸治が40代〜50代だったらどんな言葉を書いたんだろうと、すごく気になっちゃう。

——結局911だって311だってコロナだって知らないんだよ。

茂木　そう、そういうときにね、どういう言葉を見えた絵を思い通りに描けるようになってきたというか。一番うまく描けたんじゃないかな、『空中キャンプ』はね。チームワークとしてもうまくいっていた。

書いていくのだろうって思ってね。ほんとうに読んでみたいって気にさせる。

なぜ『空中キャンプ』が生まれたのか

――『Neo Yankees' Holiday』からレコーディングのエンジニアとしてZAKさんが入りますが、フィッシュマンズはサウンドの進化に関しても前向きでした。

茂木　そうですね、音に対する感覚はしっかりしていましたね。『Chappie, Don't Cry』を作ったときにロックステディにシフトしたんだけど、こだまさんと出会う前のデビュー前は、もうちょっと演奏のアレンジもロック、ポップ寄りなところもあって、そっちのフィッシュマンズの空気感も自分たちには捨てがたいものとして残っていて、そっちのポップの可能性というかね。まぁ〝100ミリちょっとの〟というシングルを発表してたというのもあるんだけど、そっち側のフィッシュマンズの魅力みたいなものも感じていたから、セカンド・アルバム（『King Master George』）はデビュー前の自分たちと『Chappie, Don't Cry』の自分たちが混ざった感じというかね。で、それをやり終えて次の一歩を踏み出そうとするとき、自分たちらしいものとはなんだとミーティングしたんですよね。で、ちょうどその頃にアメリカのほうでヒップホップのサウンドが出てきたというのもあって……、アレステッド・ディヴェロップメントとかデ・ラ・ソウルとか、とくにアレステッド・ディヴェロップメントだよね、TLCとかもそうだけど、彼らのサウンドを聴いてめちゃめちゃカッコいいじゃんって話になって。なんかその辺を生演奏でやるというか、フィッシュマンズ的に置き換えるというか、そんなことを考えていましたね。

――『Neo Yankees' Holiday』って、僕はいつか再評価されるんじゃないかと勝手に思っているんですよ。まとまりがあって良いアルバムじゃないですか。

茂木　すごく良いですよね。音の研ぎ澄まし方は、デビューの頃からずっとライヴのPAをやってくれたZAKがスタジオにも入ってくれたら絶対にいいと、バンド側からレコード会社に提案したんです。ミュート・ビートでいうところのダブマスター・Xですね。間違いなくメンバーだと思ってます。

――〝RUNNING MAN〟で引用している、カールトン・アンド・ザ・シューズの〝Give Me Little More〟はどうして知ったんですか？『This Heart Of Mine』はそこそこレゲエを掘っていなければ辿り着かないアルバですが、あのア

ルバムの、引き締まったリズムと甘い感覚はフィッシュマンズにも通じるものだと思います。

茂木　カールトン・アンド・ザ・シューズ！　90年代前期、スタジオ・ワン作品の流通やレゲエフェスの充実はかなりのものでした。そんななか、OVERHEATレーベルから『This Heart Of Mine』がCDでリイシューされて、スタジオ・ワン作品同様、メンバーみんなこのアルバムを愛聴していたのです。よって、その時期のフィッシュマンズの曲作りやアレンジに影響が見られるのは自然の流れでした。ホントよく聴いていた！

――〝いかれたBaby〟では、バンドとしては新しい試みとしてリズムが全面的に打ち込みになっていますが、ドラマーとしてはどんな気持ちでしたか？

茂木　当時はアレステッド・ディヴェロップメントなどのヒップホップに影響を受けていた時期でもあり、アレンジ的に違和感は感じませんでした。その曲が欲している空気感だな、と。ライヴで披露するときにどのようなドラミングにするかを考えました。前期と後期のライヴでのアプローチの違いをぜひ聴き比べて下さい。

――わかりました。しかし、そこからどうやって『空中キャンプ』が生まれてしまったんだろうと？

茂木　自分たちの気分と、当時の世間の音楽好きとか、そういう人たちがもってる気分がなにかシンクロしたというか……、偶然だけど、デビューからやってきた努力がここには結晶しているはずで、『空中キャンプ』を完成させるときね。まぁ、偶然ということでは、ちょうど『Oh! Mountain』を完成させて、移籍のタイミングだったんですよね。だからオフの時間がけっこうあったんです。佐藤君がじっくり腰を据えて曲を作る時間があった。プライベートでも、サトちゃんが良い恋愛しているとか、メンバーが結婚したとか、そういう流れみたいなのもあったし。サトちゃんのソングライティングもそうだし、譲や僕の演奏のクオリティだったりとか、そういういろいろなものがピークに達していた。

演奏に関しては『Neo Yankees' Holiday』、『ORANGE』、『Oh! Mountain』のあたりでそうとう頑張った記憶があるんですよね。ライヴの本数もそれ以前と比べ物にならないくらい増やしたりして。こう鳴らしたらいいんだっていう先が見えた感じがあったんですよね。それで、見えた絵を思い通りに描けるようになってきたというか。一番うまく描けたんじゃないかな、『空中キャンプ』はね。チームワークとしてもうまくいっていた。

――なるほどね。クリエイトする時間も十分にあったと。小嶋さんに続いてHAKASEまで辞めてしまって、だからむしろ逆に、その穴を感じさせないというか、その穴をバネにして作ったという感じなんですかね。

茂木　負けねぇぞ、っていうのは絶対にありましたよね。誰も言わないけどね。

――チームワークとしてもいい感じで？

茂木　プライベート・スタジオができたということもすごいことだったし、いい予感がするなという感じはありましたよね。当時はHAKASEが辞めたというのはほんとうびっくりだったけど、とにかく気の向くままで時間制限もなしのプライベートスタジオって、ようは二階に上がって、薄っぺらい木のドアを開けて、閉めるだけなんですけど（笑）、それが大切でしたね。ほんとうに、日常の延長線上でその扉をただ開けて、ちょっと歌おうかな、ドラム叩こうかな、ベース弾こうかな、というムードが作れたのは、僕は相当大きかったと思いますね。佐藤君の歌に関しても、いわゆるレコーディング・スタジオの重い扉を開け閉めしてたら、〝BABY BLUE〟みたいなヴォーカルは絶対録れないと思う。あんな儚い歌い方はできなかったと思う。

日常の延長線上でその扉をただ開けて、ちょっと歌おうかな、ドラム叩こうかな、ベース弾こうかな、というムードが作れたのは、僕は相当大きかったと思いますね。佐藤君の歌に関しても、いわゆるレコーディング・スタジオの重い扉を開け閉めしてたら、〝BABY BLUE〟みたいなヴォーカルは絶対録れないと思う。あんな儚い歌い方はできなかったと思う。

——あれはワイキキだから?

茂木　あれはワイキキだからですね。うん。歌だけすくい取ったらこんな儚いものでいいのかって感じなんだけれど。でも、間違いなくあの歌い方が必要なんですよね。〝BABY BLUE〟には。

——あの曲を曽我部恵一がアコギ一本でカヴァーしていてそれはそれで魅力的なんですが、その儚さや切ない孤独感が思いっきり出ていて。だからあれはバンドの勝利ですよね。あの演奏があることによって、あの歌がね、また違ったものに聴こえるんですよ。だからほんとうにサウンドって重要だと思います。

茂木　いやぁ、そういうことなんですよね。そう。もしサウンドが重要じゃなかったら僕はライヴを続けていないと思います。

——たしかに佐藤伸治の歌詞はすごいんだけど、しかし日本語をわからない海外のリスナーもフィッシュマンズを良いっていうのは、僕らが洋楽を好んで聴くのと同じでね、まずはサウンドに惹かれているんですよ。佐藤伸治のヴォーカルも、音や声、メロディとして聴いていて、言葉の意味として聴いてるわけではないんだよね。

茂木　フィッシュマンズは最初から洋楽的な発想でレコーディングに取り組んでいたというか、とにかく自分たちが聴いて気持ちいいアルバムを作るということが重要でした。

——『空中キャンプ』も耳に気持ち良いサウンドであることに変わりはないんですが、それまでのフィッシュマンズが持っていた愛らしさとはまた違う超越的なものがあるように思えてしまって、小さな佇まいだけれど大きなスケールを感じるというか、海外ではよく出来たドリーム・ポップなどと評されているけど、『空中キャンプ』にはもっと深いところがあって、たとえばピンク・フロイドの『The Dark Side Of The Moon』とも比肩できるんじゃないかと思っています。

茂木　面白いですね。

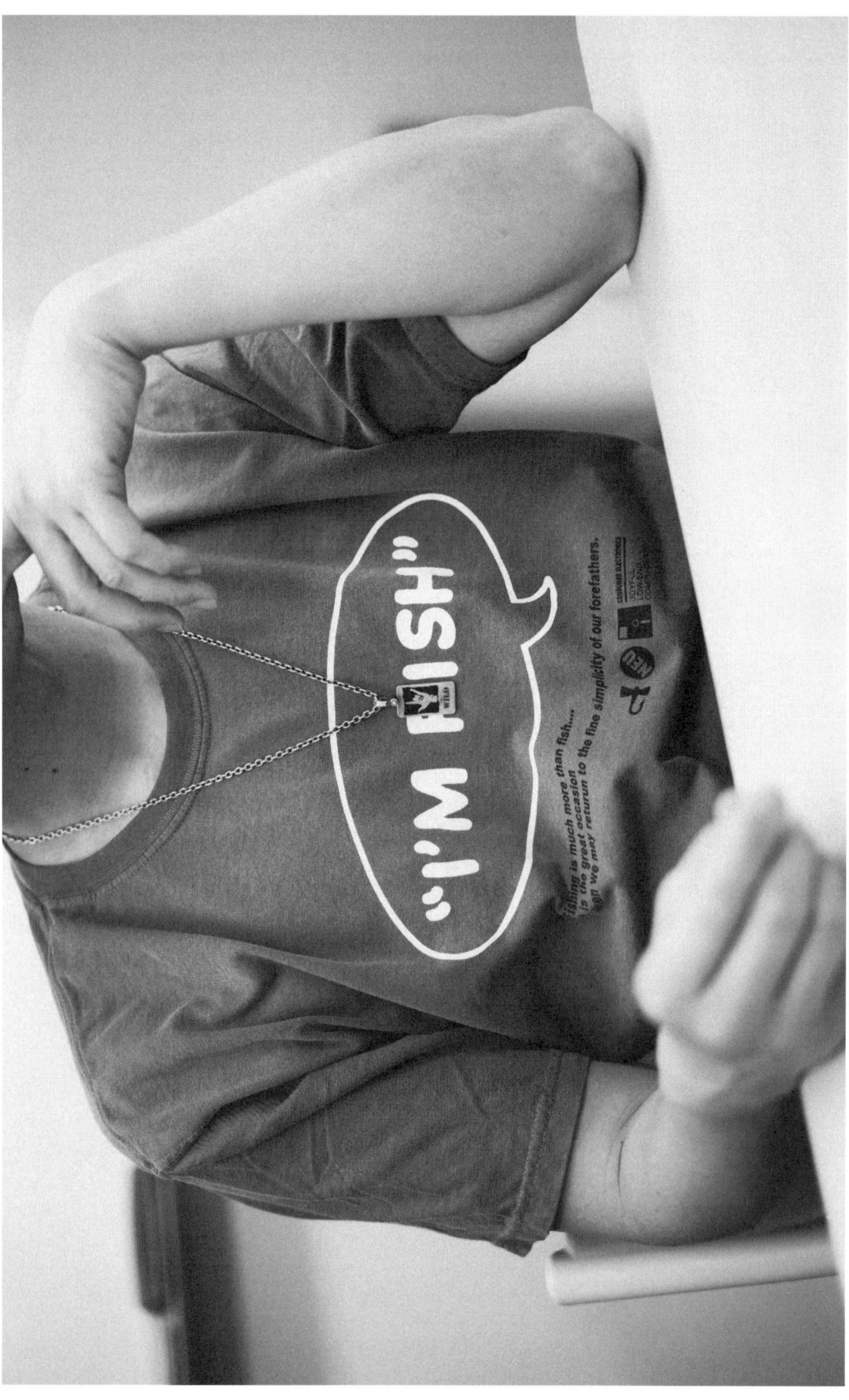
“I'M ISH”
ishing is much more than fish....
is the great occasion
en we may returun to the fine simplicity of our forefathers.

――もちろん音楽のスタイルもメッセージもぜんぜん違うけど、社会にうまく馴染めない感覚であるとか疎外感をひっくり返しているというところは似ていると思うし。

茂木　そうね。デビュー前から大っぴらには言わない、ラヴ＆ピースとかそういうことじゃなくて、そういうことは言わないんだけど、そういうような気持ちを何気なく伝えているというか。

――弱い人の側に立っている音楽だよね、きっと。それがあるからこそ、21世紀のいまもすごく響くんじゃないのかな。「下北に座れなくなるのが嫌だ」という感覚にもすべてリンクしてる。だっていま佐藤伸治が生きてて、いまの下北を見たらたぶん絶望すると思うんですよね。「もう、座れなくなってるのか」って（笑）。街は再開発されてしまって、どんどん便利で綺麗になって、格好悪い人たちの居場所がどんどん無くなっているじゃないですか。佐藤伸治は、新しい人は格好悪い人だって歌っているでしょ？　だけど21世紀になって、人はどんどん格好いい人を目指すようになってきているように思うんです。ファストファッションでお洒落して、レールの上から外れるようなことをするのはダサイと思っている。「みんなが夢中になって暮らしているさ」とは、そうした社会とは違う社会を夢見ている言葉だと思うんですよね。これは90年代よりもいまのほうがより響く言葉でしょう。佐藤伸治はきっとどこかで戦っていたと思うんですよ。

茂木　静かなるパンクロッカーなんですかね。

――（笑）。静かなパンクロッカー、まさにそう思いますよ。

茂木　でも本当に、希望をくれるよね。静かに。静かに希望をくれるって感じだよね。

――本当に彼は言葉が上手いなと思うのは、ああしろこうしろという言葉ではないんですよ。僕たちに考えさせるような言葉遣いをする。

茂木　だから、本当にしっくりくるんだよね（笑）。

――（笑）。欣ちゃんとしてどうなんですか。どこが『空中キャンプ』のすごいところだと思いますか？

茂木　本当に自由にできたところ。徹底的に。本当に夢中になってできたものというか、夏休みの宿題の最高傑作を作っちゃったみたいな感じなんじゃないですかね。

――本当にそうだよね。

茂木　バンド・サウンドが機能していて、佐藤君の下北で暮らしているような感じもうまくサウンドとして抽出できているし、プライベート・スタジオがうまく機能したのかな。

――『空中キャンプ』の曲では何が一番好きなんですか？

茂木　そりゃもう、全部好きだね（笑）。1曲って言われたら困っちゃうね。1曲には絞れない。

――〝ナイトクルージング〟の映像は良かったですね。みんな海に行って、凧を上げる。

茂木　当時はまさにあんな感じで良いという、まさにあんな感じだったね。あのシーンを映画の大画面で初めて観たんですけど、「あぁ、すげぇ、良い20代だったんだな」ってふと思っちゃって。全然、そういう発想っていままでなかったんですけど、とても幸せな20代を過ごしていたんだなって。フィッシュマンズはとても小さな世界の仲間なんだけど、もうこれで十分っていうくらいの。

――（笑）。

茂木　日々暮らしていると、いろんなことを思うよね、みたいなことをあれだけ上手くアルバムにできた作品は他にないだろうな。

――「この世の不幸はすべての不安」というフレーズも、90年代よりもいまの方がリアルじゃないですか。

茂木 大げさに捉えたら大げさになっちゃうけど、たいしたことないよって思えば、たいしたことなくなる。それを何かひとつ言葉にしたいなといつも思っているんだけど、ムーグ（山本）さんのデザインにしろ、バンドの演奏にしろ、佐藤君の作ったものにしろ、いろんなものの気持ちがシンクロしてるとしか思えない。HONZIが参加したっていうのもめちゃめちゃ大きいですね。〝BABY BLUE〟の後半あのヴァイオリンが出てくる瞬間は、このアルバムの相当なハイライトですね。

――彼女はライヴを観ていても圧倒的に存在感があったですね。

茂木 そう思いますね。だって、〝ナイトクルージング〟のエンディングのピアノのリフを考え出したのもHONZIですよ。ここ（ジャケット）に写っていてもおかしくない。だからみんなで作っているっていう感じがね……。

――ちなみに『空中キャンプ』の1曲目に〝ずっと前〟を持って来たのは何故でしょうか？

茂木 東京の何気ない日常を切り取ったようなあの印象的なギターリフではじまること以外は考えられない！ と思ったからです。

この音楽はどう捉えられてもいい

――『空中キャンプ』の次がもっとも冒険的な試みと言える『LONG SEASON』でした。

茂木 さっきじつはびっくりしてて、僕が『LONG SEASON』を作るときに、思い描いていたのがピンク・フロイドの『The Dark Side Of The Moon』だったんですよ。UAの声が入ったときに、あれだと思って。ちょっとシーケンシーなものが入っているし、女性のヴォーカルも入っている。どこまでもシンクロしているよな、と思いながら作業していたんですよね。

――へー、それは面白い。『LONG SEASON』は海外のリスナーのあいだではもっとも評価の高い1枚になりましたよね。で、『LONG SEASON』の次の『宇宙 日本 世田谷』はまた違ったアルバムになりました。制作前のバンド内部には何があったんですか？

茂木 何があったっていうよりも、出てきたデモテープに対して『空中キャンプ』のときはわりと有機的に絡めていけたものが、『宇宙 日本 世田谷』で出された楽曲に対しては……うまく絡めていけないなぁっていう日々が続いたんです。そこでまずつまずいたのが大きかったですね。大前提でいうと、楽曲は全部良いなと相変わらず思っているんですよ。最初に〝POKKA POKKA〟と〝うしろ姿〟という曲が出てきて、すごくいい曲だなと思いつつもバンド的にうまく絡めないなという思考錯誤を譲と1ヶ月くらいやっていた記憶がありますね。試してはみたんだけど、「うーん……」という日々が続いた感じかな。そこはよく憶えていますね。

――譲さんが言っていたような「俺がいる必要ないじゃん」みたいなことって、あれだけ聞いていると佐藤伸治がメンバーを追い詰めていたのかなと解釈もできるんですけど。

茂木 いや、僕はそれは考えすぎだと思いますね。

何があったっていうよりも、出てきたデモテープに対して『空中キャンプ』のときはわりと有機的に絡めていけたものが、『宇宙 日本 世田谷』で出された楽曲に対しては……うまく絡めていけないなぁっていう日々が続いたんです。そこでまずつまずいたのが大きかったですね。

だって、曲をつくる人のなかにもいろいろな季節があるわけだから、佐藤伸治が97年にドロップしてきた新曲のカラーがたまたまそういうものだったっていうことだけだったと僕は思いますね。ただ、産み落とされたものに対して『空中キャンプ』のときのようにうまく絡めなかったという日々があったなと、そんな感じです。

植田　別の視点ではありますが、あのときは本当にみんなが花粉症で辛かったんです。機嫌が悪くて。これは意外に大きなことだと思っていますね。茂木さんがこんなに機嫌悪いんだって思うくらい機嫌が悪かったんです。

——えぇ、そんな、ムードメーカーなのに。

茂木　いま、ギャグで花粉症って言おうと思ったの。だけど、ギャグになってないくらい酷かったんだ……。

植田　そう。すごく機嫌が悪かった。ティッシュをいつも箱で持って歩いていた。「本当にきついんだ」と言ってて、3月は話しかけられないくらい機嫌が悪いときがみんなあった。フィッシュマンズがうまくいっていなかったというわけでは全然ないとわたしは思っています。佐藤さんが実は一番スタジオに来てた気がする。だからよく歌っていた印象があります。

——佐藤君のやる気はあった。

植田　もちろん！　でも、佐藤さんの想い描いたようなレコーディングではなかったのかもしれません。〝ゆらめき IN THE AIR〟をはじめる前に「どうしたいですか？」って訊いたら、プリプロは全部スタジオでやりたいから、スタジオをいっぱい取ってほしい」と言っていたので。

茂木　97年の3月は……。〝WEATHER REPORT〟の制作しているときか、グチュグチュしてて。ワイキキビーチのスタジオの窓を開けて、ＺＡＫが真昼間に〝WEATHER REPORT〟のベースのリフと打ち込みのドラムを大爆音で鳴らして（笑）。淡島通りにダダ漏れするくらいの大音量で聴いてて、そんな昼下がりを憶えてる。

植田　1週間続いたっていうのをよく憶えています。

茂木　発売って決まっていなかったんだっけ？

植田　いや、常に決まっていましたよ。常に決まってて、押せ押せだったんですよ。最後のミックスをＺＡＫさんがライヴの当日に持ってきたんです。

茂木　それ、5月の終わりじゃない？　神戸チキンジョージのとき、ギリギリに〝IN THE FLIGHT〟を聴いた、それが最後のミックスだった。

ギリギリだったね。そのあとに〝それはただの気分さ〟をレコーディングしたんですけど、すごい気に入ったから『宇宙 日本 世田谷』にも入れたいって言っていたんですけど、まったく間に合いませんでした。

——〝IN THE FLIGHT〟の歌詞で「あと10年たったらなんでもできそうな気がするって／でもやっぱりそんなのウソさ／やっぱり何も出来ないよ」という歌詞がありますが、あれはどういう風に捉えたんですか。

茂木　僕は逆にあれは何かを成し遂げた人じゃないとあんな言葉は出て来ないと思うんだよね。「ただごとじゃないな」って、そんな言葉。そういうことを大っぴらにいう人ではないから、佐藤伸治的な言葉に置き換えて全部語っているんだなと勝手に思ってる。だって、フィッシュマンズはじめてから10年ですごいところまできてるじゃんっていうね。「すごい芸術ですよ、サトちゃん」って言いたい。

——植田さんもそう思う？

植田　うん。謙遜じゃないですけど、変わらないっていうことだけ、変わりたくないっていうことだけを言っているのかなと思ったんですよ。その暮らしがあるっていうことを、10年たって何もできないじゃなくて、10年たってもこの空気感でやりたいとか。何もできないんじゃなくて、いまと変わらないところにいるっていう。わたしはそっちの意味で捉えてた。

——あまりに考えさせる言葉なんですよね。

植田　どう捉えられてもいいんだと思う。

茂木　そこが大事だと思うんだよね。「これはこうです」と言っていないのが。

植田　その人にとって、そうあればいいというか。

——『男達の別れ』の〝ひこうき〟を終えたあとのMCで涙ぐんでしまうところがあって、あれは感極まってなってしまったんですか？

植田　涙ぐんでないかと。

茂木　僕も家族から「涙ぐんでたんだね」って言われたんだけど、いや、涙ぐんでないっしょって(笑)。

——では、泣いてはないけど、感極まってる。

茂木　たしかにそういう感じがありますね。

——言葉が詰まってたから。

茂木　まぁね。あの日は譲がね、あれで辞めちゃうっていうまさにその日だったからね。

——あの当時の植田さんは、割り切っていたようにも見えましたが。

植田　そういう風に切り替えないと進めないぐら

僕は逆にあれは何かを成し遂げた人じゃないとあんな言葉は出て来ないと思うんだよね。
「ただごとじゃないな」って、そんな言葉。だって、フィッシュマンズはじめてから10年ですごいところまできてるじゃんっていうね。
すごい芸術ですよ、サトちゃんって言いたい。

いショックだったんですよ。だっていまからじゃん！　って、フィッシュマンズをこうしたいというイメージにやっとできてきたのにという。

茂木　脱退がなければ、新たなスタートとしてものすごいところに立ったなってそういうことを話してたんだよね。

植田　だから、譲さんとはしばらく話せないくらいショックだった。

——欣ちゃんとしても長年のリズム隊のパートナーだったし、阿吽の呼吸みたいなところもあるだろうし。

茂木　いまでも一緒に音出すと……自分の生涯のなかでこんなに相性のいいベーシストいるのかって話だよ。完全に人生の一部だもんね。もちろん譲の脱退は参りましたよ。でも、ひとりひとりの人生だからさっていうのは思ったし、次に進むしかない。辞めちゃうんだから。

——そのいっぽうで、佐藤伸治の体調のことで気になったことはありました？？

茂木　彼はファンクラブの会報誌のコラムのページでいつも「デ・ラ・ポエット」という詩を書いていたんですよ。〝ずっと前〟の歌詞の元ネタになるような詩を書いていたんだけど、ちょっとムードが違うのが心配になっちゃって。体調がいま悪いからごめんね、会えないんだけどっていう話だったんだけど、会いたくて会いたくてしょうがなかった。

——それは何月くらいですか？

茂木　2月くらいです。1月の中旬くらいに下北あたりでたまたま車ですれ違ったんですよ。新宿のリキッドにライヴを観に行く予定があって、たまたま車ですれ違って、その頃は元気だったんでけど、そのあとくらいかな。

——では、急に？

茂木　99年になって、佐藤君と僕のふたり体制になり、そのあとHONZIも関口さんもいて、そこに新しいベーシストを入れて新曲を作る気持ちになって、みんなで意思統一してたから、もう新曲を作っている頃なのかなって。体調を崩していたのは知っていたけど、ここからというタイミングでちょっとストップしている感じだった。なんかいろいろ、気分的には相当落ち込んでいるのかなと感じていましたね。

——ちょっと弱っているような感じ？

茂木　そうですね。これまでいろいろな脱退が続いてきたけど、脱退の度にタフなことを言って次の階段に上がっていくような、それこそ「闘魂」とか言うような人だったから。譲が脱退したあとも僕と話してて「よし、行こうぜ！」って言ってたのに……。ここまで負けず嫌いで、表面には出さないけど明らかにどんなシチュエーションでも「負けねぇ」って言ってきた人だったから、なんか弱気な言葉を見ては、僕は心配になった。よっぽど体調が悪いんだと思いました。

「フィッシュマンズ的」とは？

——よくみなさん「フィッシュマンズ的」という言葉を使うじゃないですか。これはどういうことですか？

茂木　（笑）。そこは僕としては一番大事なところというか。いまはスカパラをやってますけど、スカパラの新曲でそれがスカパラ的じゃなかったら話にならないっていうか。何をもってフィッシュマンズ的なのか、何をもってスカパラ的なのかって、要はバンド名がある意味ジャンルになっていもともと〝ゆらめきIN THE AIR〟ってアグレッシヴに演奏するものだなとずっと思っていて。この曲のソウルフルな感じというか、そういう部分をちゃんといま提示しておきたいなと思っていました。

ないとっていう意識。バンド名を掲げる限り、そのバンド名自体がひとつのジャンルになるくらいまでいっていないと自分たち的には悔しいというか。どれだけ落とし込めているかなって。お客さんはフィッシュマンズならではの世界を観にチケット代を払って、野音やリキッドルームに来てるから、フィッシュマンズ的世界がそこに広がっていなければ金を返せになると思うし。美学でもいいんですけど。

——フィッシュマンズの美学って何ですか？

茂木　フゥ〜！　ハハハ（笑）

——確信のところですね。

茂木　ね。絶対にフィッシュマンズって場所でしかそこにないとフィッシュマンズとは名乗れないというか。緊張感であり、高揚感であり。

——フィッシュマンズはつねにわかりやすい言葉で語りかけるバンドですよね？　難しいことをわかりやすく言うのが一番難しい。

茂木　それを徹底してたというか。それは言葉然り、演奏もいわゆる技術的、テクニカルというよりは間合いだとかここにしか存在しないタイム感とか。譜面には置き換え難いんだけど早弾きでとかいうことではなくて、譲ならではの温もりとか、そういうことの集まり。熱くなりますね。

——植田さんに訊きたいんですけど、佐藤伸治は何と戦っていたと思います？

植田　『成りあがり』が好きだったりとか、猪木が好きだったりとか。わたしはそこまで猪木イズムがわかってないですけど、いつか詳しい人に解説してほしい。佐藤伸治という人が猪木を好きだったところってポーズとか、猪木のマイクパフォーマンスとか、そういうところをすごく気にして見てた。ワイキキの写りの悪いテレビでプロレスを録画して観るくらい好きだった。猪木の引退試合に行くかどうか悩んで、最終的には当日券を朝から並んで買って、MARIさんが「一緒に行こうかな」と言ったら、「これは男の卒業式だから俺はひとりで行く」って言ったって（笑）。そこがもう少し紐解ければ、もうちょっと佐藤伸治に近づけたんじゃないかな。

茂木　ハハハ（笑）。徹底的に取り組むことに燃えていたんだと思う。ニュースとかも見ながら、政治家とかに文句言っていると思うんですよ。「何この取り組み！」って、でも俺は目の前にいるこの子だけは大事にしようってところとか、文句を付けながら、自分の尻を引っ叩いてる、そういうところがあったんじゃないかな。きっととんでもなく負けず嫌いだったと思いますよ。フィッシュマンズのアルバムにしろ、自分の歌唱で思い描いている絵があるのに、そこに自分は追いついていないことをいつも悔しがっていました。

――最後に、この先フィッシュマンズはどうなるんでしょうか？　という質問です。

茂木　映画を観終わったあとに、やっぱり演奏したくなった。もっと高みに行きたい。ミュージシャンとしてはもっと高い集中力でこの音楽を伝えたいって気持ちになっている。その気にさせるんですよ、フィッシュマンズは。

――フィッシュマンズはいろんな人の人生を変えましたよね。

茂木　変わっていると思います。僕、変わりました。

――当事者ももちろんのことですけど（笑）。

茂木　でもね、佐藤君が亡くなってから２００５年にライヴをして再始動しましたけど、〝ゆらめき IN THE AIR〟は1回も取り組んでなかった曲、これはやりようがないなって曲だった。1回も触ってなかったんです。だから、「闘魂２０１９」をやるにあたって、〝ゆらめき IN THE AIR〟をやった方がいいような気がしたんです。２０１９年は佐藤君が亡くなってから20年目の年だったんですけど、〝ゆらめき IN THE AIR〟という曲にひとつ決着をつける必要がある気がしたんですよね。でもこれを僕が歌うのも想像がつかない。で、みんなで話しているうちに、サトちゃんとHONZIにも参加してもらったらいいんじゃないかというアイデアが出てきた。『男達の別れ』のライヴ音源からサトちゃんの声とHONZIのヴァイオリンと声を持ち出してきて、それと一緒に２０１９年の自分たちが合流して披露することを考えたんです。

　あの曲をそういう形でやったことが未来に繋がったんだと思います。あの曲のスタジオ版のミックスはすごく寂しげなものになってしまっている。でも『男達の別れ』のライヴでのミックスはアグレッシヴなんですよ。もともと〝ゆらめき IN THE AIR〟ってアグレッシヴに演奏するものだなとずっと思っていて。この曲のソウルフルな感じというか、そういう部分をちゃんといま提示しておきたいなと思っていました。

――〝WALKING IN THE RHYTHM〟な感じ？

茂木　そうですね。しっかり歩き出してる感じ、現在進行形で届けたいというのが大きなテーマとしてあるんですよね。


　取材が終わったあと、ブラジル音楽の話になり、欣ちゃんは昔から好きだったの？　と訊いたら、自分はカエターノ・ヴェローゾが大好きで、と言う。どこからカエターノに？　と突っ込むと、初期の頃、ライヴがはじまる前にＺＡＫが音楽を流してて、良いなと思って訊いたら、それがカエターノだったんだと。

（3月11日　東日本大震災からちょうど10年目の渋谷にて）

051

interview
Yuzuru Kashiwabara

柏原譲

Yuzuru Kashiwabara

面白いものをつくりたいという気持ちは
みんな一緒だったから。つくる以外になかった。
もっとやれる、もっとやれる、みたいになってて。

取材・構成：三田格
photos: Yasuhiro Ohara

ベース、柏原譲。フィッシュマンズには最後に加わった。ネジを見るとすべて外したくなり、イグアナを飼っていたこともある。今も昔もゲームばかりやっている。フィッシュマンズ・サウンドは佐藤伸治のデモ・テープに柏原譲がアレンジを加えるところからスタートし、それは最初からではなく、最後まで続いたわけではない。フィッシュマンズのサウンドが劇的に変化していった秘密に迫るため、まずは柏原譲の音楽遍歴から訊いたところ……

――『空中キャンプ』の頃だったと思うけど、どこかで佐藤くんが「譲が、先を行ってた」と言っていて、そのことがずっと頭に残ってるんですよ。その表現が具体的に何を指しているのか、今日は解き明かしてみたいなと。初めて取材させてもらった時は小学生でＹＭＯのコピーバンドを結成したと言っていましたけど、ＹＭＯからどうやってレゲエ・ベースを弾く人になっていったんですか。

柏原　元々はヤマハのエレクトーン教室ですね。最初は兄貴が習っていたのに付き添いで行ってたんです。でも、そのクラスの誰よりも早く僕が手を挙げて答えたりしてたんですよ。

――飲み込みが早かったと。

柏原　音程とかね。それでこの子も習わせた方がいいと言われて、それで親がやらせたらしいんです。いたって不真面目だったんですけど、中学いっぱいまでやって、途中からハモンド・オルガンになるんですよ。ほんとのハモンド・オルガンは教会で黒人音楽とかに使ったりするんだけど、カワイという楽器メーカーがあって、ハモンド・オルガンとは書いてあるんだけど、形はエレクトーンなんですね。音色がオルガンっぽいだけで。それをやるんだけど、目的がないからＹＭＯとか矢野顕子さんの曲をアレンジし直して弾いてたんです。高中正義さんとか、当時流行っていたフュージョンだよね。ＴＶでやってるような曲。

――ＹＭＯなんかＴＶでやってました？

ギターやりたい子はね、その当時はヤンキーっぽかったんだよね。ギターを持ってる子はバイクにも乗ってる、みたいな。
ヤンキー文化の頃だから、先輩が普通に校舎のガラスを割りに来たりとか、ありましたよ。

柏原　それがやってたんですよ。朝の番組で、JRの指定券の取れ具合を映しながら〝テクノポリス〟がずっと流れてたんですよ。5分か10分ぐらい。全国的に小学生には、確か、スーパーカー・ブームの次ぐらいにYMOブームが来たんですよ。それで、小学校の友だちでものすごい好きなやつがいて、そいつがシンセを買って。で、お母さんが美容師だから、シンセ買ったらライヴをやれっつって、テクノ・カットにしたり。

——はは。

柏原　駅の近くにあった西武デパートのスタジオがなぜかガラス張りだったんですけど、そこでリハーサルをやると人が見てるからライヴみたいになるんですよ。そこでやるのが流行ってて。

——かなり早い時期からライヴ度胸はついたんですね。

柏原　いやいや。

——そこからどうなるんですか。

柏原　高校生の時は普通に日本のポップスだし、矢沢永吉さんのコピーバンドをやってました。

——それは高校の軽音楽部？　音楽をやることには迷いがないんですね。

柏原　うん。中学3年ぐらいの時にキーボードだったんだけど、友だちの兄貴が持ってたベースを借りて。「ああ、いいよ、貸しといてやるよ」みたいな感じで。

——自分でベースが弾きたいというよりは、ベースがあったから始めた？

柏原　そう、そう。そのパートが空いてたから。ジャンケンで決める的な。

——ギターやりたいとかではなかった。

柏原　ギターやりたい子はね、その当時はヤンキーっぽかったんだよね。ギターを持ってる子はバイクにも乗ってる、みたいな。ヤンキー文化の頃だから、先輩が普通に校舎のガラスを割りに来たりとか、ありましたよ。

（しばらくヤンキー文化や『ビー・バップ・ハイスクール』の話。同作はちなみに何も起きない日常を過ごす不良たちを描いたマンガ）

柏原　いないはずでしょ、ヤンキーなんて絶滅してると思ってたのに。明治学院大学の周りにはいたんですよ。

——80年代に矢沢のコピー・バンドかー。

柏原　そう。で、矢沢のライヴに行ってみようということになったんです。これがスゴかったんですよ。会場に近づくにつれて、バイクが違法駐車でたくさん止まっていて。みんなファンの人たちで。野球の応援みたいなんだよ。野球の応援って、始まる3時間前から行くじゃないですか。あれと同じことやってんですよ（笑）。

——フィッシュマンズから遠い世界だ。

柏原　ほんとに。

――でも、その世界には飲み込まれなかったんですよね。

柏原　だって、ホールの縁に特攻服を着た人が立っていて、危ないじゃないですか。ファンの人が自主的にやっているから、矢沢さんはヤだって言ってるらしいけど。で、大学に入ってから……

――え、高校はそれで終わっちゃうんですか？

柏原　終わっちゃうんです。

――マジですか（笑）。

柏原　マジです（笑）。ハッピ着てライヴやってました。いまの子たちみたいにカッコよくないス。

――あ、でも、矢沢もベースですよね。

柏原　そう。でも、矢沢みたいにベース弾きながら歌えないから。

――矢沢以外はコピーしなかったんですか。

柏原　その頃はバービー・ボーイズとか、レベッカとか。

――ああ。オリジナルはやらなかった？

柏原　その時はなかった。誰も曲は書かなかったから。オリジナルは大学に入ってからで、サークルに入ってからです。

――サークルはひとりで入るんですよね。

柏原　そうです。なんか音楽のサークルに入ろうと思って行ったんだけど、僕は出遅れちゃって。ああいうのは一週間ぐらいで決めるらしくて、僕は1ヶ月ぐらいブラブラしてたんです。で、入ろうと思って行ったところがもういっぱいだからと言われて、違うところを紹介されたんですね。セミケン（世界民族研究会）というところに入れなくて「ソングライツ」に入ったんです。

――「ソングライツ」に入っても、1ヶ月遅れて行ったということは、バンドはもう……

柏原　できちゃってるんです。もう、余りの人とバンドを組むしかなくて。欣ちゃんも最初は同級生と組んでたんですよ。で、新入生歓迎ライヴでアピールしたかったんでしょう。アピールしていたところを佐藤くんが見つけて、バンドやろうということになったらしいです。

――ということは佐藤くんがやってた時間というバンドは譲さんは見たことがない？

柏原　聞いたこともない。時間は大学のサークルでやってたバンドじゃないんじゃないかな。佐藤くんは3年生で大先輩だから距離もあって、フィッシュマンズに入ったのは僕が2年の始めぐらいだったと思う。ベースやってた人が留学するので辞めることになって、ベース探そうってなって、僕はあんまり真面目に行ってなかったんだけど、なぜか欣ちゃんは気に入ってくれてて。

――それまでに音楽の趣味は矢沢からどう変わってたんですか。まさか、そのまま……

いろんなものを聴くようになったのはラ・ママとか出始めてからで、対バンの人たちからいろいろ影響を受けて。仲良くなって飲みに行ったり、泊まりに行ったりして、延々とファンカデリックのヴィデオを観せられたりして。宇宙船から人が降りて来て……（笑）。

柏原　普通に日本のやつを聴いていて、その時は佐野元春さんが一番好きでしたね。あとはレベッカとかバービー・ボーイズとか、変わらないですよ。いや、だって、千葉の田舎の高校生ですよ（笑）。そのあとまた、横浜の片田舎にいたわけだから（笑）。いろんなものを聴くようになったのはラ・ママとか出始めてからで、対バンの人たちからいろいろ影響を受けて。仲良くなって飲みに行ったり、泊まりに行ったりして、延々とファンカデリックのヴィデオを観せられたりして。宇宙船から人が降りて来て……（笑）。

――（笑）。

柏原　あれは、でも、最近、また観たんだけどさ、面白いね（笑）。当時は画質も悪いから、真っ暗ななかに、なんか蠢いているんだけど、なんだろうって。あれを当時、生で観た人は衝撃だよね。

――ですよね。フィッシュマンズとしてラ・ママに出てたということは、もうオリジナルをやってたんですよね。

柏原　そう、そう。

――フィッシュマンズのサウンドは、佐藤くんのデモ・テープを最初に譲さんがアレンジしてたんですよね？

柏原　もっとあとだよね。その頃は普通のバンドと同じ。もう〝Future〟とかオリジナルが7～8曲ある頃に入ったから。もうやってない曲もけっこうあるしね。〝ワンマンバス〟とかね。

――ああ、ありますね。

柏原　知ってる？

――ブートレグがいっぱい出てますから。〝ワンマンバス〟は時間でもやってますね。

柏原　あと、やらなくなった曲では〝靴下〟とか。

――僕がびっくりしたのはオープニングで〝Peter Gunn〟なんかカヴァーしてるんだと思って。

柏原　（笑）。当時は佐藤くんはずっとジャンプしてたんだよね。〝いなごが飛んでる〟もその頃かな。

――〝いなご〟は違うタイトルで（〝いなごの唄〟）、時間でもやってましたね。

柏原　当時のフィッシュマンズは、とにかく〝いなご〟なんですよ。間奏でジャンプして。

――もう、けっこう曲があるところに譲さんが入っていって、それからどうなるんですか？

柏原　〝Future〟をね、リアレンジしたんですよ。

――改良の余地があると。

柏原　そう。みんながそんな感じで、佐藤くんもレゲエみたいな曲のアレンジもしていこうよと言ったり。

――佐藤くんがレゲエという方向性を言い始めたんだ。

柏原　そう、そう。ミュート・ビート大好きで。はっきりは言わないんだけど。

――どういうことですか？

柏原　レゲエだというとドレッドヘアーにしたり、赤や緑や黄色の服とか着てくるやついるじゃん、って。そういうのやっちゃダメなんだよとか言いながら、音楽だけはいいと。

――佐藤くんは洋楽をいろいろ知ってたんですね。

柏原　そうだね。『フィッシュマンズ全書』（小学館）に佐藤くんが持ってたCDのリストがあったでしょ。

――ああ、あれは死者の墓をあばくような気持ちになるので、あのページだけ見てないんですよ。

柏原　そんな大したものじゃないよ（笑）。よく普通のロック・ベースだとドン、ドン、ドンって音を切るじゃない？　でも、ロックステディは切っちゃいけないの。歌のメロディと同じなんですよ。ブレス（息つぎ）のところで切るんです。遊びに行ってた時に見てた、そのままが載ってて。

——佐藤くんがレゲエって言い出すまで譲さんは聴いてなかった？

柏原　聴いてなかった。で、聴いてみようと思って。89年かな。もう大学も辞めちゃってたから。

——え、大学、辞めちゃったんですか。

柏原　僕は辞めちゃったんです。

——なんで？

柏原　肌に合わなかったし、もう、事務所に入るということになってたんですよ。だから、いいかなって。

——佐藤くんはもう卒業してた？

柏原　その年に卒業だね。欣ちゃんは続けてて、教職課程も取ってた。

——え、偉いなー。

フィッシュマンズだけがとにかく売れなかった

——いつから譲さんが最初にアレンジするようになるんですか？

柏原　ファーストはこだま（和文）さんもいるし、その時はまだそんな感じじゃないんですね。とにかくレゲエを聴きましょうという。

——噂の「こだまテープ」ですか。

柏原　そう、こだまテープ。怖いんですよ。ナレーションが入っていて「消してしまった場合は犯罪です！」って（笑）。

——それは怖い（笑）。譲さん的には本当に勉強になったんですね。

柏原　なりましたね。その当時は手に入らないやつがいっぱいあるんですよ。なかでもロックステディという2年間ぐらいしかなかった音楽があって……どうして2年しかなかったのか不思議なんだけど。

——まあ、パンクも2年ぐらいだったし。

柏原　そうか。2年間だから、せいぜい百何十枚しかレコードもないと思うんだけど。ジャマイカのレーベルで。2年にしては死ぬほどつくってるんだろうけど、まあ、でも、レゲエの世界でもロックステディというのはちょっとしかなくて。それと、こだまさんが好きだったニューヨークのレゲエで〈ワッキーズ〉というのがあって、あれもぜんぜん手に入らなくて。

——レゲエを聴き出して一番好きになったのは？

柏原　ホレス・アンディですね。あと、アルトン・エリス。キング・オブ・ロックステディと言われてる人。

——ホレス・アンディのことは初めてのインタビューでも名前を挙げてましたね。つーか、こだまさんの罠にまんまとはまってしまったわけですね。

柏原　そうだね（笑）。そこから研究してね。どうやったら、あんなだら～んとした感じになるんだろうと。音を繋げないといけないんですよ。普通のロック・ベースだとドン、ドン、ドンって音を切るじゃない？　でも、ロックステディは切っちゃいけないの。歌のメロディと同じなんですよ。ブレス（息つぎ）のところで切るんです。地獄の練習法というのが当時あって、レコードかけながらベースを弾くんですけど、ズレてるとダブリングみたいに聞こえて、完全に合うと切る場所も一緒になってくるんです。聴いて、弾いて。聴いて、弾いて。その人の癖までマスターしようとして。

――事務所に入ってからかなり練習したみたいですよね。

柏原　まあ、ヒマだからね。週4日ぐらいスタジオ行ってたんじゃないかな。

――〈りぼん〉は練習が好きな事務所というイメージがありますよね。RCも練習ばっかしてたんじゃないかな。

柏原　あ、だから、チャボさんのギター・アンプとか、ずっと使ってたよ。

――そうなんだ。佐藤くんの歌詞は最初からほかとは違うという感じがあったんですか。

柏原　うん。大学のサークルだったから、いろんな人のつくる曲が聴けたわけですよ。やっぱり段違いに良かったね。

――初めてのインタヴューの時に譲さんがフィッシュマンズはあまり大勢の人に聴いて欲しくないというか、間違いなく分かり合えない人もライヴに来ると言っていて。

柏原　言ってた？

――ええ。でも、フィッシュマンズを始めた頃は違いますよね？

柏原　違うよね。売れたいと思ってやってましたよ。スピッツも同期だし、デビュー当初は3バンドまとめてというのが多くて、毎回、一緒だったし。多少は対抗心というのも持ってたしね。でも、フィッシュマンズだけがとにかく売れなかった。

――でも、『Chappie, Don't Cry』は家で聴けるような静かな曲を選んだと話してるじゃないですか、当時。いきなり引いてるというか。すでに『空中キャンプ』みたいなコンセプトを持ち出してるわけですよね。

柏原　こだまさんの意向というのかなあ。こだまさんが決めたわけじゃなくて、全員で決めたわけだけど。

――最初にインタビューさせてもらった時に、譲さんがこだまさんとはひとりで戦っていたと話していたんですよ。譲さんはダルい方向にしたかったんだけど、こだまさんはそうじゃなかったと。それを聞いて佐藤くんは、そんな争いがあったなんて初めて知ったと言っていて。

柏原　そこまでじゃないと思うけどね。そうだったかなあ。う～ん、忘れちゃったなあ。

（オーストラリア録音のエピソードあれこれ）

柏原　あんなに楽しいレコーディングはなかったんですよ。勘違いしちゃいますよね。でも、そのあとは年々苦しくなっていく（笑）。作品を作り上げていくときの苦しみはだんだん増していったよね。こだまさんは緩かったけど、作品を詰めていくという厳しさは窪田（晴男）さんの時（『King Master George』）で学んだし。緊張感をほぐすために酒飲んでから来いと言われたりね。コンピュータを使い出したのが窪田さんの時だったんですよ。アレンジもそれですよね、コンピュータを使い出してから。ああ、そうだ。それからアレンジを僕が最初にやってみるようになったんだ。そう、そう。

――セカンドから？

柏原　セカンドのあとから。〝100ミリ〟でもちょっと使ったけど、全面的にやったのは〝いかれたBaby〟から。ドラムが全部打ち込みで、僕はぜんぜん意識してなかったけど、欣ちゃんはヤバいと思ったらしいよ。

――ああ、欣ちゃん、ヤバいと思ったんだ（笑）。

柏原　ドラムが全部打ち込みなのはあれ1曲だけだから。そのあとも最初のとっかかりは僕がつくるようになって。

――それにみんなもアイディアを足していく？

柏原　そう、そう。僕のアレンジが採用されなかったやつもあるしね。

――その頃の自信作は？

柏原　〝いかれたBaby〟かな。

――ああ。ユーチューブのコメントに、あの曲を理解するために日本語を覚えたという外国の人がいましたよ。

柏原　そうなんだ。

――〝頼りない天使〟にはクイカの音かな？　いろんな楽器のことを知らないと入ってないような音も入ってますよね。

柏原　あー、その時、同時にHAKASEと佐藤くんもサンプラーを買って、みんなでやりだしたんです。HAKASEのアレンジもけっこうあるんですよ。

――ロック・バンドだけど、そうやってヒップ・ホップのやり方を取り入れたバンドというのは当時はまだなかったと思うんですけど、手本にしたバンドとかあるんですか？

柏原　ロック・バンドではないよね。やっぱりアレステッド・デヴェロップメントとかになっちゃうよね。ライヴを重点的にやってた時期はレゲエとか一切聴かなくて、ジェームズ・ブラウンやその界隈を聴いてたんですよ。バンドのなかでもゆっくりした曲はレゲエで、テンポの速い曲はファンクにしようといってアレンジもしていたし。売れてないから事務所ミーティングみたいなことをやってね（笑）。〝Smilin’ Days, Summer Holiday〟とか、ライヴで生きる曲にリアレンジしようってね。

――あの辺は楽しんでるのが伝わってきますよね。

柏原　うん、盛り上がった。会場こそクアトロとかでしたけど。

――クアトロ、いいじゃないですか。

柏原　いや、スピッツはもうホールでしたから。

――ああ、やっぱり意識してたんですね（笑）。

柏原　いや、ウルフルズとかさ、関西ツアーに行くといつも一緒だったんですよ。ウルフルズも（ジェームズ・ブラウンの）マント・ショーをやってましたからね（笑）。

――もっと超然としてるのかと思った。

柏原　いやいや、そんな。悩める若者たちでしたよ。

奇跡的に、全部、いいなあと思える方向に行った

――ライヴは満員になるのにCDがそれに見合うほど売れないからレコード会社に憤りを感じて移籍を決めたということでしたよね。

柏原　欣ちゃんは怒ってましたね。欣ちゃん、そのことと駐禁でしか怒らないですね。

ライヴを重点的にやってた時期はレゲェとか一切聴かなくて、ジェームズ・ブラウンやその界隈を聴いてたんですよ。バンドのなかでもゆっくりした曲はレゲェで、テンポの速い曲はファンクにしようといってアレンジもしていたし。

——チューキン?

柏原　駐車禁止。緑のおじさんがいるじゃないですか。あれだけは「このハイエナめ」とか、すっげえ怒るんだよ。

一堂（笑）

——やられたことがあるんですね。

柏原　やられてないんだけど、怒るの。何か心にトラウマがあるんでしょう。

——そうなんですかー。『映画：フィッシュマンズ』は『空中キャンプ』のシーンがすごく短いですよね。

柏原　僕も体験していることだけど、本人たちは劇的なことやっているわけじゃないからね。佐藤くんがつくってきたデモ・テープを3人だけでどうする?ってなって。楽器の編成も変わって、しかもワイキキは3人同時に演奏できなかったとか、そういう制約が重なって、たまたまああいうサウンドの質感になったんじゃないかなあ。

——デモ・テープは1曲ずつ出来てくるんですか?

柏原　そう、バラバラ。最初に作業に入ったのが〝ナイトクルージング〟。リハーサル・スタジオにも入ってないから、アレンジしたものをとにかくみんなに聴かせて、いつもだとドラムとベースは一緒に録ってたんだけど、あの曲は僕が先にベースを弾いて、欣ちゃんに「ベースできたから、あと、好きにやって」って言って、「終電なくなるから帰るわ」って（笑）。あとで聞いたら、欣ちゃんは明け方5時ぐらいまでやってたらしいよ。ドラムも叩けないし、最初は大変だったと思うよ。

——ああ。最後の最後にギターのアルペジオが入って完成したんですよね。

柏原　そう、そう。音像もわからないまま進んでいったからね。

——次は〝すばらしくてNICE CHOICE〟だったかな。

柏原　覚えてない。記憶がない。覚えているのは「バーチャファイター」をやってたこと。

——ああ（笑）。

柏原　木暮（晋也）くんがなぜかずっといるんですよ。で、「バーチャファイター」を一緒にやった記憶はある。

——一番大変だったことは?

柏原　分業だったから、ほかの人が何やってるのかわからないんだよね。それにエアコンが入れられないからめちゃめちゃ暑くて。

——あそこは陽の当たり方がすごかったですからね。まさにワイキキ。

柏原　そう、そう。佐藤くんも上半身裸になって歌ったりとかね。あとで聞いたら。

——ミックス・ダウンでZAKさんがベースを

本人たちは劇的なことやっているわけじゃないからね。佐藤くんがつくってきたデモ・テープを3人だけでどうする？ってなって。楽器の編成も変わって、しかもワイキキは3人同時に演奏できなかったとか、そういう制約が重なって、たまたまああいうサウンドの質感になったんじゃないかなあ。

抜いちゃったりとかしたんですよね。それは揉めなかったんですか。

柏原　その時は揉めなかったね。ZAKがベースを抜くのはその時に始まったことじゃないから。前もやってるし、後でもやるし。ポラリスの時にはケンカしたけどね（笑）。だって最後の2分ぐらいしかないんだもん。「なんで、ないの？」って訊くと「ない方がええもん」って。ケンカといっても5分ぐらいだけど。だったら最初から言えよ、弾かねえからって。

——実質的にはZAKさんは編曲ですよね。

柏原　そう、そう。まあ、かなりやってくれてるんだよね。そういうことが奇跡的に、全部、いいなあと思える方向に行ったんだよね。出来上がりの頃は、なんか、楽しかったよね。こんないいの、つくっちゃったよって。

——昔からのファンで『空中キャンプ』はわからなかったと言ってた人もいましたけど、本人たちのなかでは急に飛躍したという感じではなかったんですね。

柏原　そうね。こんなカッコいいのがやっとつくれるようになったじゃんという感じだよね。いま思うと最初から思い描いていたものがあって、寄り道というか、単に試行錯誤してただけなのかもしれない。

——曲順は誰が考えたんですか。

柏原　欣ちゃんだと思うんだけどね。みんなで案は出すんだけど、最終的にいいのを出すのがいつも欣ちゃんだったりするんで。

（しばらく「Rate Your Music」の話）

柏原　英語圏で話題になるたびに、フィッシュマンズという間違った英語が恥ずかしくなるんですよ。

——ああ、でも、メキシコのプロレスラーから付けたんですよね。

柏原　そうだけど、「ズ」は付かないからさ。

——「ズ」を付けると「〜家」という意味になるから必ずしも文法的な間違いではないですよ。「フィッシュマン家（の人々）」。それより英語圏のファンの間では「are you feel good」（“Oh! Slimes”）という間違った英語をわざと使うのが流行ってるみたいです。

柏原　（笑）。まあ、そういったことも含めて英語圏ではないカルチャーなんだと思うけどね。フェイスブックで友達申請が来るのは外国の人ばっかりなんですよ。

——外国の人に『空中キャンプ』は比較的人気ないですけど、『LONG SEASON』のサウンドは

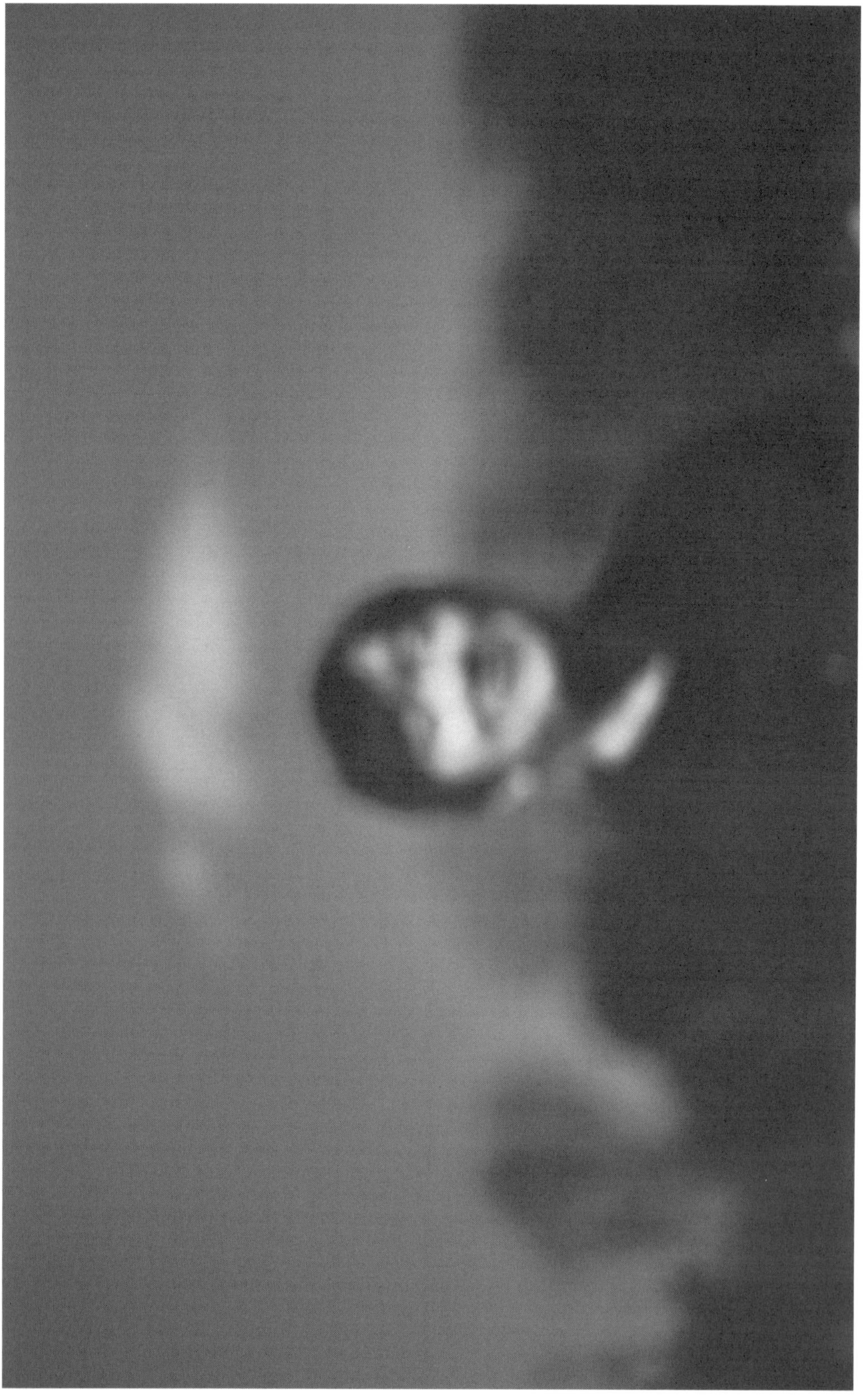

96年ぐらいの演奏が、残ってる音源を聴くと神がかってるんだよね。やった当時は手応えなかったんだけど、欣ちゃんとも、あの時の演奏はもう出来ないという話を最近はするんですよ。

――まっすぐに届いていますよね。『空中キャンプ』は、本人たちに飛躍という意識はないと仰ってましたけど、『LONG SEASON』は明らかなチャレンジだったと思うんですけど。

柏原　あれはもう、誰も完成図は知らない。演奏してる時もなんだかわからない。当時も話してるんだけど、4パートつくりましょうと。その順番も決めてなくて。

――順番も決めてないんだ。

柏原　うん。あれもZAKの編集で、前後が変わったり、これがもう一回前に来てとか、そういうのがあるんですよ。とにかくみんな完成形が見えてないから、まずAパートを連続で録ろうとかね。

――最初は〝バックビート（にのっかって）〟でやりかけてましたよね。

柏原　そうだねー……でも、なんで〝SEASON〟だったのかなあ。〝SEASON〟と〝LONG SEASON〟というダジャレみたいなことを考えて……〝MIDDLE SEASON〟もつくろうとか言ってたなあ。

――（笑）つくって欲しいー。

柏原　つくんなくてよかった（笑）。

――4パートに分けてという発想はどこから来たんですか。

柏原　多分、ZAKのアイディアだったと思うけど。

――いや、ZAKさんは何か違うことをやるつもりでいたら「4パートでやる」と言われて驚いたようなことを言ってましたよ。アレンジも出来てたって。

柏原　いや、完全にはつくってないですよ。（ダーツ）関口さんとかも入って来て、みんなのアイディアが入ってます。ドラム・ソロもみんなで考えて。なんでAsa-Changになったとかは覚えてないんだけど。

――そうか、夢中でつくってると覚えてないもんですよね。でも、かなりな変化ですよね。

柏原　スゴい落差というか。そのダイナミクスが面白かったよね。

――僕は正直、まだ『空中キャンプ』の余韻に浸っていたかったから、最初は抵抗ありましたよ。好きになるのに時間がかかって。はっきり覚えてますけど、ペイヴメントとの対バンでやったパンク・ヴァージョンの〝LONG SEASON〟で完全にやられました。

柏原　あったねー。

――でも、それまでは急に変わり過ぎだと思っていて。♪回転木馬ぐらいでいいよ〜と歌っていたのに。

柏原　そうですよね（笑）。でも、『空中キャンプ』と同じで、また面白いものをつくろうと思っただけですよ。（ディレクターの）佐野さんもよく予算、出してくれたと思うけど。

――〝LONG SEASON〟は初めからライヴでもやるつもりでいましたか？

柏原　いやあ、何も考えないでやってたけど、完成してからはやった方が面白いと思ってましたね。やると決めてからは練習したし、どのタイミングでやるかとか。「最後の曲です」と言って、お客さんがいったんリュックを背負って、また下ろすとかね（笑）。

――意地悪だなー。

柏原　いや、いや。

――初めてライヴでやったのはデ・ラ・ソウルの時でしたけど、客5人でしたよね。

柏原　（笑）だって、デ・ラ・ソウルが深夜2時で、フィッシュマンズは9時ぐらいだもん。でも、そんなことも覚えてないぐらい、ライヴでやることの方が面白かったからね。

――その時は公開リハーサルみたいだったし、それはそれで素晴らしかったですけど、ペイヴメントの時はとんでもないスピード感というか、ほんとに圧倒されました。お客さんも最初は聴いてなかった人も目立ったけど、最後は大喝采でしたね。あとで聞いたらペイヴメントの演奏が始まってもあんまり頭に入ってこなかったらしいです。

柏原　96年ぐらいの演奏が、残ってる音源を聴くと神がかってるんだよね。やった当時は手応えなかったんだけど、欣ちゃんとも、あの時の演奏はもう出来ないという話を最近はするんですよ。

――そうなんですか。

柏原　「若いながらも歴史ありツアー」とか、あんな切れ味はもう出せないよねって。

――ちばてつやさんがいま「あしたのジョー」を描いても、「あの目はもう二度と描けない」というのを思い出しますね。

柏原　ああ。

――でも、一昨年の演奏（『闘魂２０１９』）はよかったですけどね。

柏原　あれは別な良さはあったよね。ceroにも助けてもらったし。でも、やっぱり20代のパワーはすげえなと思うよ。

――なるほど。

面白いものをつくりたい　という気持ちはみんな一緒だった

――『宇宙 日本 世田谷』は最初に僕もデモ・テープをもらって、宣伝のやり方を考えてと言われたんですけど、「あれ、このまま出してもいいんじゃない？」と思うほど最初から出来上がっていましたよね。

柏原　だよね。

――で、正式にレコーディングされたものを聴いてからワイキキに行って、欣ちゃんに「どうだった？」と訊かれて、「曲とかサウンドの前に録り音自体がトゲトゲしく感じた」と感想を言ったら「やっぱりレコーディングの雰囲気が出ちゃうのかな〜」と言ってたんですよ。譲さんから見ても、そういう雰囲気だったんですか？

柏原　あー。それ、何月ぐらい？　だって、できるまでに7ヶ月ぐらい遅れてるんですよ。佐藤くんのデモ・テープはね、前にサンプラーを買って、みんなでやり出したと言ったじゃない？　それが一定のレヴェルに達しちゃったんですよ。ひとりでそのまま作品が出せるだろうというところ面白いものをつくりたいという気持ちはみんな一緒だったから。つくる以外になかった。ライヴでも、なんか、新たなものをつくってたし、アレンジを変えないで演奏するという考えもなくなっていたし。もっとやれる、もっとやれる、みたいになってて。

まで。そういうこともあると思う。アイディアもめっちゃ入ってるし。それをバンドでやるのはどうしたらいいのって。「もう、できてるじゃない?」って。「これを一回、壊しちゃうの?」っていう葛藤が僕のなかではあって。半分ぐらいはこのままでいいんじゃないのっていう話をしたんですよ。それで、なんか、険悪になっちゃって。佐藤くんは何も言わなかったけど、「譲、いままでみたいにやるんじゃないのか」という感じだったのね。

――え、佐藤くんはあそこまでつくり込んできたけど、やっぱりアレンジは譲さんにやって欲しかったと?

柏原　じゃないかなあ。でも、リアレンジなんて遊びみたいなものだから、さすがにあそこまで出来てると、いじるにしても限界あるし。映画でもみんなが言ってたけれど、それで、なんか険悪になってっちゃって。ライヴのリハにも影響が出てきたり。映画のなかで関口さんが佐藤くんにキツいことを言われてたじゃない? あれは20年も前のことだけど、やっぱりショックだったね。

――あれはびっくりしましたね。関口さんは自分の不甲斐なさみたいなことを嘆くという感じで話していたと思いますけど。

柏原　そんなことないと思うんだけどね。

――自分だけならともかくHONZIさんの名前も出てくると、佐藤くんは本気でそう思ってたのかなという感じは増しますよね。

柏原　HONZIさんもあの時、調子悪くて、プライヴェートなことだけど、ライヴが終わるとレンタカーで夜中にどっか行っちゃったりとか。やけになってて。HONZIさんもめちゃくちゃなところがあったからなあ。サトちゃんがどこにいるかわからないHONZIさんを探し出してリハーサルに連れてきたりね。昔はケータイもないし、毎日大変だったんじゃないかなあ。

――それは佐藤くんの意外な面ですね。

柏原　そう、そう。意外と甲斐甲斐しくやってたよ。

――HONZIさんをバンドに誘ったのは佐藤くんだったんですか?

柏原　昔から打ち上げに居たんだよね。よく来てたんだよ、大阪のライヴとか。ZAKの友だちだったのかなあ。最初は打ち上げでカニの店に連れて行こうとするから、カニを食う人というイメージだったなあ。バンドの打ち上げでカニなんか食えるわけないのに(笑)。

――(笑)デモ・テープに戻りますけど、佐藤くんのソロっぽい曲とバンドっぽい曲に分けられると言ってたじゃないですか、『宇宙 日本 世田谷』は。佐藤くんのソロ・アルバムとしてリリースするという案は出なかったんですか。

柏原　なかったねえ。あのスタジオをつくった経緯もあるし、2年で3枚つくるという契約があって、それも僕らは意識してたし、せっかく面白いものをつくらせてもらったわけだし。「で、『LONG SEASON』がギリギリ1枚としてカウントされたので、だから、もう1枚だと。面白いものをつくりたいという気持ちはみんな一緒だったから。つくる以外になかった。ライヴでも、なんか、新たなものをつくってたし、アレンジを変えないで演奏するという考えもなくなっていたし。もっとやれる、もっとやれる、みたいになってて。

——あそこまでデモ・テープができていたのに長引いた理由はなんだったんですか。最終的にはそんなに大きくは変わってなかったし。

柏原　デモ・テープをそのまま録音していったんだけど、ＺＡＫがこのままでほんとにいいのかって。そういうところがあったんですよ。ＺＡＫって、けっこう、ミックスを何通りもつくるんですよ。人知れず試してくれてるらしいんです。僕があの時、ＺＡＫに言われたのは「ミックスしたものを聴かせても、譲が面白いという顔をしてへんからやり直そうかな」って。そういうのが何曲かあったんです。

——実際、そう思ってたんですか？

柏原　やっぱりまったくアレンジをしてない曲もあったから、それに関しては楽しそうな顔はしてなかったかも知れない。

——あまりにも自分が参加してない感じ？

柏原　そう、そう。

——もっと後の〝それはただの気分さ〟はアレンジするやり方に戻ったんですか？

柏原　あれの時は、佐藤くんに「今回のやつは譲の仕事ないよ」って言われて、ちょっと腹立ったんだよ。

——それはヒドいこと言うな、佐藤くんも。スタジオ・テイクの方ですよね。

柏原　そう、あれはベース入ってないから。いま思うと、あれは関口さんが佐藤くんに厳しいことを言われた頃だったんで、そういうつもりだったのかあと思うけどね。

——ライヴ・ヴァージョンのアレンジは譲さん？

柏原　ベースは自分で考えました。

——野音でライヴ・ヴァージョンを聴いた時は、間奏の最後で光の花が空に向かって咲いたようで、スゴい感動でしたけど。

柏原　あれは録音がないんだよね（注・スタジオ・ライヴのテイクがＤＶＤ『In Space Shower

つくりたくてつくりたくてしょうがないというのは変わらないんですけど、つくる時のテンションが常人には付いていけないものになっていて。僕なんか常人だから、一緒になってテンションあげられる感じじゃなくて。そういう疎外感を感じたことはあるかな。

TV Episode.3』に収録)。なかなか全部は録れないから。『男達の別れ』だって、佐野さんが無理やり録ってくれたんだもん。感謝してますよ。

――そうすると譲さんが辞めると言ったのは、佐藤くんにそういうことを言われたあと?

柏原　いや、そういうわけじゃないですよ。辞めなきゃいけなくなったと言ったのは音楽とは関係ない理由だったから。

(しばらくプライヴェートな話)

柏原　スゴい悩んだんだけどね。半年ぐらいは。ZAKが辞めてから『8月の現状』もつくってるし。あのあたりからサトちゃんが不安定になっていったというのは映画でも言ってたでしょ。自分のつくりたい音を百何十トラックも入れてつくってきたって。そんなのありえないでしょ。

――ええ。

柏原　ちょっとおかしくなってたのかなって。『8月の現状』をつくってる時は戻ってた時もあったけど、百何十トラックも入れてきたというのは、僕も映画を観て初めて知った。

――『男達の別れ』に至るまで、ライヴをやってた時の佐藤くんも前とは違ったんですか。真後ろで見ていて。

柏原　なんか怖いというか、メンバーに対して怒りを持っているというような感じはたまに受けたかな。構成を間違えたりすると、それかなあと思ったり。なんか、自分たちとは違う方を向いてんのかなあとか。欣ちゃんは必死に合わせようとしてたけどね。

――佐藤くんが見えてるものが見えない?

柏原　う~ん。こういっちゃ悪いんだけど、僕からすると、その見てるものって、テンションがあまりに高いというか。だってネタが百何十トラックなんて、冷静に考えてみれば、絶対に使うわけないし。プリンスが亡くなった時の話とカブっちゃうんですよ、僕のなかでは。つくりたくてつくりたくてしょうがないというのは変わらないんですけど、つくる時のテンションが常人には付いていけないものになっていて。僕なんか常人だから、一緒になってテンションあげられる感じじゃなくて。そういう疎外感を感じたことはあるかな。

――欣ちゃんは食いついて……

柏原　食いつけてないけど、心情的には合わせて。一緒につくりたいっていう。

――つくりたいものが欣ちゃんにも見えてない?

柏原　見えてないと思う。

――最後の方は佐藤くんの頭のなかは誰にも見えてなかった?

柏原　そうね。1年か、1年半ぐらい。

――そんなに長く?

柏原　うん。98年の頭ぐらいに僕も辞めるということを言ってるんですよ。なので、その1年はもう……

――……。僕も常人ですけれど、常人からすると佐藤くんはスゴいけど、ヒドいというか。

柏原　だからまあ、『空中キャンプ』や『LONG SEASON』の頃はある意味、奇跡かなあって。

『男達の別れ』は虚空に向かっている感じ

――〝IN THE FLIGHT〟で♪いつまでも何も出来ないだろう~と歌っていたような無力感はどう受けとめていたんですか。

柏原　テンションの振り幅じゃないかなあ。逆にいうと『男達の別れ』ではもう、か細くなってたでしょ。あそこまでしか上がれなくなっていたというか。96～97年のライヴではもっと太いというか、あの時みたいなテンションの高さではなくなっていたよね。『男達の別れ』はもうどこにも向かっていないというか。虚空に向かっている感じ。まあ、当時、いろいろ思い出すと、うまく意思疎通できればよかったんだけど、まあ……出来なかったんだよね。

――話し合ったりする時間はなかったんですか？

柏原　『空中キャンプ』の頃はよく話してたんだけど、自然と疎遠になっちゃったんだよね。

――疎遠という感じなんですか。

柏原　同じツアーに行ってても、一回も話さなかった時もあったし、前は冗談で「(いつも一緒だから)もう話したくねえ」とか言うこともあったけど、ほんとにそんな感じになっちゃったり。元々、佐藤くんもZAKも飲まないからライヴの後で飲みに行くということもないし。行ってもゲーセンだったり。「バーチャファイター」とか。

――また「バーチャファイター」(笑)。

柏原　今朝も4時半までやってました(笑)。

――(笑)『男達の別れ』はお客さんもヘンでしたよね。ドアを開けたらすでに異様なムードだった。

柏原　ちょっと前からフィッシュマンズのお客さんのテンションには僕も付いていけなくて。

――え？

柏原　視界の端の方でぐるぐる回っている人たちが見えたり。あの人たちはなんで、ああなっているのか気になってしょうがないんだけど。スピーカーに頭突っ込んでる人とか。ZAKがちょっと音量上げたら耳ダメになりますよ。ヘンな人たちが集まって来ちゃったなあって。

(しばらく脱線。いつのまにかミュージシャンとお金の話)

柏原　当時は1枚出すと佐藤くんが車を買い替えたりしてましたから。ヘンな車ばっかりですけどね。

――ルノーとかですよね。ヘンってことはないじゃないですか。

柏原　いや、だってヘンですよ。その当時流行ってた車の雑誌があって、火曜日に出るんですけど、朝6時にコンビニに買いに行って、その場で電話して長野まで行ったりして。向こうの人に「早いっ」つって笑われたって。ルノーは欲しかったんだろうけどね。それはわかるけど。

――ああ、〝ナイトクルージング〟を生み出したルノーですからね。どんなときの佐藤くんが一番好きでした？

柏原　調子いいときはニヤニヤしてるんだよね。その顔が好きだったかなあ。僕が弾いている時に佐藤くんがニヤニヤしてると、気に入ってくれてるんだなあと思ったし。まだ学生だった時に、同じ学生バンドのPAを一緒にやったことがあるのね。なんでかわからないんだけど、3年生で先輩だった佐藤くんと僕が一緒にやることになって、ローリング・ストーンズのコピーバンドなのに、ディレイとかかけて。リバーブかけたりして、ダブにしちゃえとか、そういうことやってる時の顔がもうニヤニヤしてて好きだったなあ。面白がってる時の。

――確かに『男達の別れ』はニヤニヤしてないですよね。

柏原　してないんだよねえ。そう、ニヤニヤしてる対象がそれまでは絶対に身内のなかにあったはずなんだけど、なんか、あの時は虚空に向かってしか……なかったんじゃないかなあ。誰にも向かってないし、メンバーにも向かってなかったんだよねえ。

——なるほどねえ。怖い時もあったと仰ってましたけど、どういう時が佐藤くんは怖かったですか。

柏原　最後の1年はけっこう怖かったという記憶があって。〝LONG SEASON〟をライヴでやり始めてから、ミスするたびに睨まれているような気がして。実際には睨んでないんだけどね。

——ラフな演奏が好きじゃなくなっていた？　ちょっとぐらい間違えても勢いがあった方がいいとか。

柏原　そんな感じだったけどね、前は。毎回、ライヴでアレンジを変えるようになってからは失敗すると怒ってたみたいだし、何を気にしていたのかはいまでもよくわからないんだけど。

——完璧主義になっていた感じなんだ？

柏原　何か思ってる方向があって、それとは違っていたんじゃないかな。それをまた、メンバーと反省会をするわけでもないし、だから、いまでもわからないんだよね。

——そうかー。

柏原　……。

——……個人的に一番好きな曲は何ですか？

柏原　どれというのはないですけど、演ってて楽しいなというのは……（かなり考えてから）〝なんてったの〟は好きかな。

——へええ。

柏原　ライヴでよくやってるんですけど、若い頃にやってた、甘酸っぱい感じを思い出しちゃうんですよね。なんてことない歌詞だし、その頃はHAKASEもいたし、みんなでやってた頃のことも思い出しちゃうんだね。楽しくもあり、売れねえなと思ってる頃のね（笑）。

（命日の前日「朝霞の森」にて）

interview
Shinji Sato

取材・構成：水越真紀
（――＝野田努）

佐藤伸治

Shinji Sato

やっぱりシリアスにやらないと通じない。音楽はかなりナメられてる。（完全版）

取材はワイキキ・ビーチ内のオーシャンヴュー・ホテルで行われた。階上は『空中キャンプ』発祥の地であるハワイ・スタジオ。狭い部屋の壁は佐藤画伯らの手による壁画で覆われていて、細い窓からは小春日和の淡い日差しのなかで落ち葉が踊るのが見えている。

約束の時間を少し過ぎたそのとき、細い窓の外に竹箒をもった若者が通り過ぎるのが見えた。その顔は、確かに佐藤伸治、だと思う。なぜ？　なぜ、これからインタヴューする青年が表通りの落ち葉を掃いているんだ？

数秒後、青年はワイキキ・ビーチに通じる赤いドアを開けた。

それは箒ではなく、青年の身長より少しだけ短い、古ぼけた竹箒だった。松葉杖の代わりの竹箒。〝リハで捻挫しちゃった〟。いったいどんなリハで？　ステージの佐藤伸治は確かに落ち着きも秩序もない、ときにはリズムとの関わりも不明に、まるで何かに酔っ払ってるみたいな不可解な動き方をしている。ステージの面積もその辺を這っているコードも観客の存在も、すべてを忘れているのに違いない。それがリハでまでなのか。かくして、歌いながらの3度目の捻挫なんだそうな。

――歌うのは小さなころから好きだった？

佐藤　オレね、小学校1年くらいから、すごい先生に褒められてた、歌うまいって。

――何を歌ってたの？

佐藤　学校の音楽の歌もだけど、歌謡曲も。主に（西城）ヒデキかな。オレ、4年くらいで声嗄れちゃったんだ、物まねのやり過ぎで。

――レコード買うようになったのは？

佐藤　ビートルズかな、やっぱり。兄貴が好きで、一緒に買ってた。オレが6年くらいの時。〝Eight Days A Week〟とか、〝I'm Down〟とか、あのへんがね、コピーするのが簡単だったんだ。中1の時にベース買って。

――なんでベースだったんですか？

佐藤　ん？　ポールが好きで（笑）。友達ふたり海もすごく近い。よく泳いだもん。コンクリートの人口渚が当時できてて。けっこう汚いけど、エイも釣ったし。中2で転校したとき、新しい友達に釣りに連れてってもらった

がギターやって、ドラムはいなくて、3人で家とかでやってた。家はオレが中2のときから葛西臨海公園の方だったんですよ。あのへんは当時もけっこう音出せたんだ。だって高校のときは部屋でドラムとか叩いてたもん、普通に。隣のうちとかがすごく理解ある人で。階下の人もやさしい人だったし……。

――え？　マンション？

佐藤　マンション。信じられないよね、いま思うと。

――葛西ってどんなとこ？　下町っぽい？

佐藤　もとは下町だけど、あっちの方は埋め立て地だから地元のひとはいない。ニュー・タウンみたいな感じで地元意識とかもない。

――（荒川）河口の方？

佐藤　そう、海もすごく近い。よく泳いだもん。コンクリートの人口渚が当時できてて。けっこう汚いけど、エイも釣ったし。中2で転校したとき、新しい友達に釣りに連れてってもらった。〝夜釣りに行くとエイが釣れるから〟って。すると釣れるんだね、エイが（笑）。

――食べるの？

佐藤　いやいや、すぐ逃がしますよ、コワイから。けっこうデカいんですよ。相当キモチ悪いですよ。あとは夏はハゼも釣れるし。3人くらいで行って100匹くらい釣れる。家で唐揚げにするとすっごく美味しい。

――バンドはビートルズから？

佐藤　いや、その前にパンク・バンドやってた。中1で、まだ王子に住んでたころ。ピストルズとかアナーキーとか。でもそれは別に発表の場もなく……。アナーキーとかRCが人気でてきたころ。RCは中3の時、テレビで見て、すげぇカッコよかった、っていうかキモチ悪かった。オレはパンク・バンドに見えた。

――パンクの何が好きだったの？

佐藤　ああいう態度が好きだった。

――反抗期だった？

佐藤　いや、別にないですよ。それまでビートルズしか知らなかったから。そのバンドはリハ3回くらいやっただけで、すぐ転校しちゃって、葛西ではビートルズ。あとキャロルも演ってた。いい加減なバンドなんだ（笑）。

――キャロルとビートルズ……、いったいどういう共通点があるの？

佐藤　やっぱりベースがヴォーカルで……、共通性があるじゃないですか！

――（笑）。それは発表の場はあったんですか？

佐藤　いや、発表したのは高校に入ってから。そのころは自分の歌とビートルズ少々、キャロル少々。田舎パンクスみたいな恰好して、スプレー

小嶋は1年の時から仲よかったから。一緒にバンドやろうって言ってた。で、やろうやろうっていうことになって、じゃ、（茂木）キンちゃん入れようって。で髪立ててた。

――バンドをやるっていうのがキモチいいっていうのはそのころから？

佐藤　そうですね。ドラムっていうのが楽しくてしょうがなかった。見てて。

――中学時代はバンドばっかり？

佐藤　いや、そんなことないっすよ。テニスもやってたし。バレーもやってたし。7時から朝練、放課後もバレー部。夕方は友達とサッカーやマラソン……。

――じゃ、バンドは？

佐藤　バンドはね、土日。忙しいっすよね。

――勉強もしてました？

佐藤　してましたよ。勉強はね、けっこうできてましたから。中学のときは学校で10番くらいにはいましたから（笑）。

――で、高校入ってオリジナルを？

佐藤　うん。

――それは何かきっかけがあって？

佐藤　パンクスは基本じゃないですか。自分の歌で語ってナンボっていうのが。

――どんな曲でした？

佐藤　いや、いまみたいなもんですよ。演奏はパンクだったけど。最初はなんかメッセージのあるものだったけど、あんまり似合わないかなって途中で気づいて。

――どんなメッセージだった？　社会的な？

佐藤　どんなだったかな。あんまり社会的なメッセージじゃなかったと思う……なんていうのかな……性格的なメッセージ。〝そういう性格のヤツは嫌いだ〟みたいな（笑）。でもとにかくそういうのもあんまり向かないかなと思って、すぐに辞めた。

　高校時代まですごい活発だったんですよ、信じられないくらい。大学入ってからはそれがなくなった。大学が余りにつまんなくて。大学1年生まではバンドもやってましたけど。

――なんていうバンドだったんですか？

佐藤　時間っていうバンドでした。

――どういう意味？

佐藤　いや、ライヴが終わる時に、シャーン〝どうも、時間でした〟っていうのが面白いかなと思って。〝時間です〟って出てって〝時間でした〟って終わるのが（笑）。

――当時は将来どうなりたいと思ってました？

佐藤　プロになりたいと思ってました。

――なれるっていう確信と共に？

佐藤　それはなかったですね。当時はバンド競争も苛酷でしたから。ライヴ・ハウスなんか行くとけっこうカッコいいバンドあったしね。

――初めてライヴ・ハウスに出たのは？

佐藤　高3の時かな。新宿のJAM。カッコい〜い（笑）。

――そのころは全部オリジナル？

佐藤　そう。でもそのバンドは1年くらいでやめちゃったかな、ドラムの脱退によって。4人でやってたけど、ドラムの人とオレがけっこうコトを進めていたんです。それでなんか挫けたかな。それからは適当にコピー・バンドとかやってた。前に（フィッシュマンズに）いた小嶋のバンドでドラム叩いたり、ストーンズとTレックス、あとドアーズなんかのカヴァーで。2年くらいそんな感じで、そのころは歌ってなかったですね。

――曲も作ってませんでした？

佐藤　作ってませんでした。

――フィッシュマンズはいつから？

佐藤　大学3年くらいからですね。

――茂木さん（dr.）とは大学一緒でしたよね。

佐藤　そう。小嶋は1年の時から仲よかったから。一緒にバンドやろうって言ってた。で、やろうやろうっていうことになって、じゃ、（茂木）キンちゃん入れようって。祐天寺でリハをやってたんですよ。〝そこでジャンプね〟なんて言って……。カッコい〜（笑）。

――それもちゃんとプロになろうと？

佐藤　いや、オレはもう投げていたんですよ、けっこう。すごく調子悪くて。

――何が調子悪かったの？

佐藤　いや、すべて。人生調子悪くてね（笑）。就職も頭に思い浮かばないし、なんとなく生きてたんですよ。コンビニでバイトしながら。

――なにやってもつまらなかった？

佐藤　つまんないっていうか、展望がなかった。それで3、4年のときは実家に帰ってトランペット吹いてたんです。

――時間がよっぽどいいバンドだったんだ。

佐藤　いいバンドだったんですよ。もっと売れてたかもしれない（笑）、あのバンドがいれば。

――時間とフィッシュマンズ初期は作る歌も違いました？

佐藤　うーん、暗い歌が多かったかな。オレ、大学4年のとき彼女いなかったし。うん、それもあるよね。その前はバンドはないながらもそのへんはよかったんだ。

――なんにもなくなっちゃった？

佐藤　うん。働くのもやんなっちゃし、とりあえず実家帰ろうと思って。でもバンドやってんのはスゲエ楽しかったですね。

――サウンドはどんな感じでした？

佐藤　いやぁ、どうかな。ジャムみたいな感じかな。でもね、大学4年くらいでラ・ママに出るようになってからは今みたいな感じかな。

言葉なんていくらでもあるじゃないですか。
その時たまたま出た言葉って、オレは運かなって。

――佐藤さんの詞はラヴ・ソングっていうか、女性がけっこう出てくるじゃないですか。それは実体験に基づいて？

佐藤　そうですね。オレ、彼女とバンドっていうのが人生の95％くらいを占めてるんで。あとはもう全然どうでもいいんで（笑）。もう中学くらいの時から、基本的にはね。それを通して社会を見るっていうか。

――（笑）よく見える？

佐藤　ええ、いろいろ。

――彼女いないときはどういう曲を作ってたの？

オレ、彼女とバンドっていうのが人生の95%くらいを占めてるんで。あとはもう全然どうでもいいんで（笑）。もう中学くらいの時から、基本的にはね。

佐藤　いや、彼女いないときは作ってないんですよ。で、ラ・ママ出て2回目くらいで彼女できて、また曲いっぱい書いて……。

――（笑）いまでも彼女いなかったら作らないと思います？

佐藤　うん、作らないんじゃないかな。昔はひとりでいるのが好きだったけど、最近はひとりでどっか行くのあんまり好きじゃないしね。ぶらぶらするのは好きだけど。ひとりでご飯食べに行ったりね、あんまり好きじゃなくなっちゃったな、もう。

――どうして？

佐藤　よく分かんないけど。昔はけっこう好きだったんだけどね。あ、ひとりでいるのは好きなんだ。ひとりで出かけるのが嫌いなんだ。

――フィッシュマンズの調子が出てきたのはいつごろから？

佐藤　いや、最初から光ってましたね。オレたちは（笑）。傍から見りゃわかんないけど、本人としては。すごい順調だったもん。毎月ブッキングも増えるし。初めてワンマンやったとき200人入ったもん、オレたちラ・ママで。びっくりしちゃったもん、すっごい人気あるじゃん、なんて。

　わたしは、ほんとにあがっていた。そのとき思っていた以上に、実際には緊張してたみたいだ。インタヴュー・テープを起こしていて赤面した。同じことを何度も訊いていたり、取材中は一瞬だと思ってた時間が実際にはとんでもなく長い間だったり……。わたしもアガっていてろくでもないことを訊いているが、佐藤くんの言葉もカンタンだ。話のなかに抽象的な言葉はほとんど登場しない。自分の生活や経験や感覚から出てくる具体的なあれこれが、とことん具体的に語られる。まるで彼の歌う歌みたいに。

　フィッシュマンズの歌は聴く人の想像力を要求している。いや、ヨーキューはしていないかもしれないが、想像力を働かせないで聴いても面白さは半分くらいでしかないと思う。彼の歌詞は彼のしゃべり言葉のまんまだ。使われている単語の種類も日常会話の範疇を出ていないし。動詞が圧倒的に多くて、修飾語、とくに文学的な、あるいは〝ちょっと気のきいた〟風な凝った形容詞はほとんど皆無だ（『空中キャンプ』だったら、〝置物見たいなひま人あるじ〟くらいかなぁ、珍しいのは）。もちろん全部が全部のわけはないが、基本的には、省略された主語＋動詞、つまり（ぼくは）こうする（こうした、こうである）だけで構成されている。そんな表現を「幼稚だ」という人もいる。けれどもこのことがフィッシュマンズの歌の最も良質な部分と結び付いているんだ。それは、聴く人の想像力をまるで限定せず、それぞれの経験や感覚を疎外しないことから来る世界の広がりとでも言おうか。〝幼稚〟どころか、ある意味ではおとな、つまり自分自身の経験や実感のある人でなければ楽しめない歌（歌詞）なのではないかと思う。彼に「フィッシュマンズの歌はどんな人に聴いて欲しい？」と尋ねたら、まず「同世代の人」と言っていたけれど、それは〝実感の共有感〟がもっとも期待できるということだったのかもしれない。

　さらにもうちょっと言うと、彼のメロディは、まったくと言えるほど言葉に逆らわない。言葉のイントネーションに忠実であるだけなく、字余りや、単語の途中でメロディが切れるということがない。それが、前々号に書いた〝頭より先に心に届く〟感じを与えているのではないかと思う。イントネーションの違う言葉や、単語の途中で間のあく言葉を、ひとは瞬時に理解ができない。例えば「そ〜、らがあお」だと、「そ〜」を聞きながら「そ」ってなんだろうと、頭に「そ」の字がいろいろと浮かんできてしまう。なおかつ「ら」にアクセントができていたりすれば、ますます言葉ではなく文字だけが浮き上がってくる。こうやって日常の言葉をめちゃくちゃに分解した歌もあり得るし、歌うひとにとってはある種のカタルシスがあるのかもしれない。けれども、そういう歌は言葉にもメロディにも不親切さというか、執着のなさを感じる。

――曲作るのってたいへんなこと？

佐藤　うーん、どうなんだろう？　いや、作り始めれば早いですよ。やるか、ってなれば。

――スタート地点はどこ？

佐藤　いろいろ考えてて、始めるのがスタート地点。やっぱりいい始め方したいっていうのがあって、〝ああ、きょうはやめとこ〟なんて。〝あ、きょうはキテるな〟って時に始める。

――「キテるな」っていうのはどういうこと？　自分の意思じゃなく、何かに取りつかれて書かせられているような気がするときがある、みたいなことを言う人もいますよね。

佐藤　うーん、それはいろいろな意味で〝うん（肯定）〟ですよね。その日の心境とか、気持ちとか、光景とかね。オレは運じゃないかなと思う。真空パックじゃないけど、それをギュッとやる勢いとか……。

――曲作るときは歌詞から？　メロディから？

佐藤　歌詞から。この3〜4年は。オレは思うんだけど、言葉なんていくらでもあるじゃないですか。で、こう思ってるんだけどなぁって書くんだけど、その時たまたま出た言葉って、オレは運かなって。ある心境があったとして、それを言う言葉は一つじゃないからね。絶対。それを何か一つにするっていうのは運かな。

――たまたま出会う？

佐藤　うん、あんまり考えないで書くから。

――言葉がちゃんと聞こえるように、伝わるようにってことは意識してますか？

佐藤　しますよね。いつだったか思ったんですよ、人のレコード聴いてる時。その、〝そ〜、らがあおい〟みたいので。これはなんて言ってんの、って思って歌詞カードを見て分かったんだけど。でも普通は歌詞カードなんか見ないじゃないですか、日本語の歌だったら。歌詞カード見れば分かるし、一個見ちゃえばもう覚えるからいいんだけど、それもなんだなと、ある日思った。ライヴで初めてやる時でも、分からないと悲しいかなって。
　あと、ラップの影響もデカいかな、詞先にしようと思ったのは。日本人の駄洒落っぽいやつはよく分からなかったけど、ラップって、ただ、なんか、リズムに言葉がのっかってる。そしたらやっぱり詞先に書いて、その詞にメロディを乗せた方が歌詞はよく聞こえるだろうと思った。一体感出ないんだよね。メロディ先書いて詞つけちゃうと。なんか、そのメロディに合わせて言葉、強引に合わしたりしなきゃならないから。

――メロディのために言葉を探したくない？

佐藤　うん。だから、たとえば言葉合わなかったら、2番なんか全然違くていいなと、メロディを変えちゃう。そうすっと、構成なんかも作るの、すごく楽しいし。〝詞がこうだからBメロはこうだな〟なんて。

――佐藤さんの言葉の使い方って、ほかの人とすごく違うような気がするんですけど、自分では思いません？

佐藤　うーん、言葉の言い回しはあまり思わないけど、内容は違うような気がする。……何が違うのかは分からないんだけど。もう根本的に内容が違うと思うんだけど。

――言葉の選び方も全然違うと思う。佐藤さんの言葉は、中学生、たぶん小学生でも、単語の一個一個は知っていると思うんですよ。

佐藤　うん、本嫌いなところが出ているんじゃないですか？

――で、よく、これだけ少ない語彙でこんな歌になるって不思議。

佐藤　いや、オレ、四文字熟語とかは知ってるよ。でもそういう言葉、発するの、あんまり好きじゃないから。オレ、たぶんね、学問的にはいろいろと言葉知ってるんですよ（笑）。漢字もよく書けるしね、たぶん。なんだけど、あんまり好きじゃないんですよ。

――英語も出てくるんだけど、それは大和言葉なのかもしれないね。

佐藤　そうですね。あれが嫌いなんだよね。アルバム・タイトルどーんと出て、〝どういう意味？〟っていうの、あるじゃないですか。フランス語みたいなタイトルとか。そういうのは肌に合わないっていうかね。歌詞でも、英語の辞書ひかないとわかんないよっていうのとか。だってどうせガイジン聴かないし。

――そんなことないんじゃない？

佐藤　オレ、ガイジンが聴いたとき、日本語に聞こえるとうれしいな。っていうか、ばかだな、こいつらっていうような英語がいいと思ってる。〝フィッシュマンズ〟とかさ（笑）。頭悪そうな感じが（笑）。

ま、前進したいですよね。いつもね。
成長したいとはあんまり思わないけど。

　では、彼が、聴く人の耳に、心に、きちんと伝えたいと思っている、運のいい言葉で歌うのはどんなコトなんだろう。
　彼の歌詞で印象深いのは〝目的はなにもしないでいること〟（〝すばらしくてNICE CHOICE〟）だとか、〝なにも減らない毎日にボクらはスッとするのさ〟（〝SLOW DAYS〟）みたいなところ。〝人生は大げさなもんじゃない〟、〝ナイーヴな気持ちなんかにゃならない〟（同前）や〝そっと運命に出会い　運命に笑う〟（〝すばらしくてNICE CHOICE〟）なんていうのも……。

彼が歌うのは、とにかく徹底的に小さな世界のことだ。たいていは僕と彼女（君）だけしかいない部屋の中、ほかの人びとは街の風景に過ぎない。そこは、あらゆる摩擦にあふれた広い外の世界から、はるかに遠い場所で、たったふたりの幸福な世界。

佐藤　ここ数年前はね、小さな世界でいる方が好きかな、ひとりでいるより。仕事は仕事として。

――でも、仕事も忙しくなると難しくない？

佐藤　そうだね。でもフィッシュマンズ・シフトを考えたからね、3人で。内気なシフトを。まだ極秘なんですけど。だからね、オレでもやっていけるよ！　この世界で。

〝小さな世界〟というのは〝摩擦から逃避して籠る安全地帯〟という見方もできるけれど、同時に〝いま、ここ、にある現実から逃避しないでいる場所〟と言い換えることもできる。そして、佐藤くんの歌からは、わたしは後者を感じる。強く。

たとえばこんなエピソードがある。フィッシュマンズは12月にアゲインスト・エイズのイヴェントに出演した。が、この出演を彼らは、というか佐藤くんはとても嫌がっていた。なんでも、出演を受けた後でイヴェントの趣旨を知らされたのだという。11月のライヴでも「オレたちはダマされたんだ！　絶対にチケットは買わないように。オレにはエイズなんて関係ないんだ。自分のことだけで精一杯なんだ」みたいなことをしきりに言っていたし、今回の取材でその話が出たときも、「エイズだって、身近なモンダイって言われてるけど、オレには身近じゃないもん。どうして出なきゃなんないの？」と強く主張する。

なにかの社会的なメッセージを打ち出したコンサートやコンピレーションなどに参加するかしないか、自分のやっている音楽をそうした事柄と直接結びつけるか否かは、ミュージシャンの美意識や音楽そのものに対する考え方の問題だから、彼の発言は、彼とエイズの関係ではなく、彼と音楽との関係を物語っているに過ぎない。彼は単に「身近じゃない」から出演したくないのではなくて、音楽をそういうことに使いたくないのだと思う。それは「じゃ、友達がエイズになったら？」という質問への「友達にそういう人が居ればまた違うんだろうけど、でもオレべつに、友達がエイズでもコンサートやろうとは思わないな。身近だからって、そんな……」という答えからも分かる。それはひとつの、そして確固とした見識だと思う。

念のため、言っておくんですが……小林よしのりは「和解以降も薬害ＨＩＶ問題に関わるのは日常から逃避しているだけだ」と言っているが、わたしが言おうとしているのは、この人の考えとは何の関係もない。佐藤くんは、あるいはフィッシュマンズは自分の日常から逃げないのでエラくないとかいう話とはまったく関わりない話。小林よしのりの言う〝日常〟というのは、いわゆる世間様が何も考えなくても想像できるような、世間様が無言のうちに正しいと決めたコースを世間様が許容するスピードで歩く、という意味だと思う。〝いま、ここ、にある現実から逃げない〟というのは、誰かの言っているような〝まったりとした日常〟とやらを甘受することではない。

あの世やら異星やら宇宙やら精神世界やら超能力やら古代やらお金やらイデオロギーやらなにやら……とにかく、〝いま、ここ〟ではないもうひとつの世界を作り上げて、〝いま、ここ〟の問題をそのもうひとつの世界で解決しようとしたりしない、ってことだ。いつも、〝いま、ここ〟の現実と地続きにある、次の〝いま、ここ〟へと進むことだ。

　刹那的だなと思う。だけど、それだって、〝いまさえ良ければいい〟のと、〝いまが良くなければイヤ〟というのとでは違う意味になる。

——歌の中には未来とか明日のことがけっこうでてきますよね。

佐藤　オレ、未来にはけっこう展望があるんですよ。具体的な展望じゃないんだけど。

——展望……？

佐藤　うん、ああ、ああいう家住みたいなぁとか。ああいう家でのんびりしたいなぁとか。

——それは夢とは違うの？

佐藤　夢？　夢……夢っていうとセコいよね、なんか。……生きた心地みたいな感じかな。

——いい生き心地のポイントは？

佐藤　……生き心地悪いことを全部排除して。

——いちばん生き心地悪いことってなに？

佐藤　んー、何だろう？　忙しいことかな（笑）。なんだろう。あんまりヤなことないから。

——そうなの？

佐藤　ヤなことやらなくても済むような人間だからね。みんな、いいよって言ってくれるし。

——（笑）でも、調子悪かったころもあったし、バンド挫けた時期もあったって……。

佐藤　ああ、そうだね。でも（去年）HAKASE（元Key.）が辞めたときもなんとも思わなかったもん、オレ。〝HAKASE辞めちゃったなぁ〟とか言って。でもなんとかなるよって感じだった。それでちゃっかりHONZIさんとか入れちゃってね。キーボーディストでもないのに。〝え、キーボード弾けんの？〟なんて言ってさ。さすがにあとひとり辞めたら思うけど。ふたりじゃね、〝だから？〟っていう感じだよね（笑）。

　彼はこんなことも歌っている——〝勇気のカケラも見せずに死ぬのはだれですか　おおきな声も出さずに死ぬのはだれですか〟（〝気分〟）、〝誰もが調子のいい夢　見て過ごしているさ〟（〝夜の想い〟）、〝今に分かるんだ　こんな時が幸せっていう怪物だって〟（〝MY LIFE〟）——さらに最新シングル〝SEASON〟収録の〝I DUB FISH〟の英語の語り部分には〝must〟という単語が2度も使われている。佐藤が書いた元の日本語では〝お腹のなかの子を産み落とさなければならない〟〝私はがんばらなきゃならない　この動きを止めちゃいけない 行かなければ……〟と4回分も〝must〟が出てくる。これらは、些細な快楽に満たされた心を突き刺すような、盲目的な耽溺を告発するような、醒めた視線（批評性）をもっている。

　これについて「意外な気がする」とわたしが言うと、「あれまっ！」と、ちょっと大きな声で驚いた。まるで「なんてコト言うんだ、ばかだなぁ」みたいな感じで。

——しなきゃならない（〝must〟）ことってあると思いますか？

佐藤　うーん……ま、前進したいですよね。いつもね。成長したいとはあんまり思わないけど。

——目的地は見えている？

佐藤　いや、もう全然。めちゃくちゃ闇雲ですよ。

本当は、ミュージシャンの〝こういうことやりたい〟っていう純粋な気持ちと、リスナーの〝こういうのを聴きたい〟っていう純粋な気持ちが直接結びつくのが普通じゃないですか。

実際、〝歩く〟〝走る〟といった言葉はフィッシュマンズの歌の大きなテーマのうちのひとつとでも言いたくなるくらい多く使われている。〝ぼくらは歩く　ただそんだけ　……誰かが言ってるよ　何それ　だけども歩くよそれだけよ〟（〝Walkin'〟）。刹那主義とは停滞ではなく前進し続けることなんだと、わたしは初めて分かったような気がする。

〝I DUB FISH〟の独白するサカナは、がんばって、流れに逆らって、進んでいく。なんのために？　生涯に課せられた最大の運命をまっとうするために。だけどこんなふうに聞くことだってできる――広い海で自由に遊ぶ快楽を終わらせないために。と。老いとは流れが彼女の行く手を阻む。だけど、「がんばらなきゃいけない　行かなければ」と佐藤伸治は彼女に呟かせる。

彼は、以前のわたしのインタヴューにこんな答えをしている。

――フィッシュマンズはだんだんシリアスになってきているように感じますが……。

佐藤　そうです。やっぱりシリアスにやらないと通じないと思う。そこが音楽がナメられる原因だって気が俺にはするんです。音楽はかなりナメられてる。だからマジメにやる。純粋にやればそうなるんだと思う。

――誰がナメてるの？

佐藤　（笑）いや、9割5分の国民がナメてるよ。作る人も聴く人もレコード会社のひとも含めて、芸術の歴史というものを軽視してる。本当は、ミュージシャンの〝こういうことやりたい〟っていう純粋な気持ちと、リスナーの〝こういうのを聴きたい〟っていう純粋な気持ちが直接結びつくのが普通じゃないですか。それがあまりになさすぎる。それに対して、誰ひとり立ち上がろうとはしない。

――立ち上がるというのは？

佐藤　オレたちは音楽を作ることしかないから、それでやっていくしかない。リスナーの心をむりやり変えることはできないわけだし。だからやっぱりただ作っていくことしかないけど。ほんと、悪い星の下に生まれたと思ってるよ。（『es』96年12月号）

この話をしているときの彼は、それまでとは打って変わった真剣な表情をしていた。きっと日本中の多くのミュージシャンが、いや、作家も写真家も美術家も映画のひとも同意はするであろう、この国の慢性的な文化欠如（虐待）状況を、彼は心から恨んでいて、そんな状況でたったひとり、徒手空拳で挑んでいるんだという感じで力説した。

だからこそ、自分自身で見極めた自己と外部の間にためらいもなくきっぱりと線を引けるのかもしれない。そして、その潔さこそが、結果的に彼らの作品にある種の奇跡をもたらしているのではないかとも思う。

最初が才能。最後が運、まんなかは体力と……あと、続けること。続けるのも才能だと思う。

――自分に足りないと思うものはなに？

佐藤　思考力。根つめた思考力。根つめて考えることができないかな。すぐに結論を出しちゃう。

――どういうときにそう感じるんですか？　曲を作るときはないでしょう？

佐藤　いや、ありますよ。あと、ひとに悩みを相談されたとき。真剣に考えられない。

――根気がないっていうことなんですか？

佐藤　いや、根気じゃなくて思考力がないんです。

――自分のことでも？

佐藤　うん。一所懸命考えたんだけどさ、っていうことができない。

――なるようになれ、って思ってる？

佐藤　いや、考えられないから。

――考えたいんですか？

佐藤　うん。考えてみたいんですけど。〝ここぞ〟っていうときには。オレ、事務所入るときも一所懸命考えたんですけど、考えられなかったんですよね。細かいことまでは。

――そういうとき、それまでの状況とは変わるであろう選択と、状況を守ろうとする選択と、どちらをすることが多いと思いますか？

佐藤　変えてみたいかな。わりとなんとかなる派かな。全然好奇心旺盛じゃない。めちゃめちゃ好奇心ないもん。たまーに趣味が増えるとか、そういうのはあるけど、なんかあると行ってみようとか、そういうタイプじゃないですよね。でも慎重派でもないけど。

――それもやっぱり運？

佐藤　そうですね、わりと。すっごくツイてるし。

――いままでいちばんツイてたなぁと思うのは？

佐藤　……バンドかなぁ。デビューしてから、そんなに思ったことないけど、ラ・ママ出始めてからデビューするまではすっごいツイてたなと。なんてツイてるんだろうね。

――実力だとは思わなかった？

佐藤　実力はなかったからね。いいことやってるとは思っていたけど、実力はなかった。

――でも、運だけじゃないよね？

佐藤　最初が才能。最後が運、まんなかは体力と……あと、続けること。続けるのも才能だと思う。みんな、やめちゃうじゃない、もうダメだとか言って……。くよくよするひとはダメだな。しょうがないよ、くよくよしても。だって、やろうと思えばできるもん、絶対。知恵と才能さえあれば。そこで運命を受け入れないと止まるしかないからね。

――くよくよしないでどんどん行く？

佐藤　うん、とりあえず。全然カッコよくないけど、その内容たるや。とにかくやるから。あんまり完璧主義じゃない。〝ちょっと待って、いま調子悪いから一切やめる〟とか、〝今日はライヴ中止！〟とか、そういうんじゃない。『空中キャンプ』もそうだった。〝キーボードいないけどとりあえずやろ〟（笑）、〝だれか弾けるだろう〟って。最初、ライヴはHONZIさんがヴァイオリンで、ブッチ（マネージャー）がピアノ、それで行こう！なんて（笑）。だって、やろうと思えばできるもん、絶対。知恵と才能さえあれば。そこで運命を受け入れないと止まるしかないからね。HAKASEがいないから、キーボーディスト、すごいヤツが現れるまで待とうってわけにもいかないしね。そこはまぁ適当に。

――そう思うようになったきっかけは？

佐藤　きっかけ？　なんだっけな……デビューしたころにすごい落ち込んで、悩みに悩んで、これじゃあんまりいいことないなって思った。

――どんなことで悩んだんですか？

佐藤　うーん……ポーンって行っちゃうミュージシャンっているじゃないですか。悩みに悩んで、ある日ポーンと病院行っちゃうみたいな。それがオレはすごい……恐い時期があって、ああこんなことしててもしょうがないかなって……なにかを考えると頭が鳴るっていうのか。けっこう、あの、進めるとまずいでしょ。

――具体的な原因は分かっている？

佐藤　曲。ミュージシャン・シップというか……。

――完璧さを求め過ぎた？

佐藤　そうそう。ずいぶん楽になりましたよ。あ、今日は寝ようかなとか。あるじゃないですか、明日どうしようかなぁとかって。それは考えないようにしてるの、しょうがないじゃないって。ライヴとかだって、いわゆる理想を作っちゃうとなっちゃうと思うけど、出たとこ勝負だ！って。だって、ひとりでやっているならいいけど、みんな考えてること違うから。レコーディングだってそうでしょ。〝あ、そのフレーズいいね〟なんて、出たとこ勝負じゃないですか。運だし。

――悩んでたところは何もかも自分でやりたかった？

佐藤　うん。〝ベース、こうね〟（笑）なんて、そういうのはやめたんです。デビューのころですかね。アルバムを小玉（和文）さんに任せたから。あのレコーディングもかなり苦悩な日々だったけど。〝えーっ、それ、レゲエじゃないですか！〟なんてわけのわかんない抵抗をひとりで……。だから、スゲエ嫌われてたもん、小玉さんには。〝わかんないよ、佐藤くんの言ってることは！〟っ

〝えーっ、それ、レゲェじゃないですか！〟なんてわけのわかんない抵抗をひとりで……。だから、スゲェ嫌われてたもん、小玉さんには。〝わかんないよ、佐藤くんの言ってることは！〟って。

運まかせで生きてると、一日一日が大切ですからね。それは、ひととの運ばかりじゃないから。
自分の調子も運っていうか、朝起きたらなんて気分がいいんだろうっていうのも……。

て。あんま、バンドっぽくない考え方ですよね、それは。ほんとによくそんなこと言ってたよなぁ。

　運まかせで生きてると、一日一日が大切ですからね。それは、ひととの運ばかりじゃないから。自分の調子も運っていうか、朝起きたらなんて気分がいいんだろうっていうのも……。ひらめきも運だし……。計画立てて、物事着実に行ってるっていうのは、音楽くらいかな。あとは長年染み付いたカンで……。

＝ところで、サウンドの好みが変わったきっかけは？　パンクやっていたころからいまのフィッシュマンズに至る……。

佐藤　うーん、まぁ、まじめに考えたら、っていうことでしょうかね。パンクやってたころは、〝ピストルズかっこよかったな〟とかっていうのもあったけど、いまはわりと忠実に、〝こういうのやりたい〟〝こういうのが詞に合うかな〟と思って……。あと、単純に、レゲエが好きだから。

　しっかりしたリズムの上にタブ的な手法を多用したフィッシュマンズのサウンドが、ふわふわサウンドという言葉で呼ばれているのを何度か目にしたことがある。だけど、低く強く、カラダにずしんと響くリズムの存在感が、フィッシュマンズ・サウンドの根底にはある。けっして、ふわふわ浮漂するようなサウンドではない。それでいて、そうも感じさせ得るところが独特の魅力なんだろうか？　やっぱりふわふわとはしてないんだが……。

　そういえば、中学時代の佐藤くんが夢中になったというロンドン・パンクもレゲエには強い影響を受けていたっけ。クラッシュやスリッツ、ポップ・グループらは、黒人たちのレゲエがもっていた政治性をも含めて共感、傾倒していったのだった。さらにレゲエから生まれたダブの手法は、レゲエを言葉によるメッセージだけでなく、音楽的にもいわゆるメイン・ストリームに対抗するような実験的な試みを進めていった。ベースやドラムに惹かれ、パンクからレゲエへと好みを移していったという佐藤伸治の軌跡は彼らのそれと重なるところがあるのだろうか。

　少なくとも今回の取材で彼の言葉からは、政治性のせの字も垣間見ることはできなかったけれど。ダブのポリティカル・ポエット・リーダー、リントン・クゥエシ・ジョンソンの来日フライヤーにフィッシュマンズが文章を寄せていた、なんていう話を聞くと、もしかしてと勘ぐってみたくもなるけれど……いや、やはり分からないな。彼が、考えることよりも感じることの方が得意としている以上には。ただ、自分の歌は、ほかの人の歌とは根本的に内容が違うと思う、と断言していたことが気にはなっている。わたしもそう思うが（だからこそ、ほかのものではなく彼の歌が好きなんだから）、いったい何が違うんだろう。

　いろいろ考えてみるけど、よく分からない。でも、さっき触れた〝いま、ここ〟と言うのが関係あるんじゃないかなとは思っている。なぜ小林よしのりは〝若者よ、日常に帰れ〟と呼びかけるのか。それは日常というものはつまらないと決めているひとの言い草なんじゃないだろうか。〝まったりとした日常〟なんてのも、そうしたニュアンスを含んでいる。〝いまさえよければそれでいい〟型の刹那主義も、どうせ現実はつまらないものなんだからさ、という前提に立っているんだろう。彼らは全て、幸せや刺激や快感を、自己の外部に期待している人たちだと思う。つまりそういう人びとにとって、日常＝現実を生きることは我慢することなんだ。本当は、楽しい、幸福な日常＝現実を創造するアイディアや根気がないだけ。と言っても、それはけっこうたいへんなことだ。〝いまがよくなきゃイヤ〟を実現し続けるためには、いろいろなものと闘い続けなきゃいけない。行く手を阻む矛盾や諦めてしまう心なんかと。佐藤伸治の言葉をつなげれば「国民は音楽をナメてるし、HAKASEは辞めちゃうけど、やり続けなければいけない」となる。そしてその契機は外部ではなく、自分自身のなかにある、ということを受け入れる潔さが、フィッシュマンズの歌にはあるんじゃないかなぁとわたしは感じている。〝この世の不幸は全ての不安　この世の不幸は感情操作とウソ笑い〟だけど、〝別に何でもいいのさ〟。ただし〝みんなが夢中になって暮らしていれば〟（〝幸せ者〟）ということなんだと。

　実は、リアリティのない現実（公的世界）と、リアリティだけはあるけど、どこか掴みどころのない内面（私的世界）の乖離はどんどん進行し、家族や地域コミュニティーやサブカルチャー・シーンといった中間地帯は衰弱の一途をたどっている。

　この動きを止めることはできないだろう。けれど、このリアリティーの歪みのなかで、次から次へとやってくる刹那の現実を健やかに生きるか否かのひとつのポイントは、〝恋人〟とのつきあい方じゃないあかなぁと、佐藤くんとの話を振り返りつつ思っている。生身の人間で、他者である自分の存在も情緒もまるごと受け入れてくれる人は、恋人のほかにいない。しばしば情緒吸収装置として機能する宗教というものは、教養や教祖の内容が固定的であるために、情緒ばかり全身全霊を吸い取る化け物に変わってしまうし、同様な意味で、オタクにとってのコレクションはなにをしても反撃してこないから、彼らは永遠の独り言のなかに埋没してしまう。イデオロギーの信奉者は他人の判断基準で違う他人を抹殺しようとしたりする。こうしてだれもが、教祖教養、コレクション、イデオロギーが揺らぐと自分も崩壊してしまうんだ。そんなのちっとも珍しい例じゃない。

　〝恋人〟は生身の人間だから、傷つきもするし、傷つけもする。変わったり泣いたり怒ったりしながら、それでも基本的にはお互いをその情緒まで含めて受容し合う。意識を内面へ内面へと追いやられる近代において、その追いつめられた内面をも容認しながら、しかも、最後には他人であるがゆえに、他者との関係に開いて行く可能性をもつのが、恋人なんだと思う。佐藤くん流に言えば、〝彼女を通して社会を見る〟っていうことところかな。で、こんな話にもなった。

〝お互い治し合っていこうね〟っていう発想はないです。だって変わらないっていうのは過去の体験で学んだから。
そんな事くよくよ考えるより、ほかの人とやり直した方がいいことあるんじゃないかな。

‖恋愛経験から一番学んだことはなんですか？

佐藤　いや、学んだっつっても……。

‖恋愛を通して社会を見るって言ったじゃないですか。

佐藤　けっこう傷つけますからね、相手を……恋愛に関しては。で、反省とかはね、もうあきらめたんですよ。もうずいぶんまえに。10年くらい前に。いろいろと、ありまして。だから恋愛は運かなとやっぱり思いますね。たとえば〝ここを直して〟という発想よりは、〝この人合わないんだな〟という発想の方が早いかなと。

――それはすごい稀な運だね。

佐藤　そうです。でも〝お互い治し合っていこうね〟っていう発想はないです。だって変わらないっていうのは過去の体験で学んだから。そんな事くよくよ考えるより、ほかの人とやり直した方がいいことあるんじゃないかな。

――でも恋人と言えども、他人じゃないですか。そんなに〝合う〟人なんているかしら？

佐藤　いや、けっこういるんじゃないですか。ほら、人間、補い合って生きていかなくちゃいけないじゃないですか。オレは感情的にはかなりカタワ者なんですよ。だから補い合わないと……。

――感情的なカタワってどういう意味？

佐藤　いや、いろんな意味で。……社会人としてというか。

――社会性がないっていうこと？

佐藤　いや、社会性はありますよ、なかなか。……真剣に付き合おうと思うと、なかなかたいへんなコトもあるんで……デコボコを埋め合うようなアレがないと……。

――どうしてカタワだとおもうんですか？　他人と違うと思うから？

佐藤　いや、他人が違うと思うの（笑）。あ、コイツ、間違ってるって……。

　恋愛については、古今東西に百万の解説書があって、しかもそのほとんどは自分の体験をベースに書かれていて、つまりは万人受けの正解は未だ存在しないことを承知している。

　また、佐藤伸治の歌をストレートに〝ラヴ・ソング〟と呼ぶには少しためらいがある。野田くんの〝ラヴ・ソングというか、女性がけっこう出てくるじゃないですか？〟という聞き方はすごくわかる気がする。なんでかなって考えると、たぶん、これらの歌は主だったパターンにあるたくさんのロック・ラヴ・ソングとはちょっと違う雰囲気をもっているからだ。

　ロック・ラヴ・ソングの主流と言えばセックス

(しばしば征服と同義の)、女性を聖母や女神として奉るもの、愛する自分への陶酔型、そしてあの娘は僕のものだったり、オレはあの娘をこうやってオトしたなんてことを自慢するものなんかがすぐに思いつく。もちろん、これらに当てはまらないものもあるし、こんなパターンに当てはまってもその全てが〝ダメな歌〟だというわけではない。が、いずれも共通しているのは相手(女性)の人格が顧慮されることはほとんどないという点だ。恋人をモノや女神や所有物にしてしまうことはフェミニズム的な問題はあるが、もっと深刻なのは、これでは恋人との関係が先に書いた教祖やコレクション等との関係とのそれとまったく変わらないということだ。そして少なくとも、佐藤くんの歌はこれらのタイプに当てはまるものではない。征服も所有も崇拝もしていない。そこには〝自分の言葉で話すから好きさ〟(〝チャンス〟)や〝いつもそばにいる幸せは　ある意味ひとりぼっちなものなんだよ〟(〝ずっと前〟)のように、最愛の人でさえ、人格を持った〝他者〟だというさみしさと、絶えず未知の部分を持ち続ける他者と出会うことの楽しさがある。

佐藤伸治の住むような〝ちいさな世界〟を必要としているひとは少なくないはずだ。会社もイデオロギーもお金も宗教も制度的な家庭も、いまでは誰の情緒をも、そのすべてを受け止めてはくれないことは、テレビしか見ないようなひとにもすでに自明のことだから。だけど、ではどこに行ったらいいかと思いあぐねて、迷子になっているひともまた多い。それがいまのこの世界に溢れる不幸だ。

一方、フィッシュマンズの音楽は基本が幸せなひとのための音楽なんだね、というようなことを三田格くんと漠然と喋ってたんだが、その幸せの素というのは、外の世界でなにが崩壊しても決してその道連れにはならない強さ、なんじゃないだろうか。

(1996年「ele-king Vol.11」より再録)

091

dialogue
ZAK × Takashi Murakami

ZAK×村上隆

ZAK × Takashi Murakami

音楽だから言葉がわからない人にも何がしかの感覚を持って届けたい。

取材・構成：三田格
photos: Yasuhiro Ohara

00年代のテクノ・シーンを牽引したひとり、ワンオートリックス・ポイント・ネヴァーが2回目に来日ライヴを行なった際、彼の実力に対してまだ半信半疑だった僕は、予想以上に充実したパフォーマンスに圧倒され、ライヴが終わった頃には評価もマックスに振りきれていた。そして、いい気持ちで会場から出ようとした刹那、PAにZAKさんがいることを発見。ああ、なんだ、いまのライヴはZAKさんが何割りか増しにしていたのか。そう思って、僕は「ZAKさん、すごかったですね」と声をかけた。ZAKさんはどこをどうしたのか、さっきまでPAでやっていたことを解説してくれたけれど、卓いじりの知識がない僕はさっぱりわからず、楽しそうに説明してくれた彼の横顔だけを覚えている。「ZAKさんに会わせて欲しい」と村上隆さんから電話がかかってきたのはもう20年以上前のこと。村上さんのフィッシュマンズに対する興味は加速度を増し、「今度、『スーパーフラット展』というのをやるから、会場の音楽をZAKさんに依頼したい」のだという。僕もそんなに濃い付き合いではなかったけれど、なんとか段取りをつけ、村上さんの車に乗り込んでZAKさんのスタジオ「ST-ROBO」を訪れた。あれから20年。リカルド・ヴィラロボス『Fizheuer Zieheur』が静かに流れるなか、あの日の対話を再燃させてみた。

僕は停滞している状態から抜け出したいだけで、新しいところに行きたいし、そうやってエネルギーのある人たちが集まるんじゃないかな。

——フィッシュマンズのファンは驚くほど若返っていますよね。でも、90年代のことを知らない人は、90年代がいい時代だからいい作品ができたと思っている節もあって。それだったら誰でもいい作品をつくれることになってしまうし、90年代もヒドい時代で、それと戦った人の作品だけが残っていると僕は思うんです。フィッシュマンズの作品が普遍性を得ているのも時代に乗ったからではなく、時代と戦ったからだと。ZAKさんもミックスをやりながら何かと戦っていたんだろうなあと。

ZAK　僕は基本的に何とも戦ってない。

——いきなり外された（笑）。

ZAK　（笑）僕は停滞している状態から抜け出したいだけで、新しいところに行きたいし、そうやってエネルギーのある人たちが集まるんじゃないかな。

——波風を立てたいと？

ZAK　人にはそれぞれピークがあって、そういうものが干渉し合っているというか、「波風を立てる」というよりは「お互いさま」というか。

——フィッシュマンズの音楽が世の中と切れて存在していると受け取る人もいますけど、そんなことはないと？

ZAK　もちろん、あの時の状態を表しているんだと思うよ。僕らも20代で、そんな難しいこと考えてつくっているわけじゃないから。

村上　ZAKさん、20代か……ヤバい。

ZAK　（笑）全員、20代ですよ。

村上　寝なかったんですか、やっぱり。

ZAK　いや、寝てました。

村上　（笑）

ZAK　でも、好きな時に寝て、好きな時に起きるとか、そういう風に生きないと正直なものはできないと思ってたタイプだから、

——村上さんも？

村上　僕はぜんぜん寝ちゃう。僕はこういった仕事をする時に、その時のムードというものが一番大事で、いまここでやりとりしているような言葉じゃないんですね。言葉にならないものを環境から受容して、それを吐き出すという構造が脳のなかに備わっていて、それでここまで来たんです。だから三田さんみたいに理論立てて話されると、頭がホワッホワッホワ〜って……

——え、村上さん、クリティック好きじゃないですか？

村上　好きなんだけど、なんか、ぜんぜん違うものを吐き出してる感じなんですよ。『シン・エヴァンゲリオン』を観ても、ああ、庵野（秀明）さん、鬱だったのかなあということを受容したりしたけど、『シン・エヴァ』観終わった劇場のトイレで中学生たちの会話で、設定にスゴい興味を持ってて、ああだこうだ言ってたけど、そういうところがあまり見えてこないというか。

——いや、僕も言葉はダメですよ。書くのはまだ

好きな時に寝て、好きな時に起きるとか、そういう風に生きないと正直なものはできないと思ってた。

芸術の一番大事な部分は、いま、自分が経験している状況をどれだけ無制限に拡張してくれるかということで、フィッシュマンズにはそれができていた。

しも話すのは。でも、言葉は使わざるを得ないじゃないですか。

村上　まあね。

――佐藤伸治の歌詞も言葉だし、それは理屈とか論理で成り立っているものではないけれど、どうしても何かを感じてしまうし、それを言葉にしてみたいという衝動に駆られてしまうというか。最初はサウンドだったけど、僕の場合は♪この空だけがいつでも味方だったんだ～（〝すばらしくてNICE CHOICE〟）という歌詞が急に耳に飛び込んできて、それから歌詞に興味を持ち始めて。フィッシュマンズの歌詞には考えさせる契機がいっぱいあるなあと。

村上　先日「みのミュージック」でみのさんが言ったんだけど、日本のリスナーは歌詞の意味を考えるリスナーが多いと。なるほどね、と。僕はそんなに歌詞を追わなくて。フィッシュマンズの『LONG SEASON』でのＺＡＫさんにスゴく惹かれたのは、音楽に空間をつくるということへの感動だったんですよ。アメリカでいま、フィッシュマンズの評価が高いのもオンライン・ゲームの没入感と似てるからとか、そんな気がしている。『空中キャンプ』への傾倒の初めは〝NICE CHOICE〟の歌詞だったんだけど、『LONG SEASON』や『宇宙 日本 世田谷』は歌詞では無い、サウンドそのものの領域を広げていく感じが共感のポイントだったんです。芸術の一番大事な部分は、いま、自分が経験している状況をどれだけ無制限に拡張してくれるかということで、フィッシュマンズにはそれができていた。だからアメリカ人にも伝わったんじゃないかな。ＺＡＫさんと仕事していると、先回りして空間を設計してくれる感じがあって、フィッシュマンズがその初体験だったのかなって。

――なるほど。

村上　佐藤くんのいっちゃってる状態とか、まわりは辛かったろうし、分かってもらえない本人も辛かったと思うけど、そういう常軌を逸したムードがフィッシュマンズの曲には出ている。その「辛い感」と「空間性」のバランスが良かったのかなあって。僕もあれからプロの表現者になって世界中を回って、第一線で生き残っているのには理由があるんですよ。イチローに「球が見える」のと同じで、芸術というのも「どこに球を投げなければいけないのか」ということが分かるんです。それは観客をどこまで連れて行ってあげられるかというアーキテクチャーの設計なんですよね。個展とかでも「入り口からどこまで連れて行ってあげられるか」だから。あの当時はフィッシュマンズの音楽にそのことを感じたんですね。

ＺＡＫ　めっちゃいい話だね。

サトちゃんの言葉はあやふやに捉えていて、それがどういう意味を持って出ていくかという音の付け方や響かせ方、空間の持たせ方だけを考えてやっていたかな。

――『LONG SEASON』は確かにどこかに連れて行ってくれますね。

ZAK　そうなんですか？

村上　そうなんですか……って！（笑）

ZAK　いや、もうひとごとですよ。

村上　ＺＡＫさんの知り合いで磯見（俊裕）さんていう、若い頃に劇団維新派の美術デザイナーをやっていた方がいて、磯見さんもＺＡＫさんと同じムードの人なんだけど、会話しないんですよ。なのに、仕事を頼むと、映画のセットとか、パッとわかってくれて、「こんな感じかなー」って。

――言葉って、でも、説明だけのものじゃないですよ。

ZAK　僕はもうなんでもよくて。『空中キャンプ』が出たり、村上さんの作品が出た時に、誰かが何かを言うでしょ。それは作品がきっかけになってるだけで、「空を見てキレいだな」と言っても空が変わるわけじゃないのと一緒で、違う世界が生まれてるだけだと思うんです。

――佐藤くんも同じ姿勢でしたよね。作品を聴いて好きなことを書いてくれればそれでいいのにって。でも、それじゃ読者が買ってくれないのでインタビューになっちゃうのが音楽誌の現状で。

ZAK　うん、僕も20代の頃はパンク系からやってきて、基本の精神がアンチだったから、東京に来て評論家という人がたくさんいるけど、最初は何をしてるんだろうといぶかしく思ってたのね。でも、だんだんと仕事を続けていくうちに、いろんな語り口があって、面白くしてくれるんだと思うようにはなってきたね。あの時、聴いてくれなかった人たちはもういないしね。

――僕は、自分が聴く側から書く側に変わったら、作品よりも読者と戦わなきゃいけないと思ってて。

ZAK　戦わなくていいですよ（笑）。

村上　何と戦ってるの？（笑）

――フィッシュマンズが戦っていたものを言葉にしたいと思って、ここまで来ているんですよ！

ZAK　佐藤くんはプロレスが好きで、それはポーズとしてあったかもしれないけど……

――いや、それは違う（笑）。言わせて！　フィッシュマンズが与えてくれた開放感はやっぱり、長い間、抑圧だと感じていたものから解き放ってくれるだけの力があったから。それこそ小さい頃から協調性がないと言われ続け、日本的集団性というものになじめなかったのか、なんなのか。『空中キャンプ』を聴いて自分が一体何から解放されたのか言葉にしたいじゃないですか！

村上　言葉が伝わるというのはぜんぜん自由じゃないでしょ。例えば、ヒップホップ聴いてて（何を言ってるか）わかんないけど、ぜんぜんいいし。

――僕も洋楽はそうですけど、本当に興味持ったら歌詞を訳してみますよ。でも、80%ぐらいは雰囲気を聴いているだけですね。

ZAK　僕は佐藤くんの歌詞を聴いていて、うわあと思ったことは、当時はそんなになくて。〝NICE CHOICE〟とか〝気分〟はドラマチックなところもあったけど、それ以外はものすごくニュートラルなところから言葉を出してくるので、僕は言語感覚はぜんぜんなかったから、言わんとしてることはわかっても……そう、サトちゃんの言葉はあやふやに捉えていて、それがどういう意味を持って出ていくかという音の付け方や響かせ方、空間の持たせ方だけを考えてやっていたかな。その時は絶対に言語化したらダメだと思ってて。ひたすらいろんなパターンを試してね。次はこう、次はこうって扉を開けていく感じ。さっき、村上さんがロールプレイング・ゲームに喩えたのはめっちゃわかりやすくて、階段がある、暗闇がある、というのを最後までクリアーしたら、ああいうかたちになったんですよ。

――複数の選択肢があったなかの一本を進んだ？

ZAK　そうです。つくってる時に音の雛形は僕の頭のなかだけにあって、でも、それは漠然としたものだから、いまの世界に合わせた道具を選んでつくらないといけないんです。

――選ばなかった選択肢もあったんですね。進んではいけなかった道みたいな。

ZAK　そんなこともなくて……村上さんは「これだ！」という当たりが出るまでいろいろ試します？

村上　う〜ん。若い時よりも決断が遅いね。いま見ると粗いんだけど、若い時は拾うのが早かった。歳とるとライヴラリーが増えるので、拾うまでに時間がかかっちゃう。若い頃はインスピレーションだと信じて、それを表現にしてたかな。

ZAK　わかります。インスピレーションが来るまでは待ち続ける？

村上　うん。

ZAK　僕もミックスをやってて同じ。いまでも同じことはできるんだけど、時間がかかるようになった。昔はチョイスしなかった。

村上　いま、パンデミックになって、求めてるものがみんな似ていて、つまり少し癒やされたい系だからチョイスしやすくなってるけど、そうじゃない時はみんなバラバラだからね。歳とってつくづく思うのは、若さがすべてにまさる美しさだったなぁって。その若さ最高だよっていう目線で、最近『LONG SEASON』を聴いたんだけど、やっぱ最高でした。ビリー・アイリッシュと仕事してても、サマー・ソニックで彼女が歌ってる時に、「うしろで流れてるヴィデオ、いいねえ」と言ったら、日本に来るまでの飛行機のなかで彼女がユーチューブから拾ってきたものをつなぎ合わせて自分でつくったというんだよってマネージャーが説明してくれて、そういう気分が、会場に来てる若い子たちには「ああ」って、すぐ共感できるものなんだろうなって。こうやって、いま、話してるような言葉もなくて、昔は自分も「うわーっ」て、やってるだけだったなあって。

ZAK　言語感がやっぱり薄いね。

村上　だけど僕はプロの表現者なので、「若いだけでいい」というのはなんなのかを考えて、それを自分の表現に落とし込む策略を練るわけですよ。

ZAK　僕も若いことは素晴らしいと思ってて。生活環境とかにもよるけど、若い時というのは絶対に良い未来を信じているんですよね。何があっても自分が信じたものに突き進めるからね。

――万能感がありますよね。

ZAK　実際、万能なんですよ。歳をとると万能感を失うだけなんですよ。ビリー・アイリッシュも最近、ドキュメンタリーを観たんですけど、足を捻挫してライヴを放棄しようとするんだけど、ギプスをつけて棒立ちで歌ってる時に悔しくて涙を流してたり、コーチェラで映像が出なくて「ファック！」って怒ってたりね。でもね、若い時には「できない」ということが起こらないんですよ。

――ん？

ZAK　なんていうのかなあ。あれだけ大きなプロダクションになると、いろんな年代の人が関わってるからいろんなことが起こるんですよ。エラーがね。でも、学生の時は失敗なんか何も起きてなくてね。全部、成功なんですよ。そういう状態に自分を持っていきたいんですよね。

村上　うん、うん。

音楽だから言葉がわからない人にも何がしかの感覚を持って届けたい

――若い時になんでもできるというのが、佐藤くんの場合、なんでもできるあまり世田谷3部作では一気に変わろうとし過ぎたとも思うんですよ。結果が良かったからいいんですけど、自分を追いつめるところもあったと思うんです。普通は『空中キャンプ』みたいな作品をつくったら4～5年休めと。

ZAK　うん、マスタリングが終わるまではそう言ってた。ワイキキでミックスし終えた時は、なんかめっちゃええもんができたという充実感があって。それから1～2週間後にマスタリングの作業をしていて、音質なんかもそろえながらね。スタジオの隅でサトちゃんがタバコ吸ってたりして。いいものできたって、二人でニヤニヤしてたんだけど、話してるうちに「次、どうする？」ってなって（笑）。なんていうかな、自分たちの作品にまたエネルギーをもらったんですね。

――ああ、加速度がついちゃったんですね。そういう時は突き進んじゃった方がいいのかな。

ZAK　うん。ピークが大きかったから、それがそのまま続いて行ったんでしょうね。

――曲もどんどんできちゃうと言ってたし。

ZAK　しかも、めちゃくちゃ遊んでたしね。ワイキキを借りてバッファロー・ドーターの『NEW ROCK』もつくってたから、その間、メンバーは休んでたし。

――ZAKさんだけがオーヴァーワークじゃないですか。それにしてもたった2年とは思えない。

ZAK　いま思うと『LONG SEASON』をつくったことで軸が違うところに行ったのかも。

村上　『LONG SEASON』は音楽界的にはどうだったの？

――僕は『空中キャンプ』にやられていたから、言葉が少ないし、ドラマチック過ぎるので最初はイヤでした。

村上　え～、マジ？　オモロい。

ZAK　あんなに大変だったのに（笑）。三田さんは自分が好きなものしか聴かないから。

――そんなことはないですよ（笑）。僕は『LONG SEASON』に振り落とされたんですよ。いま思うと。ほんとにすごい飛躍なんだけど、当時はついていけなかった。フィッシュマンズの加速度に。もうちょっと間を置いてリリースしてくれれば普通に受け止められたかもしれないけれど。まあ、それだけ『空中キャンプ』だったということなんですけど。25年経ってもまだ『空中キャンプ』の余韻のなかにいたいですもん。

村上　へぇー。

ZAK　そういう人もいるだろうなとは思ったけど、できちゃったからね。しょうがない。

――そうですよね。いまならレイディオヘッドやシガーロスのプログレッシヴ・ロック・リヴァイヴァルがあって、『LONG SEASON』やゴッドスピード・ユー！ブラック・エンペラーの〝BBF3〟が世界中から同時多発的に出てきたという驚きもあるんですけど。（欧米の主要なメディアに対してネット的な反発心が反映されている）Rate Your Musicのような投稿サイトがプログレッシヴ・ロックを高く評価したがることもあって、それらがみんな上位にランク・インしていることも不思議ではないし。ZAKさんの頭のなかにはゴングの『Gazeuse!』もあったんだろうなとか。

ZAK　『Gazeuse!』（笑）。

――ドラム・パートの感じとか。そんなことはない？

ZAK　わかんない。つくった時の景色しか覚えてない。

――あ、景色で思い出したけど、初めてこのスタジオでお二人の話を聞いていた時、村上さんが『空中キャンプ』を聴いていて、蓮の花の絵を思い出したと。そうしたらZAKさんが、その絵を見ながら『空中キャンプ』はミックスしたんですよと言っていて。あとで、その絵を見たいなと思って何年か後に、その絵は誰が描いたのか村上さんに訊いたら「そんな話したっけ？」と言われて。ZAKさんにも覚えてないと言われて、え、そんなヘンな話、自分ででっち上げるはずないしと思っていたんですけど……

村上　それはね、土田麦僊（つちだ・ばくせん）の「蓮」（1935）ですね。『スーパーフラット』（マドラ出版）の最後から2番目に載ってる（P112）。

――え、今日はパッと出てくるんだ？（＊収録後に確認したところ、ほんとに『空中キャンプ』という感じの絵でした）

村上　（笑）。みのさんのお家に行ったら、土田麦僊の絵が飾ってあって、「なんで？」って訊いたら、『スーパーフラット』に出てたじゃないですかって言われて。僕が『スーパーフラット』にあの絵を選んだのは……『スーパーフラット』というのは東洋と西洋の衝突がテーマなんですよ。構造的に東洋は劣勢で、日本は戦争に負けちゃって、国そのものもあるんだかないんだか死に体なんだけど、そんななかで人間の脳のなかだけは自由だよねっていうようなことを言いたくて。あの頃の日本画家の人たちは不自然なことをいろいろやってたんですけど、日本画という言い方がおかしくて、当時は現代美術なんですよ。

――ああ。

村上　で、岡倉天心が洋画に対抗して日本画と言ったわけで、日本の最新の美術は日本画と呼ぶべしと。僕らと同じ仕事を当時の日本画の人たちはやってたわけです。みのさんもお父さんがアメリカ人だから日本国内では人種的なことはいろいろあったみたいで、僕もアメリカとの距離は似たものがあって、そういったことを音楽、絵画、映像といった芸術で乗り越えられないかなって。そういう時に「言葉」だと歪んできちゃうんだよね。三田さんが、だから洋楽ばっかり聴いているのに、なんで、言葉だったんですか。洋楽と和物はどうやって選別してたんですか。

佐藤くんのシンプルな言葉をどういう風に音の中に入れたら、何も思わない自分にとっても何か意味性を持ってくるかということをひたすら繰り返していたかもしれない。

——ああ、フィッシュマンズは洋楽ですよ。言葉がわかる洋楽。フィッシュマンズにはそういう感動もあった。J-ポップと違ってぜんぜん乾いたサウンドでしたから。ウェットじゃない。

村上　ウェットってどういうこと？

——突き放したところがなくて、もたれかかってくる感じ？　個人に訴えかけてくる音楽じゃないというか。

ZAK　言わんとしてることはわかる。

村上　わかるッ？

ZAK　ウェットという言葉とは違うかもしれないけど、僕も苦手。商業音楽というのは売らなければいけないからか、過剰なんですよね。

——ホスピタリティがあり過ぎる？

ZAK　うん。おもてなしジャパン（笑）。

——でも、村上さんも同じようなこと言ってましたよ。ニューヨークにフィッシュマンズと宇多田ヒカルを持って行ったら、宇多田は日本にいる時と同じようには聴けなかったって。

村上　ああ、そうだった。日本ではズキュン！なんだけど、アメリカではなんか所在ないというか。

——宇多田はかなりウェットですよ。

ZAK　僕はね、人体実験みたいにしてるところがあったかもしれなくて、言葉の話と一緒で、佐藤くんのシンプルな言葉をどういう風に音の中に入れたら、何も思わない自分にとっても何か意味性を持ってくるかということをひたすら繰り返していたかもしれない。アウトかセーフかは自分で決めるわけじゃないですか。音楽だから言葉がわからない人にも何がしかの感覚を持って届けたい。そうするとサトちゃんの歌詞に頼ってはダメなんですよ。

——なるほど。

ZAK　歌詞に頼らずに声の音質とか音量をどう響かせるか、なんですよ。たとえば誰かが「iPhone」と発音した時に、それだけで意味を持ってしまうことがあるじゃないですか。それを音響でやろうとしているというか。いまだにやっているというか。

——ZAKさんがやっていることがなんなのか、少しわかる気がする話ですね。そもそも『Neo Yankees' Holiday』でフィッシュマンズがZAKさんをミックスに指名してきた理由は何だったんですか。

ZAK　フィッシュマンズはね、彼らが所属していた〈りぼん〉という事務所の違うバンドを手がけていたマネージャーと僕が18歳ぐらいの時から知り合いだったんですよ。その人が、同じ年代で、ライヴのミキサーを探しているバンドが今度、デビューすると。その人に「ぴったりやん」て言われて。観たことはあったんですよ。彼らが大阪に佐藤くんだけだと、あの音にはなってないし。やっぱりバンドなんですよ。そこは信頼関係があるんです。

ツアーで来た時に、対バンのPAをやってて。その頃はかわいいバンドだったんですよ。「ひこうき」とか演奏してて。なんや、「ひこうき」って、とか思ってて（笑）。

——（笑）。

ZAK　で、『Chappie, Don't Cry』の時に、名古屋で会いましょうということになって。そこからツアーが始まって。サトちゃんはすぐにライヴの音を気に入ってくれて、『Corduroy's Mood』の時からレコードの音もやってくれって言ってたんですよ。でも、レコード会社がOKしてくれなくて。サトちゃんは何回もレコード会社に頼んでくれたんですよ。

——そうだったんですか。

ZAK　うん。で、『Neo Yankees' Holiday』の時にレコード会社がテストしてやるということになって（笑）。

村上　ははは！

ZAK　当時はどこの馬の骨だかわからないし、高いスタジオも使うわけだから。サトちゃんがすでに書いていた5曲をインディー用の小さなスタジオで録ってみようということになって。1日に5曲録って、その日にミックスしてって。あれも大変だった。レコード会社からの監視役で（現）コールドフィートのワッシさんがいたんだけど、「いいやん」って。それで『Neo Yankees' Holiday』をやることになったんですよ。

——出会うべくして出会った感じがしますね。

ZAK　レゲエとかダブというのは音響に密着してるサウンドだったからね。

——話を戻すとフィッシュマンズのドライな音楽性は佐藤くんの資質に負うところも大きかったと思うんですよ。

ZAK　もちろん。彼が望んでいるだろうなということを、なるべく拡張してきたつもりだし。

——しかも、そうしたサウンドを手に入れるためにスタジオまで要求したんですもんね。

村上　そこでバッファロー・ドーターもやってたんだ？

ZAK　うん。生ドラム以外はね。フィッシュマンズも。

——よくスタジオをつくるとか思いつきましたよね。

ZAK　そういうもんじゃないの？　僕がそういう性格だったしね。思いついたら、それを絶対に乗せるというか。

——大正解でしたよね。

ZAK　そう、かな。

——変わり続けていたフィッシュマンズがまた『宇宙 日本 世田谷』で変わりますけど、『宇宙 日本 世田谷』はどう受け止めていたんですか。

ZAK　サトちゃんのソロみたいになったよね。

——次は佐藤伸治のソロ・アルバムにしようという話は出なかったんですか。

ZAK　なかったですね。バンド志向だったし。いまはたまたまこうなってるのかなというぐらいだった。

——バンド志向なのに、佐藤くんの価値観だけを突出させ過ぎていませんか？

ZAK　いや、そんなことないんじゃないの。でも、そういうバンドいっぱいあるし、佐藤くんだけだと、あの音にはなってないし。やっぱりバンドなんですよ。そこは信頼関係があるんです。どんな状態でも、動くときは家族みたいになるんですよ。

村上　確かに。

——でも、ZAKさんは『宇宙 日本 世田谷』のミックスをやりながら抜けることは決めてたって。

ZAK　いや、サトちゃんに言ったのは「休ませて」って。まったく新しいことを始めて、まったく新しい機材のシステムを揃えて、学習し直して、勉強しながら2年で3枚やるのはやっぱり僕も大変だったから。『空中キャンプ』から間をおかずに『LONG SEASON』だったし。

——『LONG SEASON』は、面白いことを考えた分、そのしわ寄せがZAKさんに行ってしまったと、当時もメンバーが話してましたね。

ZAK　なんとなく長いものをつくろうという話は一回したんだけど、最初は映像をやってた川村ケンスケさんという人がいて、彼は映像でストーリーをつくれる人だから、川村さんが考えたストーリーに音楽をつけたらどうかと僕が提案したんですよ（注・フィッシュマンズ×Kensuke Kawamura “nobody in tokyo”と題され、スペースシャワーTVのCMとして制作された。誰もいない東京を描いたもので、コロナ禍に2パターンがユーチューブにアップされた）。そうしたら、その間に“SEASON”が出来てきて、それを延ばすことにしたとメンバーたちが決めたんですよ。

——ふうん。

ZAK　そうなったかって（笑）。それでサトちゃんからABCDって、バラバラのブロックになってるデモが来て。最初はアコギと歌しか入ってなくて、元々は。それからドラムとベースが入ってるパターン。で、Asa-Changが入ってる夢の野原みたいになってるやつ。で、またアコギと歌だけで、ベースとドラムで終わっていくっていう。その構造をつくったのはメンバーなんですよ。サトちゃんがつくった構造に譲が打ち込みで肉付けをして、最終的に僕が合体させていって。メンバーはマスタリングまでどこがどうなってるかは知らなくて。1曲にまとまったのはマスタリングの時なんです。勝手に抜き差しとかやってたから、細かいところは僕がやっていて。

——それじゃあ、ほとんどZAKさんの作品で

まったく新しいことを始めて、まったく新しい機材のシステムを揃えて、学習し直して、勉強しながら2年で3枚やるのはやっぱり僕も大変だったから。

すよね。

ZAK　いやいやいや、バンドの作品ですよ。

『男達の別れ』を聴いて、やっぱり芸術家は作品を残してなんぼだと思った

ZAK　『宇宙 日本 世田谷』はだからソロっぽかったし、録音してる時も……予感みたいなものですよね。いっぺん休もうかなって。

——ZAKさんは自分だけ休むという判断だったんですか。みんなも休んだ方がいい、ではなくて。

ZAK　みんなも休んだ方がいいと思ったけど、僕はフィッシュマンズだけじゃなかったから。バッファロー・ドーターも面白いものができたし、ボアダムズもツアー回っていたから。『スーパー・アー』の頃で。

村上　『スーパー・アー』もやってたの?

ZAK　ライヴ後期はね。アルバムのミックスはEYEちゃんが自分でやってた。

——『LONG SEASON』を長い曲にしたというのは前の年に出たボアダムズの『Super Roots 5』も影響してたと思うんですよね。

ZAK　わからないけど。サトちゃんはボアダムズ好きだったね。

——ボアダムズは非日常を長い曲にして、フィッシュマンズは日常を長い曲にした。アンサーというか。

ZAK　音楽の種類は違うけど、音楽に向かい合う姿勢には共感していると言ってたから。

村上　僕も『スーパー・アー』は何度も何度も聴いたことを、いま、思い出した。14th streetのアパートでね。ボアダムズはニューヨークでも知られてましたよ。

ZAK　(いきなり)ちょっと、飴、舐めてくる。

(しばらく南米やヴィラロボスの話)

——村上さんは『LONG SEASON』がベストでしたっけ?

村上　好きなのは『男達の別れ』と『LONG SEASON』。『男達の別れ』が、回数は一番聴いたかな。あれのディスク2。〝ゆらめきIN THE AIR〟から始まるやつ。

——ああ、そうなんですね。

村上　『宇宙 日本 世田谷』の〝バックビート〟もすごく好きなんですよ。

ZAK　へえ、そうなんだ。

村上　僕も、飴、ください(笑)。『男達の別れ』を聴いて、やっぱり芸術家は作品を残してなんぼだと思ったんですよね。あれから数ヶ月後に亡くなったんですよね、佐藤さん。

——2ヶ月半ですね。

村上　あの張りつめた空気感ですよ。うちのスタジオはいつもあんな感じですよ。でも、ああいう時って、皮肉なもので、いい作品ができちゃうんです。不思議なもんです。みんなで楽しくやって

ああいう時って、皮肉なもので、いい作品ができちゃうんです。不思議なもんです。みんなで楽しくやってる時は作品はできない。

毛細血管が切れるらしくて。病院行ったら「ほっとけば治る」って。気になるなら目に注射しますよって。

る時は作品はできない。だから、あの『男達の別れ』が持っている空気には癒されるんです（笑）。

——クリエイターは、まあ、みんなそうですよね。ZAKさんの目から血が出ていたというのも……

村上　え！　目から血が出ていたの？　なんでえ？

ZAK　うん、ブラウン管を凝視し過ぎて。『LONG SEASON』は時間が長過ぎて。

村上　はあああ。

ZAK　ひとつのパートを終わらせるためにキリがいいところまでやらないとダメだから、何日間やっていたのかもわからなくて。

村上　うわああ。

ZAK　あの時はメンバーが『LONG SEASON』のジャケットを撮影するためにワイキキに朝6時に集合して、僕の顔を見て「目から血が出てる」って。

村上　すっごいね。

ZAK　毛細血管が切れるらしくて。病院行ったら「ほっとけば治る」って。気になるなら目に注射しますよって。そんなん、絶対いややん。

村上　こっわ。

——どこかで命より作品なんですね。

ZAK　そんなことはないですよ。

——そうなのかなあ。

ZAK　そうですよ。

——もしも神様がいて。

ZAK　神様がいて？

——佐藤くんを返してあげると。ただし、『空中キャンプ』も『LONG SEASON』もつくれないと。それでよければ佐藤くんを返してあげると言われたら、その申し出を受けますか？

ZAK　うん（即答）。だってそれぐらい生きてて欲しいもん。

——そっかー。

ZAK　だって、新しいもの作りたいもん。欣ちゃんといつも話してるけど。

村上　確かに。なるほどね。

ZAK　譲とも、佐藤くんが生きてたら新しいのつくりたいねって。無駄な会話だとはわかってるけど。僕ね、おととしの9月、インド北部のカシミール地方にあるラダック連邦直轄領のレーというところに行ってね。元々はチベット民族がいたんだけど、イギリスがインドを解放した時にインドとパキスタンが攻め入ろうとして、ほかの国がずっと調停を続けている地帯なんだけど。行った時もインドの介入で不安な感じになってたけど。レーというところがすでに標高３８５０メートル以上あって、草木も生えてない山岳地帯。そこにダライ・ラマが住んでた王宮があるんだけど、そこからまた標高６０００メートル級の山を超えて別の村に旅をしたりして、その間、毎晩、悪夢を見るのね。なんか知らんけど。

——……。

ZAK　でも、一番最初に見た夢がサトちゃんが生きていたという夢で。

村上　（溜息）

ZAK　夢のなかで僕は高円寺のライヴハウスにいて、サトちゃんは最後の頃のようにちょっと長髪で。でも、明らかに同じように歳をとっていて、楽屋で椅子に座っていて。それが佐藤伸治だというのは僕はなぜかわかっていて。「佐藤伸治ライヴ」って書いてあって。

——……。

ZAK　で、僕は「なんでいままでいなかった」って問いつめていて。

——うわあ、泣いちゃうなあ。

ZAK　でも、サトちゃんは黙ってて。こっちは心配してるのに、黙ってるんじゃないよって。それが最悪の悪夢だった。僕には。

村上　うん……。

——……。

ZAK　死んだということをやっぱりどっかで線引きしないとダメなのに、ようやく２０１９年のライヴで、ある程度できたなって。当事者だから当たり前なんだけど、メンバーも鬱屈してるから。そうやって綺麗にしておかないと、今後、どこかで演奏するのにも支障があるし。

——10年前はどこか無理してる感じがありましたよね。でも、２０１９年は違いました。終わってからとても優しい気持ちになったんですよ。帰りの客でごった返していても、こういうのもいいかなあと思えたり。

ZAK　うん。うん。そうですね。違うものがやっとできたなって思えた。

——ああ、やっぱりそうなんですね。あの感じならどんどんやった方がいいと思いました。

ZAK　いや、大変なんですよ。

村上　（笑）。

ZAK　みんな、おっさんだしね。ああいう演奏に戻ってくるまでスゴい時間がかかるし。

（しばらくテクニカルな話）

村上　2回に1回ぐらいは観てるんですけど、２０１９年は忙しくて観てないの。２０１６年は泣いてたな。野音は雨がすごくて帰っちゃったけど。

ZAK　あんなに降らなくていいよね。あれはヒドかった。

村上　（笑）。

ZAK　しょうがないよなと思ったけど。

村上　涙雨でしたね。

ZAK　うん。

——……。なんか、言葉が続かなくなってきた。

村上　90年代が芳醇な時代だったから、あんな作品ができたわけではないということは伝わりましたか？

——フィッシュマンズに追い風が吹いてたわけ

死んだということをやっぱりどっかで線引きしないとダメなのに、ようやく２０１９年のライヴで、ある程度できたなって。

じゃないということはわかったんじゃないかな。

村上　フィッシュマンズは追い風でもなんでもなかったよね。

ZAK　ぜんぜん、なんでもなかった。

村上　どっちかっていうと特異点すぎてね。売れてなかったし。

ZAK　最初にも言ったけど、停滞した状態から出たかったんですよね。

——ZAKさんてアート寄りですよね。

村上　そうね！

——リミックスもそうだし、人脈もそうかもしれないけど、フィッシュマンズのステージって前衛演劇みたいになるところがあるじゃないですか。

村上　ははは！

——〝WALKING IN THE RHYTHM〟の声だけになっていくところとか。

ZAK　僕が元々のミックスでそうやってるからね（笑）。まあ、維新派もやってるし、サイバーパンクのカットアップっていう手法にも影響受けてるし、若い時には頭のなかでどこにでも行けるんですよ。自分ではルールを設けないようにしてて、唯一、制約があるとしたら道具だよね。コンピュータに内蔵されてる機能が昔は少なかったから。

村上　あ〜。

ZAK　僕ね、２０００年に最初に村上さんがここに来てくれた時、自分の音について客観的に何かを言われたことがそれまでなくて。

村上　あ、そうなんですか。

ZAK　うん。あの時、村上さんが日本画のパースペクティヴについて話してくれて、縦、横、奥行きについて。そう言われたらそうだと思って（笑）。

——自分の作品が客観的に……

ZAK　客観的に見たら、そうなるのかと思って。そういうやり方を頭に置いておいてやっていくと、そうなるのかなあって。あの時から自分のなかに別の世界がまた立ち上がったんですよ。あの時にあの話を聞いて良かったと思っています。

（東日本大震災のちょうど10年後「ST-ROBO」にて）

＊『映画：フィッシュマンズ』ではZAKさんがフィッシュマンズから休みをもらった期間につくられた〝ゆらめきIN THE AIR〟を新たにミックスし直し、新しい曲に生まれ変わったZAKヴァージョンを聴くことができる。また、SNS以外では発信をやめ、取材はすべて断っているという村上隆氏には特別に対談を引き受けていただいたことに感謝いたします。（三田）

HONZI回想①

これぞ天からの贈り物！　そう思いました

文・茂木欣一

HONZIに最初に会ったのは確か92年、フィッシュマンズ大阪でのライヴ後の打ち上げだったと思います。席にチョコンと座ってニコニコしながら食べ物をたくさん注文してよく喋るっていう印象でした。その後確か94年の年末、当時大阪から東京に住まいを移したエンジニアのＺＡＫが、「欣ちゃん、もし車欲しかったら、大阪に置きっぱなしのオレの車があるからあげるで。取りに行ってくれるんなら」という話に僕は盛り上がり、その年のすべての仕事が終わった12月30日に大阪まで新幹線で向かいました。その時どこからその話を知ったのか、その車にHONZIが一緒に乗り東京へ行くという流れになったんです。どうやって連絡を取り合ったんだっけな？　どこか私鉄の駅前のロータリーで待ち合わせて、彼女と合流。夜通し二人で運転を交代しながら東京まで帰ったことがありました。とにかくキャピキャピに明るい関西弁で、「昔持ってた車はなあ、後ろの窓ガラスが壊れて、でも気に入ってたからビニール貼りながらそのまま乗ってんねん」みたいな感じで、いろいろ面白いおしゃべりして盛り上げてくれたなあ！　あれは今でも最高の思い出です。

95年にはHONZIも住まいを東京に移し、その頃フィッシュマンズはキーボーディストHAKASEの脱退があり、東京暮らしを始めた彼女に手伝いをお願いすることにしました。ちょうどプライベート・スタジオ〈ワイキキビーチ〉が始動し、最初のレコーディング曲〝ナイトクルージング〟を仕上げている最中でした。アレンジがほぼ完成していたんだけど、「あともう1フレーズ何かあるといいんだよな」という話になり、メンバーが代わる代わる二階のスタジオに入っては、思いついたアイディアを録音してみました。ちょうどHONZIもいたので頼んでみると……楽曲の後半を象徴するあのピアノのフレーズ（3分35秒過ぎあたりから）が生み出されたのです。まさに「いい声聞こえそうさ」を楽器で表現したような、これぞ天からの贈り物！　そう思いました。

それ以降、フィッシュマンズのレコーディング、そしてライヴ活動にも全面的に参加してもらうことになり、ヴァイオリンはもちろん、キーボーディストとしての役割もお願いすることにしました。相当なプレッシャーがあったことでしょう、ライヴに向けて夜な夜なワイキキの一階で練習をするHONZIの姿がありました。最初のライヴの緊張感をみんなで乗り越え、そこからメキメキとバンドの一体感が増し、翌96年2月『空中キャンプ』リリース。

アルバムリリース後のツアー「若いながらも歴史あり」では、新しいサポート・ギタリスト、ダーツ関口とともに大きく貢献してくれて、バンドは最高の季節を迎えます。続けて制作に向かった『LONG SEASON』、全体のベーシックに流れるピアノのシークエンスのフレーズ、あれもリハーサル中にHONZIが手弾きし始めたものが元になっています。ONE TRACKアルバムを作るという計画において、あのフレーズが生まれたことはとっても重要でした。そして『LONG SEASON』のライヴ演奏における彼女のヴァイオリンの表現力の素晴らしさと言ったら！　大げさでもなんでもなく、世界レベルの唯一無二のプレイヤーだなと。サトちゃんも絶対にこの出会いを喜んでいたことでしょう。

今でも彼女が暮らしていた東北沢の古いアパートを思い出します。90年代後半、フィッシュマンズのリハーサルは、世田谷から離れた駒込のSOUND FACTORYというスタジオで行うことが増えたのですが、そこに向かう時は僕が車でHONZIをアパートまで迎えに行き、一緒にスタジオまで行くことが多かったです。まだ携帯電話が普及してない時代、HONZIの住むアパートの階段を上って、二階の部屋をノック。玄関にはおしゃれで可愛い靴が並べられていて、その奥からHONZIが顔を覗かせる。すごく眠たそうな時や笑顔でいっぱいの時、全然現れる気配がない時もあって、駐禁が心配になったり……でも一度車に乗ると、彼女の楽しいおしゃべりが止まらない！　もうそれこそ〝ずっと前〟の話だから何を話したのかは忘れちゃったけど、駒込までの道のりはいつも笑いで溢れていました。

05年、ライジングサン・ロックフェスで7年ぶりにステージに立ったフィッシュマンズ。清志郎さんが歌う〝MELODY〟でのHONZIの魂のヴァイオリン・ソロ。その2年後に彼女とお別れになるとは思いもしませんでした。07年の夏に僕は、HONZIと新しい音楽が作りたくなってメールをすると、「つくりたい、つくりたい」と返信をもらったのですが、それ以降連絡が途絶え、ある日旦那さんのイディくんから「実はHONZIの体調が良くない」と電話をもらって慌てて会いに行きました。身体はきついはずなのに笑顔で話してくれて、帰るときは、扉を閉めて外に出て歩き始めても聞こえる大きな声で「バイバイ、バイバ〜イ」って言ってくれました。

彼女はいつもキラキラと輝いていました。ステージ上でヴァイオリンを弾く姿はあまりにかっこよく、繰り出されるフレーズは極上。永遠の24歳。

HONZI回想②

HONZIさんの思い出（仮）

文・植田亜希子

出会いはワイキキビーチだった。言わずと知れた東京某所のフィッシュマンズのプライベートスタジオ。ある日ふらりとやって来て、何もない部屋を見て佇んでいるちょっと前のめりなHONZIさんの立ち姿をよく覚えている。その当時、HONZIさんは大阪から東京に拠点を動かすために引っ越をして間もない時だった。時間的には余裕があるようで、暇になればワイキキに遊びに来るという日々だった。

そんなある日のこと、2階から鍵盤の音が聞こえて来た。1階にいたメンバーが顔を見合わせてちょっとニヤリとしたような記憶がある。「HONZIさんってキーボードも弾けるの?」2階から階段を降りて来たHONZIさんに間髪入れずに質問すると、「弾けんで、一応なぁ」「じゃ弾いてよ!」私の記憶が正しければ始まりはこんな感じだったかと思う。

HONZIさんとの初ライヴは95年11月のセシオン杉並だった。何度かリハーサルに入ったものの、HAKASEさんが演奏していたことを全てなぞるには相当な時間が必要だった。ワイキキの1階のスペースにキーボードをセッティングし、曲ごとにやることを整理し、まとめていった。手こずったのはオルガンの音色作りとサンプラーだったように思う。作ってはメモ、サンプラーの音色は鍵盤にマーキング……、こういった作業がライヴ前1週間ずっと続き、最後の数日は朝方まで作業が続いた。傍で見守るしかできなかったが、軽い会話で始まったこの出来事にただひたむきに向かい合ってくれたHONZIさんにただただ感謝しかなかった。96年の年明けから本格的にライヴサポートで参加してもらう頃にはヴァイオリンと鍵盤類を自在に操るようになっていた。

HONZIさんがステージに立つようになると、客席も変化していった。HONZIさんの演奏しながらのダンサブルな動きは、客席にそのムードを存分に降り注ぎ、今まで止まっていた客席が大きく動き出すようになったのだ。あの小さな体からほとばしる衝動を客席はすぐに馴染ませて、同化していくようだった。そんなHONZIさんを佐藤伸治は「ヴィジュアルショックNo.1」と紹介していた。

HONZIというヴァイオリニストからは、ワイキキビーチで暇をもて余すというような時間はすぐになくなっていったように思う。UAさん、早川義夫さん、有山淳二さん、リクオさん、名前をあげきれないほど数多くのステージに、アルバムに参加していった。そして、96年9月には待望のファースト・アルバム『One』を発売する。これが本当に素晴らしい作品だった。おとぎ話の中のような可愛さと狂気が同時に浮かび上がるような世界観。そうかと思えばどこまでも美しい〝蘇州夜曲〟のカバーがあったりとHONZI WORLDが確立したようであった。その頃よりフィッシュマンズのステージの自分のスペースでのセティングにもこだわるようになっていった。スペースが許せば様々なものを持ち込んでいった。楽器、布、椅子、お立ち台、天使の羽根、オルゴールなどなど。フィッシュマンズのステージの中にさらにHONZIの空間があるのだ。全てはHONZI WORLDからフィッシュマンズへのコネクトであるかのようだった。ヴァイオリンの音色はどこまでも美しく、優しく、そして時にアグレッシヴで、今までフィッシュマンズでは見ることのなかった景色を浮かび上らせた。

　これは余談ではあるが、96年の年末の赤坂BLITZでどうしても羽根をつけて演奏したいとの相談を受けた。数日後、持っている人見つけたから一緒に行って欲しいと言われて伺ったEL-MALOさんの事務所で出会ったのが、この本を作ってくれた野田努さんだった。そこでの出会いが翌年のナチュラルハイ！（お台場で行われたフェス）の出演に繋がったりとHONZIさんはいつだって予想だにできない何かを運んでくる。無邪気なのだ、どこかいつだって無邪気なのだ。それは男だらけの野暮ったい（すみません！）フィッシュマンズの楽屋を明るいものにもしてくれたり、食事の時間が楽しくなったり、何気ない時間がカラフルになったのだと思う。佐藤さんが持ってきた新曲に〝POKKA POKKA〟というタイトルをつけたのもHONZIさんで、実にらしい表現だったなと思う。また、これも今思えばであるが、フィッシュマンズの「感じとる」みたいな空気感を気にとめることもなく、なんでもざっくばらんに佐藤さんに質問したり、意見を言ったりしていたのはHONZIさんだけだったのかもしれない。そして、佐藤さんもそれをどこか喜んでいたのかもしれない。佐藤さんは無邪気で明るいもの、元気なものを眺めているのが好きな人だったように思う。

　2000年以降もHONZIさんとは連絡を取り合い、家にも遊びに行っていた。病気になってからもいつも未来の話ばかりするHONZIさんをよく憶えている。そして、亡くなる寸前までずっと音楽を奏でていた。最後の録音となったDVD『100%ORANGE ホームメイド・アニメーションズ』では音楽を担当している。このDVDはHONZIさんが亡くなるちょっと前に生まれた長女のバイブルとなり、我が家でも聴き継がれている。

　本当に愛すべき人だった。いつでも誰でもがHONZI WORLD!に出会えるように作品が再びラインナップされることを切望する。

HONZI's Biography

木名・本地陽子。1967年2月15日、佐藤伸治の誕生日の前の日に生まれる。子どもの頃からヴァイオリンやピアノに親しみ、大阪音楽大学へ進む。丸谷カズ（ヴォーカル＆ギター）、藤原カオル（ギター）らとニューウェイヴ・バンド、A Decade-In Fakeを結成し、1984年にソノシート「No Significant Difference」でデビュー。86年には少年ナイフとのスプリット・シングル「Stranger Phnompenh」とデビュー・アルバム『A Story In The Front Line Of…』、88年にはセカンド・アルバム『De La Siesta』をリリース。同バンドは90年代に入るとSonNaBananaと改名し、さらにParabola Spinsと再度名を改めて活動を続けるも、HONZIは94年に脱退。1990年からはセッション・ミュージシャンとしても活動を本格化し、ゼヴ・アッシャーとティム・オリーヴによるオルタナティヴ・ロック・バンド、Nimrodや、Auto-Modから岸根光のソロ作に参加、とくにAudio Sports『Era Of Glittering Gas』を経て竹村延和とはSpiritual Vibesの諸作や竹村のソロ『Child's View』など共演回数が多く、強いミュージシャンシップがあったことを伺わせる。またルームメイトだったUAの大ヒット・アルバム『11』と『Fine Feathers Make Fine Birds』にも参加し、前後してフィッシュマンズとは『Oh! Mountain』に収録された〝Baby Piano Mix〟からラスト・アルバム『男達の別れ』まで密度の高い4年間を過ごすことに。「ポリスターからデビューが決まりました！　永遠の24歳！」と佐藤伸治がステージで嬉しそうに報告していたHONZIのソロ1作目『One』は96年にリリース。プロデュースとミックスはZAKで、〝Altered States の内橋和久も〝蘇州夜曲〟のカヴァーなど3曲でギターやアレンジを手掛ける。透き通るようなアシッド・フォークだったり、パスカルズを思わせる弦楽アンサンブルだったりと、ジャケット・デザイン通りフェリーニや寺山修司を思わせる幻想的な曲が多く、フィッシュマンズのステージで聴かせたような怒涛のヴァイオリン・ワークに近いのは〝Circus Midget Parade〟ぐらい。囁くように歌うHONZIのヴォーカルは淡々としてどこか遠くに意識が飛んでいるようで、サントリーのCM「ガウディ編」に使われたマーク・ゴールデンバーグ〝Orpheus, No〟もエレクトロニックにカヴァー（原曲の最後のピアノが〝ナイトクルージング〟のアレンジにつながったと思われる）。フィッシュマンズと並行して忌野清志郎スクリーミング・レビュー、ACO、パードン木村、トモフスキー、リクオと客演を重ね、佐藤伸治が亡くなった翌年にはアーサー・ラッセルをラフにしたようなアレンジでカヴァーした〝いい言葉ちょうだい〟を含むソロ2作目『Two』を完成させる。この当時、HONZIはザ・ブームのマネージャー、佐藤剛にタダ同然で家を借りていて、佐藤剛に相談した結果、『Two』は佐藤剛が手がけていた〈Five D Corporation〉のサブ・レーベルからリリースされることに。甲斐バンドやザ・ブームをマネージメントしてきた佐藤剛は「自分が手掛けてきたミュージシャンとは毛色が違うけれど、すごい才能だということはわかった」と話している。『Two』はセルフ・プロデュースで、3曲を除いてミックスはZAK。前作を踏襲しつつ、全体にテンポを落とし、沈んだ雰囲気の曲が多く、ヴォーカルが少し弱々しくなっているのは気になるところ。4曲で茂木欣一がドラムを叩き、パードン木村による〝MaZa Train〟はアンビエントの名作。高田恭子〝みんな夢の中〟のカヴァーも素晴らしい。また、〝すばらしくてNICE CHOICE〟の間奏でシャープなピアノを聞かせる上田禎や角森隆浩（ヴォーカル）、清水ひろたか（ギター）らと1999年にNino Trincaを結成し、やはりフェリーニの世界観を彷彿させる『Nino Trinca』を01年、『Beris Beris』を03年にリリース。前後して上々颱風にもレコーディングやライヴに重ねて参加し、Carnation、清春、Kutscheと客演の回数も範囲も広がりを見せ、なかでも驚くのが早川義夫（ジャックス）との断続的なライヴ・パフォーマンスを行ったこと（結局、その模様はHONZIの死後に『I LOVE HONZI』としてリリースされた）。2005年にはフィッシュマンズが6年半ぶりに復活し、『THE LONG SEASON REVUE』として東名阪ツアーを行う。HONZIがステージで帽子を脱ぐと見事な坊主頭で客席の笑いを誘ったが、それはゴリラの着ぐるみを着たり、滅茶苦茶な色に髪を染めたりといった「ヴィジュアル・ショックNo.1」（佐藤伸治）のヴァリエーションではなく、放射線治療のせいだったことが後に判明。2006年にはSpannko（ピアノ＆アコーディオン）、熊坂義人（コントラバス）とFuku（福）を結成し、ノルウェーのレーベルからアルフ・プリョイセンの童謡を日本語でカヴァーした『I Bakvendtland（『逆さまの国』）』をリリースするも、癌の進行が早く、9月27日に永眠。没年40歳だった。葬儀はキリスト教の小さな教会で行われ、本当に多くのミュージシャンたちに信頼されていたことが長蛇の列となって表れていた。HONZIが演奏に参加した映画『パークアンドラブホテル』は翌年の公開。〝ともだち〟が収録された松倉如子『星』も07年、川村ケンスケのサイト、kampsiteからは良原リエらと組んでいた短期間のユニット、たまごの未発表曲〝白い部屋〟や〝Just Thing〟などが13年に配信されている。

フィッシュマンズとの日々

文・植田亜希子

94年の年末、青山の居酒屋で初めてりぼんの社長である奥田さんと食事をした。あとで聞いたが、これが面接だったという。たしかみんなで鰯のつみれ鍋を食べたと思う。りぼんとは、フィッシュマンズが所属していたマネージメント会社だ。よく聞く、レコード会社と事務所といわれる、事務所のほうだ。そこで言われたのが、年が明けたら研修ということでりぼんで働いてみたらどうかということだった。やらせてくださいと返事をした。そこから3ヶ月、奥田さんの「はい、行くよ」の一声で、様々な現場に同行した。そのひとつにポリドールに『Oh! Mountain』を持ってプレゼンしに行くということがあった。ポリドールには当時奥田さんの旧友でもある渡辺忠孝さんというプロデューサーがいらっしゃった。とても気さくな方で、その時期に目撃した音楽業界の方の中で一番洒落ていて、俳優かと思うような独特の深みのある方だった。余談だが、渡辺さんは作曲家の筒美京平さんの弟さんだった。『Oh! Mountain』のアナログ盤を手渡すと、多くは語らず「いいですね」といって、通りがかった佐野さんを呼んだ。佐野さんは大阪営業所から戻ったばかりというディレクターなのだと紹介されたと思う。長髪の佐野さんはアナログ盤を受け取るなり、「いい匂いですね」とひとことだけ言った。その後はたわいもない話をして帰ったと思う。

それからしばらくして、フィッシュマンズはポリドール・レコードと契約を結んだ。佐野さんに、「あの時いい匂いですねって言ってましたよね？」と聞いたことがあった。「海外プレスの独特の匂いがしたんだよ」との答えが返ってきて、あぁそういう意味だったのかとだいぶ後になってからその真意を知った。

りぼん（現在は解散）とは、その昔RCサクセションや、井上陽水が所属していたという老舗のマネージメント会社だった。りぼんという可愛らしい会社名とグループ会社のなかよしグループという名は井上陽水さんが命名したと聞いた。社長である奥田さんはいつでも音楽に夢中で、臭覚は鋭いが、はちゃめちゃな人であった。それでもその武勇伝はどこを切り取ってもとても刺激的で面白い話ばかりだった。奥田さんは一度誰かと揉め出すと、後に引けなくなるタイプの人で、どんどんその喧嘩に自ら油を投げ入れるような人だった。そのくせ情に脆く、なんだかんだ憎めない愛すべき人であった。清志郎さんに〝ボスしけてるぜ〟と言わせたその人でもある。今も変わらず元気にしているという風の噂はいつ聞いても安心する。

フィッシュマンズをりぼんにスカウトしたのは奥田さんではない。初代のマネージャーでもある野地さんという方がラ・ママでのライヴを見て声をかけたのが始まりと聞いている。当時フィッシュマンズは別の会社からも声がかかっており、どちらと契約を結ぶべきかと悩んでいたという。りぼんを選んだのは、RCサクセションのメンバーでもあった桶田さんという方が決め手だったということだ。しかしながら、この桶田さんはその後間もなくしてりぼんを退社する。野地さんとは何度かお会いしたことがあるが、そこまでお話しをしたことがなかった。ところが、映画の素材探しをということで集められてきた過去の映像の中に野地さんがメンバーと話している映像があった。それは『Chappie Don't Cry』のレコーディングで行ったオーストラリアでのものだった。そしてなんだかとても驚いた。私が会社に入社して以降、そのようなタイプのスタッフがいなかったからだ。野地さんの、理路整然としたその姿が素敵だった。

前期フィッシュマンズのスタッフでこれまた大きな存在だったのは、フクちゃんこと福岡さんだったことだろう。先日も映画試写の感想がメールで送られてきた。「ものすごく不思議な気持ちになったよ、あの日あそこに自分がいた。佐藤さんと出会えた運命に感謝だよ、僕は、〝いい言葉ちょうだい〟を書いてきたときのリハで、やっぱこの人すごいと思った、その後すぐに書いてきた〝頼りない天使〟もね、ノートを切り裂いて書いた少ない言葉が、すごい力を持ってたからね」

りぼん退社後にクロサワ楽器に入った福岡さんとはりぼんで一緒になることはなかったが、いまだにフィッシュマンズとしても何かとお世話になっている。

95年の4月、当時のフィッシュマンズ担当者とライヴ後に楽器を片付けている時、記憶が正しければ、4月22日だったと思う。「今日で僕は辞めるから、次の現場から頑張ってね」と。「えっ？　やめるんですか？　今日で？」　次の日、奥田さんから「今日から担当のいないアーティストの現場は全部担当ね」と言われた。「えっ？」と聞き返してしまうような言い渡しだった。とりわけフィッシュマンズには迫り来るライヴ・スケジュールが2本決まっていて、その夏にはワイキキビーチでの作業が始まるという流れもあり、現場的に一番密接に関わることとなった。こうして、のちに現場担当からマネージャーに昇格したのであった。

フィッシュマンズとりぼんとは、95年当時それほど良い関係ではなかったのではないかと思う。メンバーは待遇に不満があり、しばしば奥田さんと話し合いを持っていた。しかしながら、フィッシュマンズがりぼんから離れるという選択肢はなかった。その大きな理由は、佐藤さんがそんな奥田さんを好きだったからではないかと思う。アントニオ猪木好きの佐藤さんは、同じような理由で奥田さんが好きだったのではと勝手に想像している。態度というか、その生きざまというか、矛盾だらけであっても、何かその生きざまに心を動かされるものがあったのではないかと思うのだ。虚実の狭間にかいま見えるリアルを佐藤さんは見つめていたのかもしれない。

95年の年明けの会社ミーティングで、奥田さんがフィッシュマンズの目標に掲げたのは、年末は渋谷公会堂。それは96年も同じだった。そのことを佐藤さんに話した時、佐藤さんはニヤニヤしながら「奥田さんはね、デビューの時からそれ毎年言っているから」と言うのだ。フィッシュマンズとして、それを否定することもなく、ただ奥田さんの指針を聞き入れる、しかしフィッシュマンズはというか佐藤さんは全くそこを目指している様子がない。最初はそれがどういうことなのかがわからなかったが、渋公がやりたいとか、やりたくないとかそれはどうだって良いことで、貪欲に常に画策している奥田さんを眺めていることに愛着さえ感じていたのではないかと思うのだ。

私としては、ある時から「何を言っているのだ、渋公というプランは立てないよ」と思いながら違うことを考えていた。そんな佐藤さんも一度だけ奥田さんの申し出を断っているところを見たことがある。それはエイズ啓発イベントへの出演の打診だった。佐藤さんはもし自分の周りにエイズの人がいたらイベントに出るようなことはせず違うアプローチをするからと言い、その申し入れを断った。そこに少しでも何かよこしまなもの、リアリティーを感じられないものが見えようものなら瞬時にシャットアウトするのも佐藤さんらしいなという出来事だった。そうやってフィッシュマンズは奥田さんと良い距離感と距離間を持って活動していった。

90年代後半、今ではそれが当たり前にあるということがその当時はなかった。音楽フェスや携帯電話のように。当時はインターネットも現在のようには使われてはいなかった。LINEもFaceBookもtwitterもなかった、そういう時代だったのだ。色々なことが思い出せるのに、もう25年も前のことなのだ。電話は家にしかなく、伝言は留守番電話かＦＡＸか。「欣ちゃんに○曜日○時にどこどこで待っているって言っておいてー」というような電話が事務所にかかってくることが当たり前にあることだった。その分、多くは語らないけど伝える、伝わることもたくさんあったように思う。少ない言葉で、少ない手がかりで、想像力を存分に使って、それぞれがコミュニケーションをしていた。聞いてしまえば、知ってしまえばそれはつまらないこととなってしまうかのように、大切に秘められた何かを探していたのだ。90年代の後半にフィッシュマンズの周りに流れていた空気にはそんな余白がたくさんあったのだ。フィッシュマンズの音楽はその空気感と空気間を記憶している。

佐藤さんはよく灰皿を動かす人だった。タバコを吸っている人の方にすっと灰皿を動かすのだ。それはあまりにも自然であるのだが、ここでしか考えられないというようなベストなポジションにすっとスマートに動かす。それをいつものように見ていたある日、これが私のやるべきことなのではないかと気がついた。フィッシュマンズで私がやりたかったことはそういうことだった。

いつだったか、TOKYO NO.1 SOUL SETのBIKKEさんとの対談があった。BIKKEさんが「フィッシュマンズって何目的でやっているバンドかよくわからないよね」というような問いかけを佐藤さんにした。お金目的でもなさそうだし、有名になりたいわけでもないだろうし、モテたいってわけではないだろうし……、もしや家目的？？？　というようなことだったと思う。

確かに、もちろん音楽にただただ夢中になって、誰かの人生を変えるくらいの音楽をやりたくて……、というようなことはあったのだが……、無性にその質問は尾を引いたような気がする、帰りの車でもそれについて話すほどの。「まぁ居心地の良い部屋には住みたいよね」とか、一歩先の未来を少しだけ想像した瞬間ではあったが、結局それはすぐに忘れて、まただただ音楽をやっていたのだと思う。ずっと夢中だったのだ。何もない、何もできない、どこにも行けない。でもそれでいいのだ、そこに、その小さな世界によく見わたせば全てはあって、音楽は鳴り響くのだから。

これは90年代後半のほんの短い間の話。あれからもフィッシュマンズは今を生きて、音楽はなんのために鳴り響けばいいの？　という問いにずっと向きあっている。私はその門番のような場所に今でも立ち、昔の記憶と記録をもとにフィッシュマンズに臨んでいる。

沖縄に移住して10年、引っ越しをするときにはもちろんこれが最後の仕事かなとある種の覚悟も決めて東京を離れたのだが、なんだかんだとまだそこに立たせてもらっている。ついにはリモートワークも追いついてきて、近頃ではよく打ち合わせにも参加している。想像もしなかったが、農家の嫁にもなり、週末は農家カフェまで始めた。佐藤さんが憧れた暇な喫茶店ではやっていけないのだが、佐藤さんが使っていたコーヒーミルで豆を挽いてコーヒーを淹れている。コーヒーを挽いたときに香るあの匂いはあの時のままなのだ。

120

interview
Toshiya Sano

当時は、いつも「フィッシュマンズにとって、自分でいいのか?」って考えてました。

佐野敏也
Toshiya Sano

取材・構成：品川亮
photos: Yasuhiro Ohara

バンド・ブームに乗り遅れたポリドール。ライヴハウスでバンドの青田買いをしようにも、いつもポリドールの名刺だけは捨てられ、アマチュアのロック・バンドにも信用されていなかったという。同僚である竹内修がスピッツを手掛け、ようやくロックにシフトを切ることができたポリドールは、続いてフィッシュマンズを佐野敏也に任せることに。佐野ディレクターによってリリース環境が整えられた「世田谷3部作」はこうしてスタートを切った。「サンキュー、ポリドール!」、ステージから佐藤伸治はそう叫んだ。「みんなでポリドールの株を買おう!」。佐野は現在、長年にわたって椅子を温めていたレコード会社から退き、株式会社レフトブレインを設立。T字路sとともにレーベルを立ち上げた。より深くフィッシュマンズのアーカイブ作業や新しい音楽制作に携わっていくとのこと。皆さんからのお仕事をお待ちしているそうです。

——ここでは、ディレクターとして「世田谷3部作」を世に送り出された佐野さんに、舞台裏でどんな仕事をされていたのかということをうかがいたいと思います。そこでなによりもまず、アルバム制作における〈ディレクター〉とはどのような役割なのか、そこから教えていただけませんでしょうか?

佐野　よくぞ聞いてくれました（笑）。たしかに、ディレクターと言われても、今では死語だし、日本でもA&Rって呼ばれてますからね。なにをやっているかわかっている人は少ないと思います。実は僕、入社したとたん、いきなりディレクターになりました。でも、漠然とレコード会社に行けば音楽を作れる、というイメージだけで入ってますから、音楽業界の仕組みなんか分かんないわけですよ。「ディレクターって何やるんだろう?」っていうのは、ディレクターになってすぐ思った（笑）。それで、毎日出社してはぼんやりしたり、やることもないので映画を見に行ったりしてました。それを見かねた大先輩の渡辺忠孝さん（音楽最初の頃のフィッシュマンズの印象は、「おしゃれなバンドだな」っていうかんじ。「東京っぽいバンドだな」って、。

プロデューサー、作曲家・筒美京平の弟）が、「今日はレコーディングがあるから来る?」とかって声をかけてくれて。「これ、うちの若い子」「よろしくお願いします」なんていろんな人に紹介されながらついて回ったっていうのが初めてです。

――ディレクターとプロデューサーの役割というのはどういうふうに分かれていたのですか?

佐野　日本の音楽業界で言えば、プロデューサーは音楽を作る人、ディレクターはレコード会社の人で、プロデューサーに仕事を依頼する人ですよね。でも僕らディレクターは、会社に企画書を出して予算を勝ち取って、それでレコードを作るわけで、「レコード会社のディレクターのほうが、よっぽどプロデューサーだよ」って思ってました（笑）。いや、当時はそんなこと言えないですよ、もちろん。「じゃあ、お前がぜんぶやれ」って言われたら、なんにもできないんで（笑）。

――つまりアーティストを見つけてきて契約し、レコードを出すということですね。その過程では、企画書を書いて、予算を組んで、という作業を重ねていく。

佐野　そうそう。当時は手書きでしたけど、Ａ３サイズで企画書を作ってました。そこにはバンド／アーティストの紹介とリリース予定日、それから簡単な宣伝プランが入っていて、あとは予算書ですね。スタジオ代がいくらで演奏料がいくら、という感じで細かく書いてあります。

　だけどまあ、だいたいは大ざっぱにここからここまでの項目で「１００万」とかって書いたりして（笑）。採算分岐点が一応あったので、その範囲に収まるように埋めていくわけです。そうするとたとえば、1曲１００万とか１５０万だとすると、アルバムは10曲入りだから１０００万から１５００万ぐらい、っていう計算になっていく。だけどよく考えてみたら、その上に、宣伝費や販促費なんかが乗っかってくる。そうすると、ふと、「これ、一体何枚売ったらリクープするんだ?」って思ったり。で、答えは「リクープしない」なんですよ（笑）。それで許されてた時代だった。

――フィッシュマンズとのおつきあいはどのようにしてはじまったのでしょう?

佐野　さっき言った渡辺さんと、事務所（りぼん）の社長、奥田義行さんとの間の話で、フィッシュマンズの移籍が決まったんです。当時僕は大阪で宣伝部にいたんですけど、内示をもらったのは１９９５年の神戸の震災の日でした。電話に出ると、「大丈夫か?」じゃなくて、「東京に転勤だ、戻ってこい」って。「ところで何やるんですか?」「ディレクター」「マジですか?」みたいな。それで戻ってきたら渡辺さんから、「フィッシュマンズって知ってるよね?」って訊かれて、「知ってますよ。ポテトチップスと同期だし」と。ポテトチップスというのは中学の幼なじみがいたバンライヴを見て、「こりゃあ、売れるわ」って思いましたよ。というか、「今までなんで売れなかったんだろう?」って。

ドで、入社してすぐいっしょにアルバムを作ってたんです。で、ポテトチップスもフィッシュマンズも、インディーズ時代に、同じオムニバスCD『Panic Paradise』に参加してた。だから知っていたというか、同じシーンにいたバンドとしてちゃんと見てたわけです。

　最初の頃のフィッシュマンズの印象は、「おしゃれなバンドだな」っていうかんじ。「おしゃれ」って言う自分もどうかと思うけど（笑）。「東京っぽいバンドだな」って、すごい思ったんですよ。スカしてるとは思わなかったけど、こだわってて、おしゃれ。そういうの一番苦手なんだよね、俺は田舎者だし、みたいな（笑）。要するにかなわない雰囲気、って言うんですか？　いろんなことを知ってるし。いろんな場所とか、いろんな音楽とか、いろんな本とか。そういう教養も含めて、絶対、話についていけないなっていう感じの。だからコンプレックスみたいなものを感じてたんですね、今思えば。

　それはともかくとして、二つ返事で引きうけつつ、実際のところは困ってもいました。「まいっちゃったな」って。だって奥田さんですよ。事務所の社長が。井上陽水、ＲＣサクセションをやった人ですよ。それはまいりますよ。どの世界にもやっぱりレジェンドはいますけど、もうリスペクトを超えてコワイわけですよ。フィッシュマンズは〝１００ミリちょっとの〟があって、『ORANGE』、『Oh! Mountain』と来てたでしょう。しかもライヴを見て、「こりゃあ、売れるわ」って思いましたよ。というか、「今までなんで売れなかったんだろう?」って思いましたよ。だって、あのメロディに、あの詞がくっついていたわけで、それはすごいですよ。曲はそこそこいいとか、詩がいいってバンドはたくさんいるけど、この二つが揃っているというのは少ない。ＲＣサクセション（忌野清志郎）がすごかったのもその点だったわけでしょ？　だから、二重にプレッシャーでした。

　──フィッシュマンズの時には、会社に企画書を通すという作業がなかったわけですね。でも、始動したところでスタジオの話が出てきた。

佐野　そう。最初に歓迎の飯会みたいなのをしたんですけど、僕はぜんぜん盛り上がらなかった（笑）。（柏原）譲とかHAKASEが、すごい気を遣ってくれて。その時の僕は、「ダブなんて聴いたこともないよ」みたいなかんじでしたから。その後で、今度はＺＡＫが「フィッシュマンズの代理の者ですけど、エンジニアのＺＡＫと言います」って電話してきて、ポリドールの打ち合わせブースで話を聞いたんです。そしたら、見積書みたいな、企画書みたいな書類を持ってきて。目も見ずに、「スタジオを作りたいから、このお金を出してくれ」と。「お金出したら、あなたたちは来なくていいから」みたいなことを言われたん

ＺＡＫに「スタジオを作りたいから、このお金を出してくれ」と。「お金出したら、あなたたちは来なくていいから」みたいなことを言われたんです。

です。まあ、ちょっと盛ってるかもしれないけど。で、「マジか、この人?」とは思ったけど、同時に、「スタジオに来なくていいっていうことは、レコーディングでキュー振らなくていいんだ」って、ちょっとホッとしちゃったってところも、もしかしたらあったかもしれない(笑)。

もう一方で、実は僕もスタジオがすごい欲しかったんで、「それはいいなあ」とも思ったんです。だって好きな時に好きなだけやれるって楽しいじゃないですか。音楽を作る場所だし、音楽が鳴る場所でしょう。「それアリだな」と思って。僕たちの基地ができるって。ただ、僕は入れないらしいけど(笑)。それで、もう一度ちゃんとＺＡＫの作ってきた予算書を見たら、これでは無理だなっていうのが分かった。

——高過ぎたっていうことですか?

佐野　安過ぎたの。つまり、この予算が守られるわけはないと思ったんですよ。これでアルバムができるわけがない。それで頭を抱えて、共同原盤のフジパシフィック音楽出版の森本(正樹)君と話をした。そしたら「これは無理ですね」「でしょ?」ってなって、自分達で予算書の叩き台を作り直すことにしたんです。僕は数字はてんでダメなので、森本君に全部チェックしてもらいながら作っていきました。

それから建物の方も、メンバーから「いい物件があるんだよ」って言われて一緒に見に行った。連れて行ってもらえたわけです(笑)。ちょっとお近づきになれた感じもあって、僕はうれしかった(笑)。で、行ってみると2ＬＤＫくらいのアパートで、入った瞬間に「絶対無理だろ、ここ」っていう場所でした。「押し入れのとこにターンテーブルを置いて、こうやってさ」なんて、サトちゃんとかみんなは盛り上がってましたけど、たぶん初日に「うるせぇ出てけ」って言われるよって。それで、事務所を含めて周囲の人たちには状況をそれとなく伝えつつ、自分で不動産まわりをはじめたんです。ただ「ダメ」って言うだけじゃダメで、「こっちのほうがいいでしょ」にしなきゃ、って。

結果的に、後にワイキキになる建物が見つかってＺＡＫに電話した。まずはＺＡＫを押さえなきゃダメだと思ったんですね。そしたら「うん。もしかしたら、ええかも」って言うので、メンバーを連れてきたら、「1階はワイキキビーチにして、上はハワイスタジオで」みたいな。サトちゃんが、休暇でハワイに行ったかなんかで、そういう命名になったんですけど。そこからは(パードン)木村君に内装を手伝ってもらおうとか、いろいろ始まっていきました。ＺＡＫの信頼する人にスタジオのワイヤリング作ってもらった

ワイキキのたった2年間だけを切り取っても音楽の作り方の変遷がわかるくらい、レコーディング環境が急速に変わっていった時代でしたね。

り、Pro Toolsのセッティング手伝ってもらったり。

ただこの頃は、Pro Toolsは編集で、録音はADATでした。卓はDDAっていうアナログのミキサー。けっこうレゲエの人も使ってたものなんですが、それは後でO2Rっていうヤマハのデジタル・ミキサーに入れ換えました。これも予算にインクルード済み。絶対に何か起こるだろうって考えてましたから。あのワイキキのたった2年間だけを切り取っても音楽の作り方の変遷がわかるくらい、レコーディング環境が急速に変わっていった時代でしたね。

ワイキキは、モニターまわりにはあまり予算を廻せなかった、だからってわけじゃないけどZAKは基本的にはヘッドフォンでほとんどやってましたからね。今なら普通でしょうけど、25年前ですよ。マイクはノイマンのU47ってビンテージマイクを、当時も入手が難しかったけど世界中探し廻って取り寄せたり、日本じゃお目にかかれないアウトボードとか、プロ用の録音機材レンタル屋さんがスタジオ見せてくれって覗きにきたこともありましたよ。でも、それもこれも、バンドが作りたい音楽が明確にあって、それをZAKが形にしていくためだけに作られたスタジオだったわけで、そこらにあるのんきなプライベートスタジオではなかったですね。結果的に世田谷3部作を作るためにだけ存在した。だから普通のスタジオとは一線を画する、すごくすみずみまで理にかなったスタジオだったんだよね。

――理にかなったものにしていったということですよね。

佐野　そう。今思うと上司だった人達が、すごい力を貸してくれてたんですよ。さんざん僕が悪態ついて、生意気だったのに。「ああ、なんか佐野がまたバカなことやってるみたいだけど、やらせとけば」みたいな。そういう感じだったと思う。だから、すごく感謝してます。

ただ、バカはバカなりに考えましたよ。社長決裁になったら、通るわけないじゃないですか（笑）。「いくら売れるんだ？」っていう話になっちゃうとまずいなと思ったんで。でも、スタジオを作るためには、さきほどの予算全体の3分の2くらいを最初に使わなければならなかったんです。機材費なんかがあるので。そしたら、「それ誰が出すの？　誰が立て替える？」っていう話になるでしょう？　そこを森本君とすごく考えてね。フジパシフィックのトップ朝妻一郎さんと上阪さん、ポリドールの渡辺さん、そしてりぼんの奥田さんという上層部の密接なつながりがあったおかげで、「まあいいんじゃない？」ってなったはずなんですけどね。下の方で僕らみたいなのがしゃにむにがんばってはいたものの、大人たちが見守っててくれてた。

それから、ちょっと悪い言い方すれば、ミュージシャンなんて気分ですから（笑）。最初は「い

バンドが作りたい音楽が明確にあって、そのためだけに作られたスタジオだった。そこらにあるのんきなプライベートスタジオではなかった。

らない」って言ってても、そのうち「やっぱり外のスタジオで生で鳴らしたい」とかって絶対になるんだろうな、って考えてました。そういうことは折り込み済みで。だから、シングルはすべて別予算にしておいた。アルバム3枚分の予算とは別に組んでおいたんです。何かの時にそこから切り出りだせるように。森本君といっしょに、保険かけてました。

——それは見事ですね。組織の論理のなかにアーティストの論理をきちんと内包しておくという。

最終ミックスに入ると、ZAKは鍵閉めて誰もスタジオに入れない

——ワイキキスタジオには、森本さんの方がよく行かれていたのですか？

佐野　よく来てましたよ。当時、森本君も髪の毛長くて、僕もロン毛だったんですけど、あれほど「もうスタジオ来なくていいから」って言ってたZAKが、「なんかディレクターが二人ともロン毛っていいよね」って、よく分かんないこと言いはじめたり（笑）。当時、僕は山崎まさよし君のレコーディングも同時に行ってて、そっちはスタッフのなかで最年少だったんですよ。フィッシュマンズの方は、プロデューサー・クラスを除くと最年長だった。「なんだこれ」なんて思いながら（笑）。森本君はTOKYO No.1 SOUL SETとフィッシュマンズを行ったり来たりしてました。でもまあ。会社も家も近かったし、僕もよく行ってましたよ（笑）。

——アルバムの制作が実際にはじまると、仕事としては進捗を見守るということになるのでしょうか？

佐野　ワイキキに関してはそうでしたね。だってやることないもん（笑）。プライベートスタジオだから。佐藤君はZAKがセッティングだけして一人で歌録音してたしね、ただ、ドラムのサンプリングをする時にはスタジオを取ったり、あと、もちろん打ち合わせもあったりしましたけど、スタジオワークらしいことは何もしてません（笑）。

——デモを聴いて、「これはいい」「これは悪い」みたいな話はされました？

佐野　あんまり言わなかったかなぁ。まあ、昔からそうなんですけど、最初に「いいね」って言うことってあまりないんですよ。ないっていうか、思わないようにしてるんです。個人の感想と、レコード会社の人っていう立場の感想って微妙に違うかなって。相手がどうとるか分かんないから怖いんでね。「いいね、これ」って言って、「えっ？」っていう顔されると、「そのえっ？　は何？　どっち？」って思ってしまう（笑）。だから言わないようにしてたっていうのもあったかも。それ以前にみんなが先に「いいね」って言ってたしね。

——佐野さんが一番最初に聴いた『空中キャン

プ』の曲はどれでした？

佐野　〝ナイトクルージング〟でしょう。あれを最初に聴いた時の僕の感想は、「どうしよう」。いや、「いいな」とは思ったんですよ。でも、「たぶんみんな分かんないだろうな」と思いました。
ちなみに〝ナイトクルージング〟のミックスだけは、ちゃんとしたスタジオでやったんです。そもそもワイキキを作った時に、ミックスは外のスタジオでやるっていう前提だったので、予算も少し取ってあったんです。それで、〝ナイトクルージング〟の「Plasma Mix」っていうカップリングの時に、試しに「これ、ワイキキでもできんじゃない？」って言ったら、ZAKが「やってみようか」って。そしたらうまくできた。で、「うん、これやったら、他の曲もここでミックスできるかもしれんね」って話になったんです。そこから、ワイキキで全部やり始めるんですよ。ZAKがこもり始めるの。

——できあがってくるものは、日々聴かれてましたか？

佐野　聴いたこともあるけど、ただZAKのミックスに関して言えば、ラフ段階では、たぶん普通の人が聴いても分かんないと思う。最終的にどうなるのか。だからZAKも、あまりラフミックスは聴かせたがらなかったよね。基本的にその日その日録りっぱなしなんで。その段階で、「あ、ここがいいね」って言うと、だいたいそれは消えてるし（笑）。言ったから消してるのか、最初っから残すつもりがなかったのか分からないけど（笑）。感じたものを音にしますからね彼は。
　みなさんもご存知のように、最終ミックスに入ると、ZAKは鍵閉めて誰もスタジオに入れないようにするんです。当時。僕は「鶴の恩返し」って呼んでて。変わった人ですよ（笑）。で、僕がパトロールに行くんです。外のスタジオでミックスやってる時に、パッと覗くじゃないですか。すると、「あれっ、いないな」って（笑）。スタジオのアシスタントに訊くと、「忘れ物があるって家に帰りました」って。ZAKもまったく生活感がない人でしたね。

——メンバーと対立したことはなかったんですか？

佐野　なかったですね。まあ陰で悪口は言われてたと思うけど。そりゃあ言いますよね、メーカーのディレクターだもん。「あいつ、なんにも分かっちゃいねえ」みたいなことを絶対言われてたと思いますよ（笑）。

——でも、表立ってぶつかったことはない、ということは、『空中キャンプ』は、つつがなくできたという感じでしょうか？

佐野　はい。ケンカになるみたいなことはなかったですね。僕は、口は悪いですけどね。ミュージシャンはもちろん、会社にいる上司も含めて、ものを作る人たちに対してリスペクトする気持ちは

会議で聞かせたらどういう反応が来るか、なんとなく答えは分かってて、やっぱりその通りになったっていう感じです。

ね。まあ、リスペクトしてればなに言ってもいいのかって話にもなりますけど（笑）。少なくとも僕もいなければスタジオができなかったわけで、その時点で、フィッシュマンズの音楽作りの一つのピースにはなれてたのかなっていうふうに、今では思ってます。でも当時は、いつも「フィッシュマンズにとって、自分でいいのか？」って考えてました。「もっと違う誰かだったら、もしかしたら世界行けたかもしれないな」とか。今でもそうですが。でもまあ、一生懸命やってたつもりですよ。つまんないことでも悩んだり、いろいろ考えたりしながら。情熱は注いでたつもりです。ちょっと過ぎたところもあったかもしれないですけど。

――「世田谷3部作」は、セールス面ではどうだったんですか？　つまり期待に対する結果という意味ですが。そのあたりをどう受けとめられたのかを。

佐野　僕自身は、「売れてない！」ってむかついてました。同時に、売れるわけがないとも思ってましたけどね。すごくエラそうな言い方になってしまうんですが、さっきも言ったとおり、「みんな分かんないだろうな」と思ったわけです。〝ナイトクルージング〟ができた時に会議で聞かせたらどういう反応が来るか、なんとなく答えは分かってて、やっぱりその通りになったっていう感じです。まず、長いでしょう。会議の時は、みんなずっと下向いて聴くわけですよ。終わった後に、パッと見回すと、みんな「俺を指さないでくれ」って感じだった。分からないから（笑）。要するに、いかに知識だけで音楽を聴いている人が多かったかってことですよ。「よく分からないけどいいね」っていうふうにはならない人たち。ここではかなり表現を柔らかくして言っておきますが（笑）。

　でもこちらとしては、期待されているフィッシュマンズで、発明に近い、ものすごいものを作ったと思ってたわけです。メンバーには言ってませんけど（笑）。とにかく、自信満々で行くわけじゃないですか。編成会議なんて、自分の背中に、エンジニアとかプロデューサーとかミュージシャンを背負っていくわけじゃないですか。一人で乗り込んでいくわけじゃないですか。宣伝だの営業の連中に対して、「どうだ！」って感じでもって行くわけですよ。だから、編成会議の前日には、会議室のサウンドチェックをしてぜんぶ調整してました。ベストな状態で聴けるように。それでバーンと流したら、シーンってなって。

　ところが、今でも覚えてるんですけど、部長のデスクをされていた大先輩の女性が、会議が終わって放心してる僕のところにやって来て、「あのさ、フィッシュマンズさ、なんか気持ちいいね」って言ってくれたんですよ。うれしくて。気を遣わせたかな？　とも思ったけど、今までこの人、気を遣ってこういうことは言ったことなかったなとも思って。その人は、いわゆる普通のJ-ポップが好きな人だったんです。そういう人から言われたのも超うれしくて。やっぱり、こうだよなみたいな。音楽って、こうだよねって思うわけですよ。「ポリドールも捨てたもんじゃないな」とか（笑）。それで意気揚々と帰りました。

――『LONG SEASON』の時はどうでした？

佐野　会議ではさすがに全部かけなかったと思います。ただ、『LONG SEASON』は僕が今まで携わってきた楽曲の中で、宣伝的には一番キャッチーだと思った。これまたちょっと言葉が悪いけ

> それでも乗ってこない人間は聴く必要ないし、付き合う必要もないやと思ってました。

ど、「バカでも分かるじゃん」みたいな。だって、人に伝える時に、「次のやつさ、1曲なんだけど、35分あるんだ」って言ったら、相手は「は?」ってなりますよね。そこでもう、取ったも同然じゃないですか。「それシングルなの?」「いや、いろいろあってアルバムにしたの」「なにそれ、いろいろって?」ってなれば、そこからスタジオの話ができるし、フリとして最高。こんなキャッチーな歌ないぞと思って。それでも乗ってこない人間は聴く必要ないし、付き合う必要もないやと思ってました。ちなみに、『LONG SEASON』は営業判断で数字をかなり落とされた。それでブチ切れたんですよ。『空中キャンプ』の実績に比べて、「こんなもの売れない」って言われたわけ。そういえば、『空中キャンプ』の時には、誰が言ったか覚えてないけど、「佐野は実験しすぎ」って言われたね。「フィッシュマンズは長いから実験で、山崎まさよしは弾き語りだからデモテープ」って言われました（笑）。

そして『LONG SEASON』の入荷日に、渋谷のWAVEに行ったんです。ところが1枚も置いてない。時間が早すぎたかなと思って、少し時間空けてもう一度戻ってみてもない。「やっぱり営業が言った通りだったのかな。評価されてなかったのかな」なんて思いながら店内を見て回っていたら、一番大きな陳列棚がガランと空いてて。「ここはなにが来るんだろうなあ」なんて思いながら、恐る恐る店員さんに、「あの、すいません。フィッシュマンズの『LONG SEASON』って入荷してないですかね?」って訊いたら、「ああ、全部売れちゃいました。ここでした」って。その一番大きな陳列棚を指差してね。1枚もなくなってたんですよ。

——すごい！　でも数が足りていなかったということですよね。営業の読みが甘かったと。

佐野　もうブチ切れですよ。発売日に商品がないんだから。しかもその時点ですでに在庫切れで倉庫にもなかった。追加オーダー出したけど、そこから1週間くらい品切れ状態が続いてしまったんです。ただもちろんね、今考えれば、営業の言ってたことももっともなわけ。1曲入り35分のアルバムが、売れるわけないもん。「小難しい実験音楽でしょ?」って思われるわけですよ。それはしようがないんです。でもそれが、数十年たって海外で評価されることになっていったわけでしょう?

目の前にすごいものがあったら、絶対に録音した方がいいと思ってる

——『宇宙 日本 世田谷』のレコーディングの時には雰囲気が険悪だったと聞いていますが、それは佐野さんも感じましたか?

佐野　あんまりそういうことはシリアスに考えて

追加オーダー出したけど、そこから1週間くらい品切れ状態が続いてしまったんです。

いなかったから……たしかに最初の頃のワイキキの雰囲気とは、ちょっと違ってたかな。わざとじゃないんだろうけど、みんなのスタジオに来る時間がズレてた感じはあった。あと、やっぱりデモテープがすごすぎたっていうのはあった。誰ともなく、「このまんま出しゃあいいじゃん」って、みんないい意味でも思ってたんじゃないかな。

——その時に、佐藤伸治のソロアルバムを作ろうとは考えなかったのですか?

佐野　その発想はなかった。全く。今の僕だったら、「1回休んでソロにしない?」って言ったと思うけど。全くなかったの、発想が。気がついてたら「1枚ソロ挟もうか?」って言ったと思うし。誰かがそう言い出したら、「それもありだね」ってなったと思う。ただ、やっぱりライヴがモンスターになってたから。「このバンドは日本一」ってあたり前に思ってたので。それなのにソロアルバムに向かうっていう発想にはいたらなかったたんじゃないかな。

——ライヴの練習もご覧になっていたのですか?

佐野　たまにね。ポリドールに来た時にリハ覗いてみたら、譲と欣ちゃんしかいなかった日があって。でもその、リズム隊だけのリハがものすごくて、びっくりしたんだよね。たとえば譲が、「欣ちゃんさあ、そこのスネア、もうちょっと後ろにして」とか、「じゃあ、ここは俺が前」みたいなことを言い合いながら、グルーヴを動かすんですよ。ここまでやれば(演奏のすごさが)バカでも分かるな、って思って。完全に努力なんですよ。スポーツのトレーニングと同じ。才能だけじゃできないことを、身体に叩き込んでいたわけです。そういうことを自然にやってたのが、あのバンドだったんです。一流の人っていうのは、やっぱりそういうことになるよね。

　そうやって考えると、フィッシュマンズは分かりやすいですよ。いろんなプロデューサーと一緒にやってるけど、アルバムを聴いていくと、バンド側がそれぞれにきちんと対応してる。もちろん表現しきれていないとこもあるんだろうけど、それでも対応してる。で、ＺＡＫが入ってきて、『Neo Yankees' Holiday』でしょ? そこからそのまま発展していって、『空中キャンプ』に至るわけで。実際、元々下手なバンドじゃなかったけど、まさかあんな作品作るなんて、最初の頃は誰も思わなかったわけじゃないですか。本人達も気づいてなかったと思うね。ストイックだったんですよね、みんな。夢中になってたんじゃないですか。『空中キャンプ』を作ったのは、20代の時でしょう? それもすごいよね。年取ってみて思うんだけど、20代で、ここまでの作品を作った日本のバンドっていた? って。

　あとね、とにかくライヴがすごかったので、僕はライヴをできるだけ録ってたわけです。そもそも僕は、生まれ変わったらエンジニアになりたいと今でも思ってるので（笑）。いまだに、人のライヴでもいいライヴがあったら、「これ、回してんのかなあ?」とか思うし。「なんだったら、俺が録るけど?」って思うもん。やっぱりレコードって記録じゃないですか。記録しなきゃ人に伝えられないし、後世に残せない。とにかく、目の前にすごいものがあったら、絶対に録音した方がいいと思ってるんです。僕、グレートフル・デッド好きなもんで（笑）。デッドのスタジオ作品なんてつまらないじゃないですか。ライヴ盤のほうが全然いいでしょ（笑）好きなんだよね、そんなこと言うと怒られちゃうけどね。

『Oh! Mountain』はライヴ・アルバムだけど、あとでかなり手を入れて仕上げてますよね。

ある時ZAKと話してたら、「『Oh! Mountain』は1回、きちんとレコーディング・モービル入れて録ったんだけど、ライヴの出来がイマイチだったんだよね」って言うから、「じゃあ、どうしたの?」って訊いたら、ADATを1台用意して、それをZAKが持ち回って、8チャンネルで録って、そこから作ったんだって言うんです。そんな話をワイキキでしてたわけです。無駄に一緒にいる時間が長いから（笑）。で、「（ここにも）ADATあるじゃん」って言ったら「うん」「これ使ったら録れるじゃん」「録れるね」「じゃあ録ろうか」っていう話になったんです。それで大きなラックケースを買って、機材車には載らないから、必要な時だけポリドールまで運んで。そこから西濃運輸の引っ越し便でライヴ会場に送ってたんです。で、その前の日には（ADAT用のS-VHS）テープをいっぱい買って、フォーマットしておく。それを自分達で会場に持ち込んで、本番では森本君と一緒にバケツリレー方式。餅つきみたいに、テープが出てきたら入れて、みたいな。掛け替えしなきゃいけないから、けっこう大変だったんですよ。だから、MCの途中で切れてたり、曲の最後まで録れてなかったりする。

　ただ佐藤君は、とにかくライヴアルバムは出したくないって言ってたんです。『8月の現状』の時も、僕がどういう言い方をしたのかは忘れたけど、リリースについては、「ああ……」って渋々だったんです。「中をアレンジするんだったら、まあ……」って。要するに『Oh! Mountain』と一緒ですよ。「なんでストレートなライヴアルバムを出さないんだ」って訊いたら、答えてくれなかった。「あんまり出したくない」って言うだけで。これについては最近思うんですけど、たぶん、まだまだだと思ってたんじゃないかな。たしかに、ライヴ音源を聴いてるとあるじゃないですか。「今日はいい!」っていう時が。だから、もっと（よくなる）って考えてたんじゃないのかな。腑に落ちるでしょう? 当時は、「えー、なんで?」とかって思ってたんだけど。でも、「録るのはいいよね?」って言ったら、「録るのはどうぞ」って

元々下手なバンドじゃなかったけど、まさかあんな作品作るなんて、最初の頃は誰も思わなかったわけじゃないですか。

言われた。だから大阪とかに機材を持って行くと笑ってました。「ああ、今日も来てるね」とかって。「張り切ってるねぇ」みたいな感じでね（笑）。『男達の別れ』については、とにかく3人の最後のライヴになるわけじゃないですか。でもお金をかけると、リリースの企画書を書かなきゃいけなくなるわけですよ。もう、予算も残ってなかったし。そういう事情があって、極力制作費を抑える必要があったんです。あと、グレートフル・デッド好きとしては、ただ見てるだけってのが退屈なんだよね（笑）。なんか参加したいの。一緒に汗かきたかったのよ。だから、録りたかった。

　でも実際には「どうしようかな」ってずっと悩んでた。ライヴのスタッフは、いつものチームだからいいけど、これが知らない人たちだったら、1週間ぐらい前に「録る」とか言い出すと怒られるんですよ。回線変えなきゃいけないし。「でもいくらなんでもそろそろ言わないと、制作とかにも迷惑かけるしな」なんて思いながらぐずぐず考えてました。機材をセットする場所も確保しなきゃいけないし。で、最終的に自分を説得するために使った理由付けは、「3人でやる最後の演奏だから、譲にCD-Rを焼いてあげる」ってこと。もう譲のせいにしちゃえって（笑）。それで思い切りがついて、モービルを発注したんですよ。モービルの会社には、「一番安いのにして。ラジオ用の一番ちっちゃいの」って言いながら値切って。そしたら、「エンジニア、誰ですか」って言うから、「あっ！」と思って、ＺＡＫに電話した。「ライヴ、来る？」って訊いたら、「見に行くつもりやけど」って言うから、「じゃあさ、のってくれる？」って。「えっ？」って言うから、「ライヴを録んのよ」って。そしたら、「うん、ええで」ってなって、ＺＡＫが録音した。だからＺＡＫは、ライヴを見てないんです（笑）。モービルのモニターでしか見てない。悪いことしちゃったなと。

2日間、録りましたけど。

結果的に、『男達の別れ』は、あの時点でのフィッシュマンズの総力ですよね。だってＰＡが西川一三君。彼がマイクを立てて、それを先輩のＺＡＫが録ってミックスしたわけですから全員参加ですよ。今思えばね、すごいことですよね。そうじゃないですか？

（3月　よく晴れた日　編集部会議室にて）

「なんでストレートなライヴアルバムを出さないんだ」って訊いたら、答えてくれなかった。

フィッシュマンズの時代①

収縮するユートピアのサウンドトラック「なにも減らない毎日」の時代

文・水越真紀

90年代の東京は白夜だった。夜になっても家に帰ることはなく、朝になっても通勤電車に乗ることもない。始発の頃に無許可営業クラブから吐き出される10代も含めた得体の知れない人たちは朝の街を駅に向かい、あるいは吉野家の朝定食のシャケのにおいで（アレの）酔いを覚まし、やっぱり食欲はなかったことを思い出し、擦り切れたゴムぞうりを手にぶら下げた裸足のやつに、どこからともなく新しいサンダルが渡されたりする。渡しながら渡されながら、早くから店を開け始めた角の靴屋のレジを見ながら、邪悪な目つきでニッと笑って顔を見合わせるんだ。そしてまた夜中になればまた同じ顔した連中がクラブに集まってくる、お互いの本名も素性も知らずに…。

それでもその辺のみんながそこそこ生きていられたのは、超円高でデフレで若かったからだ。生活費なんてほとんどかからない。生協でも激安中国野菜を普通に売っていたし、ＢＳＥ問題もないから食肉のトレーサビリティなどという観念すらなく必然的にこれもバカ安価格帯のものがスーパーで買えた。さらにレコード輸入権料問題もなかったから輸入レコードは毎月値段が下がる勢いで、ＰＳＥマークももちろんなく世田谷あたりの商店街には何軒もリサイクル屋が並び、駅から徒歩5分以内で7軒のレンタルビデオ屋が価格競争をしていた。都心でも空き地やテナント募集が目立って、ギャラリーやクラブに使えるスペースが底値に向かい続け、なおかつクラブの年齢制限はゆるくて高校生が手軽な偽造ＩＤ（保険証）を見せても見咎められることはほとんどなかったと思う。ドラッグについても手軽さや低年齢化は進み、これはつまり、ティーンエイジャーの社会的、文化的成熟にも寄与した。これらをまとめて一言で言えば、つまり当時の東京は若者とサブカルチャーのパラダイスだった。その世界があっての、『宇宙 日本 世田谷』だった。

96年の秋、私は初めてフィッシュマンズのインタビューをしている。詳細は覚えていないのだけれど、当時はまだバブルとその崩壊の余韻が社会全体に残っていて、そんな話を向けた記憶がある。私はフィッシュマンズの歌に、私の中に強くあったアンチバブルの「主張」といってもいいほどはっきりした敵意を投影していて、佐藤伸治が同じ思いを投げつけてくれることに喜んでいた。まだそれくらい、１９９１年に最高潮を迎えたバブル経済期は近しい出来事だったのだ。むき出しの欲望や下品さや応援ソングブームへの嫌悪感で盛り上がったあの時期の、ポスト・ポスト団塊世代の「私たち」はバブル時代のあの明るさとスピードと体育会的な企業主義なんかが大嫌いだった。恐れてもいたと思う。

もっとも怖かったのは、自分のペースで生きられないことだ。「24時間働けますか」はシャレでも冗談でもなかった。家父長制的な年功序列の、戦後の高度経済成長を支えた企業中心社会の、いま思えばあれは最後の光芒だった。次第に激しさを増す首斬りと銀行の取り立て（貸し剥がし）などによって、40代以上の男性の自殺者は98年には前年の１・５倍に急増する。それでも、バブルと無関係だった業界や生活者にはまだ実感はなかった。いまから見れば、ブロック経済からグローバル経済への移行期になるはずの90年代日本は変化に追いつけず生ぬるいお湯の入ったバケツで溺れていた。それが「失われたン10年」だ。失われてはいたが、「日本経済」なんて無関係に生きていた私たちにはずっと生暖かいままの毎日がただ続いていた。薄明るい光と薄暗い影の境目は曖昧で、冷戦が終わっても、かつての期待に反して平和は訪れなかったその世界は、一億総中流化したのに家も買えそうにない日本で、それでも１００円ショップとカルディとリサイクル屋でバラエティ豊かに暮らせてしまう世田谷の、大量消費中流ライフの没落と退廃の気分を肥やしに再繁栄をみた子ども文化《サブ・カルチャー》も最後の光を放っていた。

そういう時代に、佐藤伸治はずっと「リクレイム・ザ・〝マイ・ライフ〟」を歌っていた。資本主義、会社主義、イデオロギー、体育会的な旧弊な人間関係や、日本を救い、同時に日本を窮地に陥れている官僚主義などから〈個人〉——マイ・ライフ——を奪還せよ。

「リクレイム・ザ・ストリーツ」運動は91年のロンドンで始まった、道路を資本主義から奪還する社会運動だ。環境運動として始まったこの運動は、場所を取り上げられたクラブカルチャーと結びついて劇的なフェスティバル空間を生み出し、その運動が21世紀の渋谷でデモの権利をサブテーマとした反戦運動「サウンドデモ」を触発し、団塊ジュニア世代のクラブピープルを引き寄せ、「デモに行く（政治的主張をする）〈個人〉」を当たり前の存在とした土台の一つとなる。90年代のフィッシュマンズは政治運動や政治的主張とは対極の存在のように見えた。ほんわかのんびりふわふわサウンドとシンプルな言葉で日常的な抒情性を歌う。それはその通りで、佐藤伸治に政治的な志向はなかったろう。とはいえ、フィッシュマンズ世界が完成した記念碑的アルバムといえる『Neo Yankees' Holiday』以降、佐藤伸治が歌っていたのは、バブル経済に象徴されるような非人間的資本主義から「マイ・ライフを取り戻すぜ」ということで、猛威を奮う資本主義から大切なものを取り戻すという意味で、それは結局のところ当時の若者に共通する最大の政治的主張だったと言える。アウトラインだけ辿れば、世界は冷戦が終わってソ連邦が解体されたので、冷戦中はオルタナティブだった社会主義経済というものが世界の選択肢から外され、二つの価値が拮抗していてこそ競争も起きたそれ以前のような揺れはなくなった。「新しい世界秩序《ニューワールドオーダー》」はまったく見えなくて、日本の政治は少数意見を抹殺する小選挙区制選挙が採用され、自衛隊は海外派遣されることになった。元々新左翼運動の爆弾テロと内ゲバ殺人事件はそれ以降の若者に政治運動の可能性を閉し、80年代には迷いに迷った自己啓発系ポスト団塊あたりがニューエイジに取り込まれ麻原彰晃を持ち上げたが、オウム真理教のテロで「自己実現も危ないぞ」と警報を鳴らすようになり、当時の若者は社会と自己への入り口を閉ざされたも同然に見えた。「いま／ここ」という当時の決まり文句的でありながら、佐藤伸治のそれはいつも疑いや躊躇を帯びていて、その視線が冷戦終結などの外部要因による短絡的な価値の転倒への批評眼ともなっている――「明日はどうでもよかった　今は笑ってた　そんなふうさMY LIFE　風が吹けば　未来が笑う　今にわかるんだ　こんな時が幸せっていう怪物だって」（〝MY LIFE〟）。「閉塞感」が社会の隅々まで覆っていた世紀末、佐藤伸治は「ただ歩く」と歌った。――「僕らは歩く　ただそれだけ」と弾むような〝Walkin'〟はフィッシュマンズのテーマソングだ。「用もなく用もなく歩くこのひととき　言葉にならないでいつもニッと笑うんだよ」（〝忘れちゃうひととき〟）、「この景色の中をずっと　2人で歩こうぜ　このゆううつな顔もきっと　笑顔に変えようぜ」（〝Go Go Round This World!〟）……出口なんか知らない、頂上も限界も知らない、とにかくただ徘徊する。この「無駄足」は資本主義に飲み込まれまいとする最後の抵抗だ。そうしてついに出口のない世界で重力からさえちょっとだけ自由な場所、『空中キャンプ』を彼らは作る。ここにはいわば「稼ぐことではなく、使わないことで得る自由」の世界が広がっている。21世紀の世界では、デフレがユートピアだなんていうと特権階級の世迷言だと批判される。「円高最高」とか「金がなきゃ恋愛でもすればいい」とか、もう全部言えなくなってしまった。けれどもこの究極の「減速主義」だって、マッチョな呪術国家（日本）の勢いを挫いていたんじゃなかったか、フィッシュマンズの「尖り方」ってそういうものじゃなかったのかと、私は思う。

　そしてそう、「そういう暮らし」を佐藤伸治くらい「等身大の尖り方」で歌った人はいない。「長い長い夏休みは終わりそうで終わらないんだ　何も減らない毎日にボクらはスッとするのさ」「こんな毎日を　だるそうに過ごしている　この毎日にとりあえず文句つける」（〝SLOW DAYS〟）――こんな短いフレーズがあの時代のすべてだった。「なにも減らない毎日」は「なにかが増える毎日」ではない。「増えないこと」が問題なのではなく、「減らないこと」が大事だった。『空中キャンプ』は『Neo Yankees' Holiday』の徘徊の最終地だ。「今日が終わっても明日が来て　長くはかなく日々は続くさ」（〝BABY BLUE〟）、「目的はなにもしないでいること」（〝すばらしくてNICE CHOICE〟）等々、それまでのフィッシュマンズ世界はこのアルバムで思想の域まで達している。

　しかし変化は訪れる。たとえばポリドールへの移籍時期に素敵なクルマを買った佐藤伸治は「なのに」という助詞が意味深な〝ナイトクルージング〟を作る。そこは「足音が聞こえる」空間であり、〝SEASON〟に続く。「僕ら半分　夢の中」「東京の街のスミからスミまで」走り回る、引き込まれる屋内と風通しのいいオープンエアの真ん中で浮いている。そこが『空中キャンプ』の場所だったのかもしれない。〝WALKING IN THE RHYTHM〟は4ヴァージョンものアレンジでシングル・カットされた。あの彼らのアンセムとも言える〝Walkin'〟から4年後、あんなに楽しそうに「背筋を伸ばして」歩いていた若者は、足取り重い曲調で「歩く」ではなく「歩き〝たい〟」という願望を歌った。『宇宙 日本 世田谷』を痛切なアルバムに感じてしまう理由は聴く人それぞれにあるだろうが、共通して息を飲まずにいられなかったのが〝IN THE FLIGHT〟のあのシーケンスではないか――「ドアの外で思ったんだあと10年たったらなんでもできそうな気がするって　でもやっぱりそんなのウソさ　やっぱり何も出来ないよ　僕はいつまでも何も出来ないだろう」。のちに佐藤伸治が夭逝したという現実を踏まえずに聴くことが難しくなったこの歌だが、リリース当時からやはり多くの人の胸に突き刺さるシーンだったと思う。しかし、こうしてたどり直せば、フィッシュマンズ世界では「なにも変わらない未来」像こそが良きイメージとして共有されてきたはずだった。なにも減らない毎日、今日が終わって明日が来る毎日、僕らは歩くただそんだけの毎日だ。にもかかわらず、〝IN THE FLIGHT〟に感じてしまう痛みに、私たちは押しつぶされ、あるいは慰められる。時代が本当に変わっていったのは小泉政権の誕生した２０００年くらいからだったろう。〝IN THE FLIGHT〟の重苦しさはその変化を予言していたかのように、今となっては聴こえるばかりだ。ずっと日本の人びとは変わりたがっていた。能力主義や自由な働き方といった幻想への憧れがネオリベラリズム経済を招来し、家賃は上がって渋谷からレコード屋もクラブも減っていく。若者はメーデーにデモをして、毎日のように「格差」や「貧困」について論じられるようになった。みんなどこかで気づいていた先のない未来を突きつけられたようで、あるいはこの白夜のような日本社会のしがらみや慣習や腐敗や不毛な競争に追い立てられるこの暮らしの未来を、不意打ちのように告げられたように感じられた。けれども考えてみればこれは、『Neo Yankees' Holiday』以来、佐藤伸治が歌ってきた道が至るべくして至った場所ではないか。外（政治）にも内（自己実現）にも行くことを禁じられ、「いま／ここ」を愛せよと諭された90年代サブカルチャーがたどり着いた真っ白い空虚だ。「マイ・ライフ」を奪還せよという反資本主義の試みは、そのように、達成や目標を定めることで損なわれそうな美しく脆い世界を現出させた。

２０１９年2月。ZEPP TOKYOのライヴで私ははじめて、〝ゆらめきIN THE AIR〟に聴き入った。リリースから4ヶ月後に佐藤伸治が急逝したこの最後のシングルを、私は20年、受け取れないでいたのだった。「夕暮れがやってこない」のリフレインは90年代のあの頃の「甘い夢」のような景色にスリップさせた。あのだらだらしたデフレの時代、佐藤伸治の言葉は日本の片隅で圧倒的な共感を呼び、その世界ががらがらと倒壊する時までを切なく共有したんだと思う。フィッシュマンズのライヴでは、客はみんなクラブのように踊ってた。その頃のクラブは暗くて、誰もが酔っ払って踊ってて、頭の中は音楽で溢れんばかりで、ときには自分と他人の境界も怪しいほどの熱狂に耽溺していた。しかしその群衆の中にいながら、突然、救いようのない孤独に苛まれることがある。音楽は耳から遠ざかり、ビートだけがかすかに響き、まるで宇宙に一人取り残されたような孤独に襲われる。多分クラバーの誰もが幾度かは経験した感覚ではないか。クラブ・ミュージックのファンがフィッシュマンズの音楽に惹かれたのは、もちろんサウンドが大きかったが、真夜中のクラブで穴に落ちるように感じたあの孤独感が、その歌の言葉と深く親和したのではなかったか。その後、テクノはジャンルの細分化が進み、共通言語を失い閉塞感に覆われてゆく。個人主義なき多様性など断絶の壁にしかならない。近代のサブカルチャー・ムーブメントはいつも個人主義を牽引してきた。その副作用みたいなものだ。フィッシュマンズはそういうせめぎ合いのうねりそのもののようにそこにいた。

フィッシュマンズの時代②

佐藤伸治は〈蝕の時代〉を告げた ～フィッシュマンズが聞こえる時空～

文・宮台真司

■フィッシュマンズ論を誰がやっても大体『空中キャンプ』論になる。実際、巷間の全ての論は、『空中キャンプ』以前、『空中キャンプ』、そしてそれ以降という具合に構成される。一重に１９９６年2月にリリースされたこの作品が衝撃的だったからだ。御多分に漏れず当時35歳の僕にとっても同じだった。

【内在の中の超越】

■当時の僕は「まったり革命」を唱導していた。内在の外に超越があるのではなく、内在の中に超越がある——。［超越／内在］は宗教学の鍵概念。噛み砕けば超越とは「ここではないどこか」。内在とは「ここ」。言語的理性を生きる人は、言語の働き故に、「赤」に「赤でない何か」を対置させるように、「ここ」に「ここではないどこか」を対置させる。

■人にとって内在は牢獄だから、超越を志向する＝脱自する。原語は「外に立つEcstasis」。そこでは内在が非本来性、超越が本来性だと想像される。ハイデガーの議論だが難しくない。多くが思い当たる。とはいえ、思い当たる人＝〈超越系〉と、思い当たらない人＝〈内在系〉に分かれる。僕は80年代末からそんな言葉遣いをした。

■70年代末に誕生した新々宗教が80年代半ばからブームになる。84年に生まれたオウムもそれだ。80年代は「性愛から宗教へ」と括れる。80年代前半は素人風俗（ニュー風俗）ブーム。大勢が性愛に乗り出した結果〈こんなはずじゃなかった感〉が量産された。僕は「性愛から宗教へ」とシフトした数多くの女を知る。

■女の多くは性愛に「窮極の承認＝超越」を求めたが、男の多くは「性欲解消＝内在」が関心事。このミスマッチから多くの女が、男を当てにしない〈性の自己準拠化〉に向かった。ジュリアナ東京で扇子を片手に露出的な衣装で踊りまくり、『an・an』の読者ヌード特集に殺到し、素人ＡＶに出て、90年代の援交ブームに繋がった。

■一部は〈性の自己準拠化〉ではなく新々宗教に向かった。ドジでブスでノロマな私。なのに「そんな君を僕は愛しているんだ」と包括的承認を与える男。だがそんな男はいない。だから「そんなあなたを神は愛して下さる」と代替的承認を求めた。それが95年のオウム事件で挫折した。「内在しかない中、超越をどうするか」。

【ここではないどこかの挫折】

▪宗教に行かず性愛に留まった女も事情は似る。説明する。ジュリアナも素人AVも援交も〈女たちの祭り〉だった。それを可能にしたのが〈微熱の街〉。そこに拡がる共通感覚に僕もシンクロした。交際中の女子高生から援交を告白され、大きなネットワークを知り、朝日新聞に書いたのが93年秋。テレビが援交特集に沸き、援交ブームになった。

▪〈女たちの祭り〉も「内在の中の超越」だった。それに乗り出せるか否かを対人能力が決めた。だから超越系の女が〈祭り系＝内在の中の超越系〉と〈宗教系＝ガチ超越系〉に分かれた。だが〈宗教系〉が挫折した直後の96年から〈微熱の街〉が消失。性愛に留まった〈祭り系〉も挫折した。

▪担い手の世代交代で（第一世代リーダー層から第二世代フォロワー層へ）、援交は祭りから自傷にシフトした。内在の中に超越はなく、内在は牢獄に過ぎないという感覚が勝ったのだ。援交は、自傷系・AC（アダルトチルドレン＝今で言うメンヘラ）系・エヴァ（碇シンジは僕だ）系に頽落した。その時『空中キャンプ』が訪れた。

【現実を夢の如く、夢を現実の如く】

▪このアルバムから圧倒的主導権を握ったのが佐藤伸治。彼がどんな意識を持っていたかは知らない。ただ「援交の〈祭り系〉かオウムの〈宗教系〉か」という超越を巡るせめぎ合いで95年に〈宗教系〉が挫折した後、96年に〈祭り系〉も挫折した頃。「平凡な日常は、平凡な日常に過ぎない」との感覚が抗い難く人を襲った。

▪僕を含めて多くが「酩酊しなきゃやってられない」と感じた。『完全自殺マニュアル』（93年）から、酩酊を奨励する『人格改造マニュアル』（96年）にシフトした鶴見済も気分を後押しした。そこに『空中キャンプ』が鳴り響いた。街ではなく脳内だけを頼って「現実を夢の如く、夢を現実の如く」生きる作法。それが痛々しく示された。

▪『空中キャンプ』から8ヶ月後、35分1曲だけのアルバム『LONG SEASON』がリリースされた。最近は海外のプログレサイトで名曲ランキング上位に挙げられているが、1本の中編映画を見ているような感覚に浸れる。インスツルメント・パートが大半で歌は僅かだが、その歌詞は失われた〈微熱の街〉をリグレットしていた。

僕ら半分　夢の中　夢の中…
バックミラーから落っこちて行くのは
うれしいような さみしいような
風邪薬でやられちまったみたいな
そんな そんな 気分

――フィッシュマンズ〝LONG SEASON〟96年10月

▪僕は合法だったリタリン（メチルフェニデート塩酸塩）やキノコを摂取して「行き場のなさ」を何とかしようとした。だが98年から鬱化して、やがて床から起き上がれなくなった。この一連の流れを〈蝕の時代の始まり〉と呼ぶ(『告知される「蝕の時代」の始まりと、遠き未来の「新生」』http://www.miyadai.com/index.php?itemid=1095)。

■思えば『空中キャンプ』は〈蝕の時代の始まり〉を告げるものだった。僕が内閉して「内面的に過敏化」していったように、以降の佐藤も「内面的に過敏化」していった。全ての表現は、時代的な文脈との共鳴という観点から評価されねばならないが、その共鳴は恐るべきものだった。

【日常と非日常のあわいにあった世田谷】

■全ての表現は、時代的文脈のみならず、空間的文脈との共鳴によっても評価されねばならない。つまり「時と場所の記憶」のリマインド抜きには、同時代の享受体験のクオリア(体験質)を再現できない。僕の務めは、時代的・空間的な文脈を再現することにある。同時代のクオリアを若い世代にも味わって貰うのだ。

■僕は大学教員になった87年から世田谷区の淡島通り沿いに住む。95年にフィッシュマンズのワイキキ・ビーチ・スタジオが近所にできた。松見坂だから目黒区だが、淡島通りは世田谷北東部を象徴する場所(寺山修司が80年に民家の風呂場の覗きで捕まったのも近所)。ラストアルバムが『宇宙 日本 世田谷』と題された所以《ゆえん》だ。

■渋谷から徒歩20分という場所性も――平凡な日常の近隣にデートクラブがあったりクラブがあったり――「内在の中の超越(の不可能性)」という主題を可能にしていた。今はむろんデークラは消滅し、クラブはおしゃれマウンティングの「冷えた場所」に頽落した。だから「世田谷の場所性」はとっくに消えた。

【最後の抵抗としての読み替え】

■フィッシュマンズに刻印された「世田谷の場所性」は〈街の微熱〉が陽炎《かげろう》の如く立ち昇った91年から96年に限られる。そこは「内在(ここ)の中の超越(ここではないどこか)」を想像できる「曖昧な場所」。だから90年にこの場所を引き払った僕は92年に同じ場所に戻った。渋谷のナンパやフィールドワークの記憶と共にある場所だ。

■佐藤伸治も僕と同じように、「世田谷の場所性」が96年を境に〈開かれ〉から〈閉ざされ〉へと頽落したのを肌身で感じたろう。「逢魔《おうま》が時」たる夕闇から後をモチーフとした『空中キャンプ』が、昼日中《ひるひなか》をモチーフとした『宇宙 日本 世田谷』にシフトした所以だ。

■夕闇や夜闇は〈閉ざされ〉で、明るい日差しが〈開かれ〉だと思われがちだ。佐藤にとってはこの日差しが先ずは〈閉ざされ〉だと感じられたろう。酩酊すら場違いな圧倒的な日差しの中、一層不可能になった「ここではないどこか」を、それでも志向するがゆえの〈読み替え〉へ。「蝕の時代」が闇よりも光を意味する逆説への抗い。

【岸田繁による鎮魂歌】

■佐藤が１９９９年に他界した少し後の２００２年2月、くるりの「ワールズエンド・スーパーノヴァ」がリリースされた。歌詞の本歌取りもあって、佐藤への鎮魂歌だと感じられた。そこには、「ここではないどこか」にはもはや辿り着けないことへの、反語としての「どこまでも行ける」のリフレインがあった。それは「どこにも行けない」と告げる。

終わらない夜に　Ready Go
バックビートにのっかって
他人の夢でも見てみたい
重いまぶたにのっかって

――フィッシュマンズ〝バックビートにのっかって〟
『宇宙 日本 世田谷』97年7月

1、2、3でバックビート
ピッチシフトボーイ全部持ってって
ラフラフ&ダンスミュージック
僕らいつも笑って汗まみれ
どこまでもゆける

――くるり〝ワールズエンド・スーパーノヴァ〟02年2月

■作詞作曲の岸田繁が自ら監督したPVでは、まず〈閉ざされ〉を示す夜闇の海が描かれる。次に《どこまでもゆける》のフレーズの直後、〈開かれ〉を示す朝の海に急転する。そして《朝が来ないまま》のフレーズの後、夜闇の〈閉ざされ〉に戻る。『空中キャンプ』の夜と、『宇宙 日本 世田谷』の朝への、オマージュだ。

【そして福音へ】

■当時僕が付き合っていた女が、この曲を聴いて統合失調になった。フィッシュマンズを好む彼女が大学生だった95年から――〈微熱の時代〉――数多のプレイをしたが、僕同様〈微熱の街〉の消失で変性した。聴いているうち平衡感覚が失われ、階段の傾斜が分からなくなり顛倒、意味不明なことを喋り始めた。〈蝕の時代〉というと思い出す絶望――。

■〈蝕の時代〉はまともじゃ生きられない――〈祭り〉から〈読み替え〉へ、やがて絶望へ。この90年代の軌跡は内的抵抗の運動だった。今は抵抗どころか絶望すら忘れられ、昼日中の日差しの中を安全・便利・快適に生きる。そこにCOVID19。フラットなシステムによる飲み込みが破られた一年。若い世代がフィッシュマンズに回帰しつつある。

diary

ワイキキ731日（再録）

——「*世田谷3部作」原盤担当者によるレコーディング日誌

文・森本正樹

一九九五

六月二十二日

フィッシュマンズの移籍とともにA&Rを担当することになったため、マネージャーの植田さんとともにメンバーがリハーサル中のスタジオへ向かう。ポリドールのディレクターである佐野さんも来てとりあえず互いに挨拶し、早々とレコーディングの話を始めた。エンジニア／プロデューサーのZAKとの共同作業になることはわかっていたが、意外な話を切り出された。メンバーとZAKが話している中で、フィッシュマンズの専用スタジオを作って、そこでレコーディングしたいということだった。現実的にはどうなんだろうか？　ZAKと話さなければいけない。

六月二十七日

ZAKとの初打ち合わせ。既に賃貸物件のFAXを何枚か持ってきている。良い物件を探しながら、ZAKに細かい機材のリストを出してもらうことに。アルバム三枚分の制作費から前借りして機材を購入し、トータルの制作費を抑えていく方向で、りぼん／ポリドール／フジパシフィックの社内をオーソライズしていくことにした。

六月三十日

マックで制作費を概算してみた。フィッシュマンズのレコーディングに立ち会うこと自体が初めてなので予想しにくい要素も沢山あるのだが、家賃が二十万くらいまでならアルバム三枚分の制作費でなんとかスタジオをまわして行けそうだ。

七月八日

再びリハーサルスタジオにお邪魔して、物件の話をした。ポリドールのすぐ近くに二階一戸建てのいい物件があるらしい。しかも家賃が十五万円程度だという。

七月十五日

例の物件を見に行った。場所もいいし、想像していたよりかなり立派で、これで十五万はお得だ。自分で住みたいくらいだ。淡島通りに面していて、夜中でもある程度の音を出しても問題なさそう。大きさ的にもちょうど良く、一階をロビー、2階をスタジオにするには最高。

七月三十日

物件も決定し、昨日、今日はキーストーンスタジオで、そこで使うためのドラム等生楽器のサンプルを録った。来週にはスタジオに入れる。スタジオの名前は覚えにくいやつがいいということで、バードマンガードマンサードマン（仮）ということに。

八月四日

今日からこのプライベートスタジオでの作業が始まった。といっても、とりあえず機材を運び込んでセッティングしたり、内装をしたりしなければならない。内装は業者を入れるととんでもなく金がかかるし、そんなに立派な作りは必要ない。ＺＡＫの知り合いである木村さんにかなりの部分をお願いすることにした。木村さんは車をチューンアップしたり、ＣＧを作ったり、蕎麦を打ったり、とにかくあらゆることに技能を発揮する自由人らしい。（＊木村さん＝パードン木村）

八月七日

みんなでこのスタジオの名前をどうするかという話になって、ワイキキビーチという名前に決定した。誰が言い出したのだろう？多分先日ハワイに遊びに行ったらしい佐藤くんだろう。二階のスタジオ部分がハワイスタジオ、一階のくつろぎスペースをワイキキオーシャンビューホテルと名付けた。機材がポツポツと届き始めた。一階はまだ家具のようなものもなくガランとしているが、買ってくるもの、買う場所は主にメンバーが色々と調べてきて、あたりをつけているようだ。

八月八日

ポリドールで打ち合わせをして、ワイキキに行ってみると、内壁に色を塗り始めるところだった。賃貸物件によくありがちな白い壁紙がつまらない、ということで、淡い水色に塗ることになったのだった。みんなで手分けして、ローラーで塗っていく。トイレや入り口のドアには木村さんが赤いカッティングシートを貼ってくれて、すごく可愛い部屋になった。

八月十三日

しばらく別の仕事が入っていて、手伝えなくて悪いなーと思いながら、久しぶりにワイキキに来ると、一階にもかなり家具などがはいって、居心地良くなっていた。二つのソファには黄色いカヴァーがかけられていて、いちだんとかわいい部屋になっていた。そろそろレコーディングが本格的に始まる。

八月十九日

佐藤くんが持ってきた「ナイトクルージング」という新曲を十一月にシングルとしてリリースすることになり、この曲からレコーディングしていくことになった。一階に譲くんが自宅の機材を持ち込んで、佐藤くんのデモを元にアレンジを練っている。佐藤くんは引き続き曲を書かなければならない。

八月二十一日

新しくあがってきた曲の構成を譲くんが一階で考えている。佐藤くんは気まぐれにやってきて、ギターを弾きながら歌ったりしている。と、思ったら誰も気づかないうちに家に帰ってしまったりする。

八月二十八日

今日はヒックスヴィルのライヴがクアトロであったので、みんなで観に行って来た。そのあとワイキキで、今後の進め方をなんとなく話し合った。「ナイトクルージング」のことを、欣ちゃんは車に乗ってる感じだといい、それに対して佐藤くんは「いや、これは部屋にいる感じ」。

九月一日

MIDIドラムが届いて、欣ちゃんがドラムを録り始めた。一階にいるとキックの振動がさすがに凄い。

九月五日

ワイキキで「ナイトクルージング」のギターを録った。今回のアルバムのギターは、ここのところライヴのサポートをやってくれているヒックスヴィルの木暮くんにお願いすることになりそうだ。木暮くんが居るといつも以上にスタジオが楽しくなる。

九月八日

佐藤くんが「ナイトクルージング」の歌入れ。ミックスはさすがにワイキキでは難しいかも、ということで、来週スタジオファームでやることになった。

九月十二日

何曲かあがっている新曲のアレンジをリハスタでやっている。キーボードはヴァイオニリストのHONZIさんに手伝ってもらっている。

九月十四日

昨日の午後からファームで「ナイトクルージング」のＴＤ。ゆったりとした、しかし、挑戦的なシングル曲になった。ミックスの段階で宇宙飛行士の交信音と、レコードのスクラッチノイズが足された。出来上がったのは今日の午前十一時だった。

九月十七日

メンバーはリハスタで新曲のアレンジを進めている。「ナイトクルージング」のカップリング用のリミックスを、ワイキキでＺＡＫがつくっている。多摩川で水の音をフィールドレコーディングしてきたりして、ミックスしていたらしい。基本的にＺＡＫひとりの作業なので、話は聞くが、実際どうなっているのかはよくわからない。

九月十八日

サイデラマスタリングにてシングルのマスタリング。ZAKによるプラズマミックスも、オリジナルとは別のサウンドスケープを描き出してくれる。

九月二十日

夜、ワイキキに集合し、シングルのジャケット撮影で多摩川の河原に行った。メンバーとデザイナーのムーグ山本さん、カメラマンの茂木綾子さん、そしてファンクラブのスタッフと植田さん、佐野さん。コンセプトは何故かキャンプで、テントを張り、寝袋に入って撮影。徹夜で、朝方の撮影だったのですごく疲れたが、メチャメチャ楽しく、気持ち良かった。ワイキキまでの帰り、欣ちゃんの車にのせてもらったが、その時に聞いた山本さんの永ちゃん話には爆笑した。

十月一日

アルバムは来年の二月一日リリースだというのに、なかなかワイキキでの作業が進まないので、あせってきた。そのわりにはがんがんゲームをやったりしていて、ダメだなあ、と思う。シングルのプロモーションも始まってきて、レコーディングにも影響が出て来るのを心配している。

十一月六日

まだレコーディングが続いている。キーストーンスタジオで生ドラムのレコーディング。

昨日、「SLOW DAYS」をバッファロー・ドーターのシュガー吉永さんのギターで録った。つっかかり気味のヘヴィなリズムがかっこいい。今日は「BABY BLUE」をほとんど一発で録った。今回のアルバムの中でいちばんキュートで切ない曲。スタジオにいたスタッフまで全員でブースに入って「Ah,ah,ah」というコーラスを録った。

十一月十日

今日はギターのダビング。木暮くんがやってきた。待ち時間にはゲームやりまくり。自分でやるよりはたで木暮くんがやってるのを見てたほうがオモロいくらいだ。録りが終わっても欽ちゃんと二人でギターを弾きながら昔の歌謡曲をガンガン歌って盛り上がっていた。

十一月十三日

今週佐藤くんは歌を録りまくっている。ファームの高田くんと二人でハワイスタジオに入りっぱなし。来週にはライヴがある。

十一月十五日

「すばらしくてNICE CHOICE」にピアノソロをフィーチャーするということで、上田禎さんにワイキキへ来てもらった。重々しい雰囲気のこの曲の中できらきらと輝く美しいピアノのフレーズ。

十一月二十日

ZAKがミックスを開始した。

十二月一日

明日から大阪、名古屋とライヴがある。が、まだミックスが終わっていない。

十二月十三日

今日はマスタリングの前段階のアナログカッティングの日。最後のミックスが正午までかかり、そのままDATを持ってZAKと佐野さんはマスタリングセンターへ向かっていった。足掛け六ヶ月のレコーディングも明日のマスタリングでやっと終了する。

十二月十四日

サイデラでマスタリング。長～いレコーディングで、正直言って大変だったと思う。けど、すごく楽しかった。この静かな、しかし、濃密なアルバム『空中キャンプ』の完成を祝福しよう。

一九九六

一月十六日

もうすぐ『空中キャンプ』がリリースされる。が、すでにその先の漠然としたアイディアを聞かされた。一曲入り四十分のシングルを作りたいという話。個人的にはジ・オーブの「Blue Room」を思い出したりして面白いと思ったが、日本でどう受け止められるのかはまったくわからない。

二月十二日

三月に出るシングル「BABY BLUE」のカップリングのため、ヒックスヴィルに「SUNNY BLUE」のリミックスをお願いした。今日はそのプリプロ。ポリドール佐野さんと例の一曲入り四十分シングルについて話し合う。結論は、GO。

五月十六日

九月にシングル、十月に一曲入りアルバムをリリースする予定で、デモテープを聴く会をワイキキにて行う。佐藤くんは「バックビートにのっかって」という、ゆったりとした曲を持ってきた。メンバーはこれでGOしたいというが、何かひっかかるものがあって、もう一週間でもう一曲ということにした。

五月二十四日

二回目の打ち合わせ。佐藤くんは「SEASON」という曲を持ってきた。「バックビート」よりラフなデモテープだが、とても切ない、素晴らしい曲だ。全員一致でこの曲のシングルを九月に、そしてそのロングヴァージョン一曲入りのアルバムを十月に出すことに決定した。

六月二十五日

ワイキキビーチより機材を持ち出して、ヴィヴィッドサウンドスタジオにて「SEASON」のレコーディング。今年になってサポートをお願いすることになったダーツ関口さんとの初レコーディング。ヴァイオリンはHONZIさん。キーボードはエマーソン北村氏。パーカションは外山さん。

六月二十六日

ヴィヴィッドサウンドにてカップリング曲「I DUB FISH」レコーディング。

六月二十八日

「SEASON」にスクラッチをフィーチャーするということで、いつもはデザイナーとして関わって下さっている山本ムーグさんがワイキキに来た。ムーグさんの話はいつも最高におもろい。レコーディングは三分ぐらいで終わってしまった。

七月十八日

ここ何日か、「LONG SEASON」のアレンジのため、メンバーとHONZI、ダーツの5人はスタジオに入ってる。ファミレスでごはんを食べながら打ち合わせ。「LONG SEASON」にはゲストをたくさん入れたいということで、コーラスにUA、MARIMARIと子供たち、ギターにシアターブルックのタイジ、パーカッションにASA-CHANGを呼ぶことに。明日から急遽手配しなければならない。ベーシックは4パートに分けて録音することになった。

七月二十一日

生演奏の2パートをヴィヴィッドにてレコーディング。それぞれが十分以上に及ぶ演奏になるので、凄まじい緊張感。シンセのアルペジオを聴きながらの生演奏。さすがに構成がわかりにくいので、プラカードによって佐藤くんとHONZIが指示を出しながら録ることになった。ZAKもブースの中でA-DATを回す。終わった時にはさすがにみんな疲れ果てたようだった。

七月二十四日

キーストーンスタジオでパーカッション対決のパートをレコーディング。欣ちゃん対ASA-CHANGの飛び道具的なパーカッション群は凄い。ヒューヒュー鳴るホースやスプリング、ウェーヴドラム等を百八十度に配置し、欣ちゃんのドラムセットと向き合ってインプロヴィゼーションを展開する。さらにその後も「こういうのはどう?」なんて言いつつ、がんがんダビングしていく。音も素晴らしいが見た目もオモロい。ぜひライヴでも一緒にやって欲しい。

七月二十五日

外のスタジオでレコーディングのない日は、ワイキキで打ち込みパートのレコーディンをやっている。荒涼とした都会、又は荒野の印象を受けた。佐藤くんからこのパートに登場する口笛を吹いてくれと頼まれて、後先考えずに吹いてしまった。嬉しかったもんで。

七月二十六日

原宿のリトルバッハでタイジのギターを録った。スタジオに登場したタイジは期待を裏切らないタイジそのもの。素肌にオーバーオールを着て、テンガロンハットをかぶっている。明らかにタイジだ。見た目も熱いが、音も熱い。しかし、ガットギターや関口さんとのギター対決、エレキの生音ソロなど、ノリでずいぶん沢山録ったが、一体どれを使うつもりなんだろう?

七月二十七日

ワイキキにて佐藤くんがヴォーカルを録る。ちなみに今回はレコーディングエンジニアとしてのZAKの比重が減り、ファーム所属のエンジニア/ゲーマー、TAKこと高田くんがこのとんでもない作品につきあってくれている。

七月二十八日

ワイキキビーチにUAがやってきた。うまく表現できないが、独特のオーラを持っている人だった。ひとりで歌いたいということで、TAKがA-DATの操作法を教えて、みんなひたすら一階で待った。一本録るごとに一応聴かせてもらって、計三本、フェイクっぽい歌を録らせてもらった。生々しい。

七月三十一日

夕方ワイキキに行ってみると、見慣れない親子連れがゲームをやっていた。MARIMARIの知り合いのお子さま達と、そのおかあさん達。もうレコーディングは終了したようだ。子供たちの声はとっても弱々しくて、切なくなった。ほぼレコーディングが終了し、ZAKによるミックス/編集作業がはじまる。

八月八日

ZAKはワイキキで「LONG SEASON」と格闘している。えらくやつれていた。

八月十四日

本来なら今日、マスタリング予定だったのだが、ZAKはミックスを続けている。目から血を流しながらやっている。

八月十七日

やっと「LONG SEASON」完成。大胆な試みが大胆に編集され、しっかりとした一作品として存在している。サイデラマスタリングで初めてその全貌が見えたとき、歴史的な作品とはこういうものだと思った。その誕生に立ち会える幸せに感謝する。

九月〜十二月

ワイキキの使用は取材か打ち合わせのみ。

一九九七

一月十六日

二月から制作開始予定のアルバムのため、メンバーとの打ち合わせ@ワイキキ。ZAKは忙しいらしく、欠席。このスタジオがあることによって、時間の制約無く作業できるのと同時に、永遠にレコーディングが続くかのような気がした前々作。今回はもっとスムースに出来るだろう、か？　佐藤くんがデモテープを持ってきて、「うしろ姿」をみんなで聴いた。時計の針の音と、夏の夕暮れの空気。後半の語り部分には驚かされた。

一月二十四日

メンバーとの打ち合わせ第二回目@ワイキキ。さらりとした新曲のデモテープを聴いた。「うしろ姿」もそうだが、今回の新曲は、とても静かで寂しげな印象だ。この寒い季節にはちょっとつらいくらいだ。アルバムが出る夏には、別の感覚を持って聴けるんだろうか？

二月九日

メンバーとの打ち合わせ@ワイキキ。ZAKのスケジュールや、曲上がりの状況から、レコーディングのスタートを多少遅らせることになりそうだ。今日は佐藤くんがデモテープを2曲（！）も持ってきた。「WALKING IN THE RHYTHM」は、このアルバムのための新曲の中では歌詞にヘヴィな手応えを感じた。ギターのループと後半のスパニッシュっぽいギターソロが印象的。そして「DAYDREAM」。この、いつまでも繰り返される日常の感覚は佐藤くんにしか描けない。

二月十五日

打ち合わせ@ワイキキ。やっと来週から本格的にレコーディングが開始できそうだ。「WEATHER REPORT」のデモテープをみんなで聴く。この曲は化ける、かも。静かな導入部から、嵐が吹き込んでくるメインのパートへの展開。素晴らしい開放感。

三月五日

先々週からバンドはプリプロを開始している。結局ワイキキでの作業は当初の予定よりも一ヶ月遅れでスタートということに。今日は都内の某リハスタでアレンジのアイディアを練っている。佐藤くんの新曲「IN THE FLIGHT」を聴く。ベースレスの、佐藤くん日く、フォークロック。なんて悲しい空気を持った曲なんだろう。去年からストックされている「バックビートにのっかって」を含め、これで7曲。アルバムはもう1曲収録予定。

三月八日

マイクを届けにワイキキへ行ってみると、りぼんの奥田さんや、ファンクラブの新しいスタッフがメンバーと一緒にカレーを食っていた。十人くらいの人がテーブルを囲んでいて、びっくりした。

三月十一日

やっと本格的にワイキキでのレコーディング開始。エンジニアのTAKこと高田くんに来てもらい、機材のセッティングから開始。佐藤くんのデモから素材を取り出しながら、譲くんがシーケンスを組み始める。先行シングル曲は「WEATHER REPORT」と決定し、この曲から先に仕上げる予定。

三月十六日

「今度の新曲は公約通りレゲエ!!」と噂されていたアルバム用の最後の一曲、「MAGIC LOVE」を佐藤くんが持ってきた。メンバーとの意見も一致し、先行シングルをこの曲に変更。

三月二十日

やっとZAKもワイキキでの作業に合流する。メンバー、スタッフ揃って、改めてレコーディングのスケジュールを確認したのだが…、思わず沈黙。アルバム完パケ目標四月いっぱい。出来るのか？　欣ちゃんは花粉症がつらそう。リズム録りに影響が。

三月二十五日

ワイキキから飛び出して、駒場のジャイヴ・スタジオにて「WALKING IN THE RHYTHM」「DAYDREAM」のリズムを録った。HONZIと関口さんも参加。「WALKING…」は譲くんのベースのフレーズによってレゲエ感が強調され、デモテープより力強い印象になった。長い間奏はZAKのためのダブパート。

三月三十一日

おおかたの曲のリズムが出来てきた。シングル「MAGIC LOVE」のミックスをあと十日で上げたいと思っている。ワイキキでのミックスは時間がかかるということで、スタジオ・ファームを仮押さえした。

四月四日

昨日今日、ポリグラム・スタジオでHONZIのヴァイオリン、キーボードなどを一気に録った。それぞれの曲が新しい表情を与えられて、生まれ変わっていく。

四月六日

佐藤くんがひとりで「MAGIC LOVE」の歌録りをやっている。佐藤くんが歌を録っている時のワイキキは、空気がゆったりとして、とても透き通っている感じだ。

四月七日

結局「MAGIC LOVE」のミックスもワイキキで行うことに。ZAKひとりの作業が数日続くだろう。

四月八日

機材のトラブルのため、ミックスが開始できない。

四月十日

やっとミックスを開始。

四月十三日

「MAGIC LOVE」完成。みんなひと安心。特に欣ちゃんは「7インチのアナログをプレスしようぜ！」と超盛り上がってる。

四月十四日

まだほとんど手の付いていない「WEATHER REPORT」のリズムの打ち込みが始まる。

スタジオからは延々と細分化されたビートが聴こえ続けている。アルバムのカンパケが予定より一ヶ月遅れることを覚悟する。

四月二十日

超久しぶりにヒックスヴィルの木暮くんがワイキキに遊びに来て、「WALKING IN THE RHYTHM」のコーラスに参加していった。そして、ずっとワイキキに置きっぱなしのギターをまた置きっぱなしにしたまま帰ってしまった。

四月二十三日

ZAKの手配により、「WEATHER REPORT」のギターをフリクションのレックさんに弾いてもらうことになった。レックさんは自分で撮った写真を沢山持ってきて、見せてくれたのだが、これが異常にかっこよかった。さすが、真のアーティストって感じ。佐藤くんはレックさんがギターを弾く姿を見て、一階に駆け下りてきて、「メチャメチャかっこいいよー」と盛り上がっていた。

四月二十四日

佐藤くんが歌を録っている。一日一曲ペースでがんばっている。

四月二十九日

「MAGIC LOVE」のカップリングになるリミックスをTOKYO No.1 SOUL SETの川辺くんがやってくれて、それをみんなでワイキで聴いたのだが、みんなびっくりし、すごく気に入ったようだ。川辺くんに頼んでよかった。

五月一日

ZAKのミックス作業が始まっている。彼ひとりの作業がしばらく続くことになる。メンバーはライヴに向けてリハーサルの日々に突入していく。

五月七日

ワイキキで深夜までアルバム・タイトルについてメンバー、ZAKらと打ち合わせ。深夜に進むにつれ、会話が小学生レベルになっていく。ホワイトボードに「光る波動砲」「エンジニア：世田谷太郎」といった、壊れたアイディアが次々と書き込まれ、いちいち全員で爆笑し、ボードは頭の悪い小学生のガキの落書き帳になってしまった。疲れはてて外に出た時、朝焼けした空は、小学生の頃の夕暮れの帰り道のように懐かしく感じられた。

五月十九日

都内某リハスタからメンバーと一緒にワイキキへ行ってみたがZAKは居なかった。まだ、ミックスは数曲を残している。

五月三十日

アルバム用の最後の一曲「IN THE FLIGHT」をZAKがミックスしている。佐藤くんのデモをそのまま活かした、簡素な、静かなアレンジ。明日は神戸でライヴ。

六月

ジャケット撮影の拠点として、取材を受ける場所として、いろいろとワイキキに人が出入りしていたようだ。

七月十七日

メンバーと打ち合わせ。今年後半レコーディングの予定がないのと、もうすぐ丸二年になるということで、ワイキキを閉鎖することに決定した。

八月一日

ZAKがスタジオの機材をバラしている。明日、都内某所に移動する予定。急に寂しくなり、カシオのQV-10でスタジオの壁の悪戯書きを撮っておいた。

八月二日

メンバーが一階の家具などをバラしている。それぞれご所望の備品を引き取っていくことになっている。

八月四日

丸二年経って、またがらんとしたハコに戻ったワイキキビーチ。というか、もうここはワイキキビーチではなくなってしまった。終わりは突然やってきた。

（初出『宇宙語 日本語 世田谷語辞典』に訂正）

＊世田谷3部作＝『空中キャンプ』『LONG SEASON』『宇宙 日本 世田谷』のこと。

取材・構成：三田格

稲垣吾郎

Goro Inagaki

プロの方に曲を書いていただいたというより、僕がフィッシュマンズのいる世界に飛び込んだという感じです。

148

interview
Goro Inagaki

1999年3月20日、朝から雨が降り続くなか、葛西会館で執り行われた佐藤伸治の葬儀には様々な方からお花が届き、そのなかには稲垣吾郎さんからの供花も届いていた。稲垣さんは1997年、SMAPのアルバム『SMAP 011 ス』に収録するソロ曲のために佐藤伸治に曲をオファーし、〝それはただの気分さ〟が書き下ろされた。『宇宙 日本 世田谷』の作業が終わると同時ぐらいに曲はできたという。寂しくて、とても弱々しい曲。稲垣さんがライヴで歌うと客席が静まり返ってしまう曲。あれから24年、移動中の合間を縫って稲垣吾郎さんに当時のことを振り返ってもらった。

——そもそもフィッシュマンズに曲を依頼したのはなぜだったんですか？

稲垣　最初は友人がファンだったんです。LAD MUSICIANというファッション・ブランドを手掛けている黒田雄一さんという人で、僕も私服で着ていることが多いんですけれど、若い人にも人気のブランドなんです。ブランド名からわかる通り、音楽にインスパイアされたデザインが多いんですね。黒田さんは音楽やカルチャーに詳しくて、僕もいろんな影響を受けたんですけれど、彼が「最高だよ！」といって教えてくれたのがフィッシュマンズでした。確かプロジェクターみたいなものにフィッシュマンズのミュージックヴィデオを映して観せてくれたんです。それから僕も聴くようになって。『空中キャンプ』は衝撃でしたね。全曲良かったし、流れも良かった。〝BABY BLUE〟が好きで、〝ナイトクルージング〟もいいし、ほんとに一番聴いたアルバムかもしれない。8曲しかないんですよね。それを繰り返し聴いて。それから渋谷のタワー・レコードに『宇宙 日本 世田谷』を買いに行きました。

——自分で買ったんですか？

稲垣　もちろんですよ。

——そういえばLOFTで買い物をしている稲垣さんを見かけたことがあります。普通でしたよね。

稲垣　そうですよ（笑）。僕は〝いかれたBaby〟とか、前の作品を深掘りするより、『空中キャンプ』と『宇宙 日本 世田谷』の2枚をとにかくリピートしました。それより前の作品には詳しくないので、熱狂的なファンの方には怒られちゃうかもしれないけど。

——僕も『空中キャンプ』から聴いたので同じです。

稲垣　ほんとですか。この取材のために『宇宙 日本 世田谷』を聴き直したんですけど、いま聴いてもなんの遜色もないですね。気持ちいいし、キラキラしてる。僕はレイ・ハラカミさんの音楽も好きなんですけれど、フィッシュマンズの影響を受けていたんじゃないかと思いますね。

——そんな濃い聴き方をしていたんですね（笑）。フィッシュマンズ以外にも曲を依頼する候補はあったんですか。

稲垣　TOKYO No.1 SOUL SETも好きだったので、ちょっと悩みましたけど、やっぱりあの時はフィッシュマンズでした。SMAPはやっぱりグループだったので、ソロに関してはコントラストがはっきりしていた方が良かったんですよ。僕もまだ23歳でしたからとても若かったし、ソロでは普段できないことをやりたいという気持ちもあって。

——なるほど。

稲垣　フィッシュマンズのぼんやりとしておぼろ

げな感じが心地よかったし、いわゆる「ガンバロー」ではなくて、寂しさだったり、孤独だったりという陰を見せてくれた。「弱くていいんだよ」という感じですね。

――そうですね。実は稲垣さんがデモ・テープを1回だけ聴いた直後、偶然ですけれど、僕がその日、稲垣さんの最初のインタビュアーだったんです。

稲垣　え、そうなんですか。

――取材が終わった後、なぜかフィッシュマンズの話になって、その時、稲垣さんはデモ・テープを聴いて、少し戸惑っていると仰っていたんです。僕はそのデモ・テープを聴いてないにもかかわらず、「やった方がいいですよ！」と無責任にけしかけてしまいました。

稲垣　言われたかも！　なんとなく覚えてる。

――そこから実際にレコーディングするまでにはどんな気持ちの変化があったんでしょうか。

稲垣　多分、〝BABY BLUE〟のような曲を期待していたので、そう言ったんでしょうね。あのテンポ感が欲しかった。でも、絶対にやると決めていました。黒田さんも聴いて「いいね」と言ってくれたし。少し考えたのはSMAPとしてどうなのかということですね。ほかとのバランスは大丈夫だろうかと。

――ああ。

稲垣　でも、最初から気持ちは固まっていました。グループのレコーディングは早いんです。やることが決まっているから。でも、ソロは時間がかかるんです。ディレクターに相談したんですよ。どうやったらあの曲から最大のパフォーマンスを引き出せるか。キーも違うし、歌い方が難しかったですね。あれこれ試しながら録っていって、声を張り上げないで、マイクに近づいて囁くように歌ったんです。

――丁寧に歌われてますよね。

稲垣　僕にとってはとても大切な曲になりました。僕らしい曲だし、あの時は自分しか歌えなかったと思います。いまとなっては自分の原点みたいなところもありますね。TVで篠原ともえさんと一度だけ歌ったことがあるんですよ。KinKi Kidsの番組（『LOVELOVEあいしてる』）で。懐かしいですね。

――観ました。ギターを弾きながら歌ってるやつですね。篠原さんがコーラスで。

稲垣　そう。佐藤さんには、でも、ついにお会いすることができなかった。ドラムの茂木さんとは「SMAP×SMAP」とか、東京スカパラダイスオーケストラとの共演だったり、3回ほどお会いしたんです。確か、お子さんができた時じゃないかな。

――ファンクラブの会報で佐藤伸治が稲垣さんについてしゃべってるんですよ。

稲垣　そうなんですか。

――SMAPはけっこう好きで、稲垣さんに曲を書くことになってから稲垣さんが良く見えてきたって。

稲垣　それは嬉しい。

――フィッシュマンズのライヴに稲垣さんが出たりしてね、とも言ってます。デュエットしたりねとか。実際に出てたら面白かったでしょうね。

稲垣　そうですね。でも、僕はあまりに忙しくて野音のライヴにも行かれなかったんです。黒田さんがすごく良かったと言ってました。

――98年の野音ですね。〝それはただの気分さ〟のロング・ヴァージョンをやった時です。後半で空に光の花が咲いたような演奏でした。

稲垣　ライヴ盤（『8月の現状』）に入っているやつ？

――あれではないんです。20分近くあるんです。残念なことに記録がないんですよ。

稲垣　それは残念。

――いまでこそモトーラ世理奈や上白石萌音さんなど沢山のミュージシャンがフィッシュマンズをカヴァーしていますけど、生前の佐藤伸治が曲を書いたのは稲垣さんだけになってしまいました。それについては何か感慨のようなものがありますか？

稲垣　いや、嬉しいですよ。申し訳ないというか。僕よりも思いが強い人もいただろうに。槇原（敬之）さんや小室（哲哉）さんなど、ほかにも沢山の人に曲を書いていただいたし、大切な曲もいっぱいあるんですけど、でも、フィッシュマンズは特別ですね。永遠に大切にしたい曲です。いわゆるプロの方に曲を書いていただいたというよりも、僕がフィッシュマンズのいる世界に飛び込んだだという感じなんです。とてもカラーが強かった。♪君の一番疲れた顔が見たい～なんて、あんな歌詞ないですよ。あの価値観。20代で受けた影響というのはやっぱり大きいです。また、いつか歌いたいですね。

（3月　春でもないのに25度を超えていった日　電話取材）

注＊生前の佐藤伸治が楽曲提供に応じたのは稲垣吾郎さんだけでしたが、佐藤伸治がラ・ママのオーディションのために作詞・作曲した〝スカッ！〟を元Qlairの吉田亜紀さん（デヴィッド・モラレスのファン）が柏原譲のプロデュースで録音した例があります。V.A.『cutie collection』に収録され、『空中キャンプ』の2ヶ月前にメディア・レモラスからリリース。〝Walkin'〟を思わせる曲調で、演奏は茂木＆柏原＋3名、♪欲もなにもないあのコは　何をやってもつまらない　だけど……という歌詞はなるほど佐藤伸治である。また、自分が歌う前提ではないものとしてドッグフードのCMに曲を依頼され、ボツになったという4分ほどの曲も存在するらしい。

153

interview
Shohei Takagi

フィッシュマンズの共感は「感覚の共感」というか、身体感覚の共感だった。

取材・構成：野田努
photos: Yasuhiro Ohara

髙城晶平（cero）

Shohei Takagi

フィッシュマンズがゼロ年代以降に大きくなってしまったのは、90年代にはなかなか居場所がなかったその音楽をより必要としたのが、少し先の未来に生きる人たちだったということなのかもしれない。佐藤伸治亡き後にフィッシュマンズの影響を受けてしまい、「闘魂２０１９」にて共演を果たしたceroの髙城晶平に、彼のなかのフィッシュマンズ体験を訊いた。

——フィッシュマンズを知ったのはいつ頃ですか？

髙城　リアルタイムではないです。リアルタイムだと小中学とか、そのぐらいだったから。聴くようになったのは大学に入ったぐらい、大学1年生くらいですね。２００４年とかです。

——ということは、佐藤伸治が亡くなってある程度時間も経ったころか。

髙城　そうですね。いろいろ過ぎ去ったあとと言ったらあれですけど。

——大学生の頃というと、ceroはまだ活動していない？

髙城　メンバーと知り合ってはいて、ぼちぼちはじまるかなくらいの時期です。それこそ、荒内（佑）君とか、当時のオリジナル・メンバーだった柳（智之）君とはceroではないけど、ちょいちょいバンドをやっていて、そのなかでフィッシュマンズというワードが出てきた。都立三鷹高校に通っていた荒内君の先輩に森元斎という、最近はアナキズムとかを専門に研究している人が2個上にいて、元斎はフィッシュマンズがすごく好きでしたね。

——それは良いことを聞いたな。

髙城　そうなんですよ、意外な話で。だから、僕らの先輩が好きらしいぞというところから聴きはじめましたね。

——作品的に何かきっかけというのはありますか？

髙城　最初に聴いたのは『空中キャンプ』とか『宇宙 日本 世田谷』とかその辺を聴いて、あぁ

最初に聴いたのは『空中キャンプ』とか『宇宙 日本 世田谷』とかその辺を聴いて、あぁ面白いな、くらいの感じだったんですけど、なんやかんやで自分が一番ダイレクトに衝撃を受けて、自分の血肉化するきっかけとなったのが『記憶の増大』というヴィデオ作品だった。

面白いな、くらいの感じだったんですけど、なんやかんやで自分が一番ダイレクトに衝撃を受けて、自分の血肉化するきっかけとなったのが『記憶の増大』というヴィデオ作品だった。当時知り合いだった歳上の方がダビングしてくれたそのVHSを観たときに、初めて本当に好きになりましたね。だからきっかけは映像だったんです。

——あれはオムニバスのライヴ映像作品で。

高城　それまではなんとなく、浮遊感のあるバンドだなぐらいに思っていて。そのころすでにポラリスがはじまっていたので、そっちを先に聴いていたし、フィッシュマンズはそのメンバーが以前やっていたバンドなんだというぐらいの認識だった。それがヴィデオを観ていっきに引き込まれて……、そこからですね、はっきりと影響を受けたのは。

——それは何で？　なんでそれが『記憶の増大』だったんですか？

高城　そのことを自分のなかでなんでだったんだろう？　ってぼんやり考えていたんですけど、いわゆる音楽の共感というのがありますよね。たとえばスピッツの音楽に共感するとか、これは自分のことを歌ってる、みたいなJ-ポップにおける「共感」って大事なワードじゃないですか。ところがフィッシュマンズの共感は「感覚の共感」というか、身体感覚の共感だったんじゃないかと。だから映像が重要だった。だいたい、歌詞を読んでもすぐに意味がわからないじゃないですか。

——わかりやすそうでいて、わかりづらくもあり。

高城　でも身体にはダイレクトに来る言葉だと思うんです。草野マサムネさんの詞はもっと言語としての詞だと思うんです。僕自身の影響で言えば、そっちの方が強いんですけど、佐藤伸治さんのテキストはそういうものではないと思うんです。「本当も嘘もつくから」（〝Go Go Round This World!〟）というひと言を取っても、「嘘をつく」とは言っても、「本当をつく」とは言わないわけで。でも、意味が通じてわかってしまう。よく言われる浮遊感みたいなものも身体感覚の共感として、自分らが浮遊してる体験をするんだなと思って。それがけっこう、重要だったんじゃないかと思いました。

——では、『記憶の増大』から、いわゆるオリジナル・アルバムに入っていって、もう一度突っ込んで聴いてみようと？

高城　そうですね。そこからいま一度聴いてみようと思って聴くようになった。

——好きになったアルバムには何がありますか？

高城　僕は完全にフィッシュマンズの後期ばかりを聴いていたので、そのへんをあらためて聴いてみたり、〝ゆらめき IN THE AIR〟を好んで聴いていましたね。ceroも最初はフィッシュマンズ・コンプレックス的なものがあって、フィッシュマンズみたいなことがやりたいってなってしまって、マネっこになったらダメだよなとも思っていましたね。そこから〝100ミリちょっとの〟なんかを聴いて、回路を見つけ出していくように前の作品を聴きました。

──けっこう影響を受けたんですね。

高城　めちゃめちゃ受けてましたよ。デビュー当時はけっこう言われたりもしましたし。

──僕もそういう風なことを聞いたことがあるんだけど、じっさい『WORLD RECORD』や『My Lost City』を聴いて、全然フィッシュマンズと違うじゃん！　と思ってたんだけど。

高城　〝大停電の夜に〟とかあのへんは都市がモチーフかつチャントのようなコーラスもあったり、そういうところだったりするのかな。フィッシュマンズのバランス感覚と言うか、佐藤伸治のシャーマニックなタレントが都市生活と結び付いて。

──佐藤伸治がシャーマニック？

高城　やっぱり、振る舞いによって観る者のほうがトランスしてくる感じってそうなんじゃないかなって。

──ああ、リー・ペリーっぽいところことか？

高城　というか、プロレスっぽい。

──プロレスっぽい？

高城　シャーマニックとか言うとなんか重いんですけど、ほら、佐藤さんてプロレス好きだったじゃないですか。プロレスと伝統芸能はよく比較されますよね。つまりどちらも神事のような側面があって、佐藤さんの振る舞いにも影響を与えてるような気がする。

──へー、そういう捉え方だったんだ。

高城　明らかに目の前のお客さんではなく、もっと大いなる存在と対峙してるように見えるというか。そういう姿にこっちもわぁー！　ってなっちゃう感じとか。そういうのにやられてましたね。

──僕は高城さんと偶然お会いしたことが何度かあって、街中で会っているんですよ。下北でいちど、道ですれ違ったことがあって。二回目が渋谷かな。そういう街にいる感じは佐藤伸治っぽい（笑）。

高城　僕はまた全然違うというか、小市民な感じですけど（笑）。憧れは常にありますけど。

──シャーマンって感じかぁ。

高城　本人はたぶん言われたくないワードだと思いますけど。でも佐藤伸治さんという人のタレントが何かと思ったら、そこなんじゃないかなってどうしても思っちゃいますけどね。

──サウンドではどういうところが影響を受けた

やっぱり、動きでこっちがトランスしてくる感じってそうなんじゃないかなって。レゲェっぽいじゃないんですよ。
伝統芸能っぽいというか、間合いを見ててこっちもわぁー！　ってなっちゃう感じとか。そういうのにやられてましたね。

んですか？

高城　フィッシュマンズを知る前までは、ロック的なアプローチしか知らなかったんで、勢いでかますみたいな方法論だけで音楽に取り組んでいた。そんなところに組み換えの美学というか、音数を減らしていくことを知って、ダブマナーじゃないですけど、そういう方法論でかつ日本語が乗って、といったところですかね。かますんではなく、引き算とか全体を見るやり方が必要なんだって思いましたね。

——フィッシュマンズは入口でもあったんだ。

高城　「闘魂」で初めてフィッシュマンズの内側に入ってゲスト・ヴォーカルをやらせてもらってたんですけど、練習にお邪魔したときにはそれが如実に見えた。やたらめったら練習しないで、一回演奏したらストップしてZAKさんがそのテイクをひと通り聴いて、それをみんなが待ってるみたい感じ。ここの部分がわちゃわちゃしている人が多いから分散させて散らしていこうとか、ブレーンのように外から見る役の人と、なかで演る人と分けて作っているのを現場で初めて見て、やっぱり普通のバンドとちょっと違うなって思いましたね。

——ceroとの共通点はサウンドを追求しながら、なおかつ日本語の歌詞も諦めないというか。そこが似ているかなと思うけど、スタイルは全然違うけど。

高城　そう。やっぱり見えない形での影響はすごいあるのかなって。

——歌い方は影響を受けたりしなかったですか？

高城　どうだろ。初期のほうは……独特だし、最初から良いとは思わなかったというか。

——あの強烈なファルセット？

高城　そうそう。当初は原マスミさんぽいなって思ってて、さらにちょっと前のサブカルチャー的なものを持ってる印象のバンドというか、アングラな認識だったんですよ。そこがヴィデオを観て何かが変わったんですよね。

——なるほどね。サウンドはダイナミックだしね。

高城　そういう振る舞いだけど、引き算で音楽が構成されていて。なんだかよくわからないバランス感覚で、都市生活ってもんが浮かび上がってくる。

——そんなに都市生活って浮かびあがってくるかな？

高城　うん。それこそ街で出会う感じみたいな。そういう人となりが都市生活感を感じさせてる。だから、じつは音楽的にとか言葉とかに都市ってものが出てきてるとは限らないですけど、ファッションとか外的なところで僕が感じてると思います。

——「闘魂」でフィッシュマンズと一緒に〝Just Thing〟をやったじゃないですか。あの曲を選んだ理由は？

高城　〝Just Thing〟はすごく好きというか。あれはフィッシュマンズのなかでも、サニーサイドではない部分、暗さや気味悪さみたいなところも出ている。だけど、歌詞では「心も晴れるし」みたいなことを言ってて、アンビヴァレントな危うさみたいなものが面白いなと思ったんでしょうね。
　この話と関係あるかわからないですけど、荒内君と車に乗ってて、プリンスの『SIGN “O” THE TIMES』（87）を聴いてるときに、この音がなんで当時受け入れられていたんだろうね？　みたいなことを話したことがあって。〝The Ballad of Dorothy Parker〟のピッチがよれてるよう

けっきょく、無表情になっていくみたいな感じ。ほかの曲にもありますけど、精神状態、身体感覚みたいなものが追体験される言葉として効きやすい。「効く」って表現がしっくりきますね。

なシンセみたいな音って、いまでこそ現代風な音として認識されているけど、30年くらい前だったら気持ち悪い音だったろうし、どうして受け入れられたんだろうって話していたんですが、歌詞がアブノーマルでその歌詞の世界を表現する音としてああいう気持ち悪い音が提示されていたわけだから、意外とすんなりいったんじゃないのかと。

なるほど、言葉が音楽のラディカルさを糊付けして、接着剤になることもあると。フィッシュマンズも同じで、言葉や身体の振る舞いが接着剤になって、この言葉を表現するための音なんだと知ってみんな腑に落ちる。そういうバランスで成り立っていたのかなと思いますね。

――なるほどね。〝Just Thing〟は不思議な感じの曲ですよね。レゲエだけどサンプリングからはじまって、歌詞も嬉しいのか、不機嫌なのか。

高城　けっきょく、無表情になっていくみたいな感じ。ほかの曲にもありますけど、精神状態、身体感覚みたいなものが追体験される言葉として効きやすい。「効く」って表現がしっくりきますね。

――〝Just Thing〟は『Neo Yankees' Holiday』という、レゲエが基盤になっている、わかりやすいアルバムに収録されているよね。でもそれが『空中キャンプ』になると、もっと自由な表現形態になってくる。『空中キャンプ』の魅力については、どういう風に思いますか？

高城　まずアルバム全体の短さが良いですよね。45分で終わるって、すごく良いなって思っていた。あとこれは、欣ちゃんと対談をしたときも話したんですけど、〝新しい人〟もそうですけど、ライヴでコーラスワークを全部サンプリングで出すじゃないですか？　あれがこのバンドのめちゃくちゃ特異なところだなと思うんです。あるところまでは肉体で表現しようとする。けど、どこかで肉体ではない外部を使う。それが全部流しているんじゃなくて、一回一回呼び出すという、そういうところで肉体を介入させている。あの感じすごくフィッシュマンズの音楽の骨子のひとつだと僕は思うんですけど。無理やりですけど、それが僕のいう伝統芸能の神事みたいな感じで、肉体を介入させていくんだけど、どっか外部にちょっとだけ協力を仰いで人間だけじゃないものにしちゃう。それが特異なのかなって。

――なるほどね。ちなみに『空中キャンプ』のなかで一番好きなのは？

高城　普通に〝ナイトクルージング〟とか〝新しい人〟が好きかな。〝新しい人〟の『8月の現状』に入ってる、ほとんど歌えてないようなやばいテイクがあって、あれが忘れられないですね。聴いちゃいけないものを聴いちゃった感じがある。身体を追体験しちゃう感じというか。聴いてるこっ聴いちゃいけないものを聴いちゃった感じがある。身体を追体験しちゃう感じというか。
聴いてるこっちがきまってきちゃうみたいな感じが当時、コワ〜って思いながら聴きましたけどね。

ちがきまってきちゃうみたいな感じが当時、コワ〜って思いながら聴きましたけどね。怖さを感じるバンドってそれまであんまりいなかったから。

——そうだね。リアルタイムだと、なごみ系みたいな解釈もあったりして。

高城　当時のライヴの映像とかを観てても、お客さんの振る舞い方がバラバラでどう乗ればいいのかわからないみたいな戸惑いがあって。それが良いな、健全な空間だなと思います。みんなが思い思いな感じ。こんな状況になるのが望ましいことなんじゃないかなって思ったり。

——では『宇宙 日本 世田谷』だと何が好き?

高城　〝POKKA POKKA〟大好きです。〝MAGIC LOVE〟も好きだなぁ。全部好きですけど……。

——〝WEATHER REPORT〟はcero っぽい感じがするな。ブレイクビーツ風の曲の感じがね。

高城　〝WEATHER REPORT〟も「闘魂」のときにやったんですよね。

——佐藤伸治は言葉で何を表現していたんだと思いますか?

高城　なんだろうな。さっき言ったように一番は感覚をダイレクトに言葉に出すっていうことが主眼だったんじゃないかなと思いますけど。

——感覚を言葉で表現する。

高城　僕なんかはテキストとして成立しているかどうかを優先しちゃう。目で読んで楽しめるかどうかを大事にしてしまうところがあるから。言語感覚っていうほうに引き寄せられてるけど、佐藤さんはそれよりももっと違うやり方を模索しているのか、自然に出ているのかわからないですけど、そういう感じが見ててしますね、

——そこが高城さんとも違うところだよね。

高城　できないですね。すごい憧れますけど。

——好きなフレーズとかあります?

高城　当時感銘を受けて、紙に書いて自分のひとり暮らししてる部屋に貼ってたのが、「みんなが夢中になって暮らしていれば　別になんでもいいのさ」。なぜかすごく好きで。なんも言ってないですけどね。

——〝幸せ者〟だね。

高城　だから自分の経験でいうと、フィッシュマンズには、ひとり暮らしっぽさがすごくあると思う。都市の1Rを借りて生活していて、友だちとかを呼んでワイワイしたあとにひとりの部屋に帰ってきて、そこがじつは一番幸せみたいな。妙に仔細な埃の描写とかをするじゃないですか。「窓からカッと飛び込んだ」とか「ホコリと光のすごいごちそう」とか。それってひとり暮らしの日差しのある部屋でボーってしているときに、きれいだなって思う感覚を言語化しているような気

がする。だから都市生活といっても街に繰り出しているんではない、都市の1Rのなかで聴こえる雑踏とか、そっちのほうですね。

——佐藤伸治は何かと闘っていたと思う?

高城　そうかもしれないですね。リアルタイムでの状況がどうだったのかはわからないけど、ああいうスタンスってことがある意味闘いだったのかもしれないですね。僕も僕で着の身着のままでステージに上がって、MCとかもほんとにダメでグダグダなんですけど、そりゃそうで、大多数に語り掛ける言葉なんてなくて、ひとり対ひとりとか飲み会くらいの人数じゃないとしゃべることがない。大多数を前にした言葉を持ちたくないと思っていて、それは僕のなかのちっさいちっさい戦いではあると思うんです。なんとなく、こういう自分のままステージに上がり続けようって。このままでいようってなんとなく思っているんですけど、佐藤さんもじつはそういう感じだったのかもとか。マッチョにならず、へなちょこな声で歌う姿勢が彼の闘い方だったんじゃないかと。ちょっと何言ってるかわからないですけど(笑)。

——そういうような、自分に嘘をついてまで大きなこと言わないとか、大多数に自分を合わせないことも絶対あったと思いますし、やりたくないこともはっきりあったんだろうし。ceroが登場したゼロ年代後半と90年代とでは、たぶん90年代のほうがしんどかったと思う。

高城　なんかそんな感じがします。

——『空中キャンプ』みたいな作品は、昔からの一部のファンにはサウンドが難解だと思われてしまったんだよね。

高城　メジャーな音楽がいまより強い時代だったろうし。

——『LONG SEASON』を出したころに、新宿リキッドルームでデ・ラ・ソウルの前座で出演したときなんか、客が5人ぐらいしかいなかったよ・

高城　えー!

——そういえば、ワイキキスタジオってこの(カクバリズムの事務所)近くだったね。淡島通り沿いの。

高城　俺が初めてカクバリズムの事務所に行った2000年代後半くらいのときに、佐藤伸治さんが使ってたジャズコだよって言ってアンプを見たことがある。前のカクバリズムの事務所にあって。ワァって思った記憶がある。

——日本では、自分たちのスタジオを持っているバンドなんかほとんどいない。

高城　ceroも最近、吉祥寺のマンションに3人集まってデモが作れるような場所を借りたんです。ワイキキみたいに立派なものではないんですけど、デモの段階からみんなでワイワイ作ることをやってみようと、最近集まったりしているんです。スタジオで時間制限なく作業していると、たしかに『空中キャンプ』とか『宇宙 日本 世田谷』みたいなものができあがっていく感じがわかる。普通のスタジオ作業だったらなかなかできないことができるんですよね。

——佐藤伸治なしのフィッシュマンズについてはどう思いますか?

高城　これは、そうですね……難しいところだけど、最初に再結成みたいな形でフィッシュマンズを観たのが埼玉スーパーアリーナでやってるVIVA LA ROCKで。僕はceroとして出て、客席のほうから観させてもらったんですけど、自分もやっといてあれなんですけど……インストでやるのが一番いいんじゃないかってちょっと思った（笑）。

——（笑）。

高城　ベース、ドラム、HAKASE-SUNのキーボードだけでやってもいいんじゃないかと最初観たときは思ったりしたんですけど……でも、なにより一緒にやったときに欣ちゃんは強い想いで音楽を鳴らしていきたいと、本人たちが強い意志を持ってやってるから、それが一番大事なのかなって思いますね。

——「闘魂」はフィッシュマンズの方から声がかかったの？

高城　そうですね。若い世代とやるならceroがいいみたいなことを言ってくださって。やるなら、参加してくれないかっていう。

——やってみた感想は？

高城　それこそダブ的な心意気というか、失われたものの残響でものを作っていくという。それがいつまでも続けられる、拡張可能な音楽っていう意味では究極だなって思いますけどね（笑）。すごい世界。でも、そんなことができる音楽であることはたしかだなと思いましたね。どんな風にでも尺を伸ばしていけるし、それはすごいなって思いましたね。どんな曲でも〝LONG SEASON〟化できてしまう。

——なるほどね。たしかにダブ的な展開だ。

高城　不思議な体験でしたね。飴屋法水さんがお客さんで来てて、めちゃくちゃ踊ってたんですよ。暴れるように踊ってて。それが僕のなかで身体感覚みたいなものの代行になった。ヴィデオを観たときに感じた身体感覚を期せずして飴屋さんに感じて、それが一番心躍った瞬間でしたね（笑）。

——フィッシュマンズは浮遊感などとよく言われるけど、リズムのボトムはしっかりしているし。

高城　スライ＆ロビーみたいな感じ。柏原譲さんはいつも音響的な試行錯誤をされてて、VIVA LA ROCKで観たときはベースアンプが見当たらず、ラインで直結にして、モニタースピーカーから地鳴りみたいな音を出していましたね。そのとき生で聴いて、これがフィッシュマンズなんだ！　って。

——いまの気持ちでフィッシュマンズの曲を一曲カヴァーするとしたら？

高城　良い天気だし、〝WEATHER REPORT〟かなと言いかけたんですけど、〝新しい人〟をやってみたいかな。革新的な新しさというか、静けさ、サイレンスからはじめていく感じっていうのはいまの気分にすごく合ってるかもしれない。もっと静かにね。

（3月15日　佐藤伸治の命日に。カクバリズム事務所にて）

interview

〝み・え・な・い・も・の〟がスタジオに降りて来て演奏している

宇川直宏

Naohiro Ukawa

取材・構成：三田格

interview
Naohiro Ukawa
164

燃え殻のエッセイ『すべて忘れてしまうから』（扶桑社）には、東日本大震災が人々に不安な夜を過ごさせていた頃、フィッシュマンズの〝ナイトクルージング〟をツイッターで見知らぬ人たちと共有したエピソードが出てくる。地震と津波によって引き起こされた嫌な興奮を〝ナイトクルージング〟が鎮めてくれ、治療効果のようなものが静かに広がったということだろう。地震から17日が経過した2011年の3月28日、宇川直宏のDOMMUNEはフィッシュマンズ+のライヴをまだ余震が続く列島全土を鎮めるかのように、大々的にストリーミングで発信。「A PIECE OF FUTURE」と題されたプログラムはのべ9万人の視聴者を慰撫し、穏やかな安らぎへと導いた。プログラムは前半、いとうせいこうの司会でゲストにキャンドル・ジュンを招き、被災地の状況を詳しく聞くところから始まった。キャンドル・ジュンが被災地の状況報告に続いて、東京へ戻ってくると原宿あたりで騒いでる人々にどうしても怒りを覚えてしまうと正直に語ったところがとても印象的で、俗っけを感じさせず、どこか仏様のような風情のある人に言われると、なおさらエモーショナルに感じたことを覚えている。後半は彼がセットしたローソクの明かりをバックにフィッシュマンズ+が演奏を始める。実は旧DOMMUNEは現在よりも会場が全然狭く、普段、観客が入るスペースやバーもすべてＺＡＫが持ち込んだ機材で塞がれてしまい、ミュージシャン以外はムカデ人間のようにくっつきあって聴くしかなかった。演奏は茂木欣一、柏原譲に加えてHAKASE、木暮晋也、勝井祐二、コーラスにカントゥス、ヴォーカルには七尾旅人とクラムボンから原田郁子をフィーチャー。東日本大震災当日に帰宅困難者をDOMMUNEで受け入れるなど、地震発生当初から災害と向き合っていた宇川直宏に当時を振り返ってもらった。

「ＺＡＫさんから電話がかかってきたんですよ。震災2日後にやったラリー・ハードの配信を観てくれたみたいで。当時、メンフィスに帰れなくなったラリー・ハード御本人から、暖かいハウス・ミュージックを被災した日本に捧げたいと申し出がありました。これは絶対的な使命だと感じ、二つ返事で彼のＤＪプレイをDOMMUNEで配信することにしました。当時ＴＶは発災直後から特別編成で、24時間体制の災害報道がずっと放送されていて、エンターテインメントは愚か、まだラジオでもほとんど音楽はかけられなかった時期だから、ＳＮＳでシカゴハウスは早いとけっこう辛辣に叩かれて（笑）。つまり音楽は被災地には届かないと。しかし、3万人のビューワーに恵まれ、配信後にはタイムラインで〝久々に音楽を聴き、その存在意義を感じた〟、〝音楽は無力ではないと改めてわかった〟と絶賛を受け、ストリーミング自体は間違った行いではなかったと実感したので、さらにそこからこの配信の可能性を探求すべく、同時に義援金を募ることにしようと。そこで七尾旅人、デリック・メイ、ロブ・スミス、DJ NOBU、SIMI LABとこのシリーズ続けて、全てのドネーションを被災孤児に届けることにしました。ＺＡＫさんは僕らのこの東日本大震災への支援ストリーミングを、ラリー・ハードの段階から信頼してくれていて、極小スタジオのキャパシティも知っている筈なのに（笑）フィッシュマンズをDOMMUNEでやれないか、とオファー下さったのです。大震災とメルトダウンで混乱／混迷した日本で、改めて音楽がどのような効能をもたらすのか、というZAKさんなりの問題提起と実践を兼ねた試みだったと思います。最初はドラムやアンプやキーボードを入れて、ZAKさんの巨大な卓を含むフィッシュマンズ+の機材を全て入れるのは四畳半のアパートにリキッドルームやZEPPを移転させるような無謀さを感じましたが（笑）無観客にして、スタッフすら身動きできないくらいの圧迫感で演奏を配信しました。たしか、3時間程で200万位の募金を集め、全体で740万円ほど寄付できたはずです」

　宇川直宏がフィッシュマンズのことを知ったのはメディア・レモラス時代。その頃はダビーなロック・バンドという認識だった。世田谷3部作がつくられた頃はサン・フランシスコに移住していて、彼が当時連載を持っていたためエアメールで送られてくるスタジオボイスやelekingではフィッシュマンズが大きく取り上げられていたこともあり、日本のオルタナティヴ地図に地殻変動が起こっている予感がしていたという。

「年に2回は日本に戻っていて、ポリドールとも仕事をしていたから『空中キャンプ』と『LONG SEASON』をもらったんですよ。デザインがムーグ（山本）さんだったし。『LONG SEASON』を聞いて、心が出血している感覚を得ました。当時の阪神淡路大震災や地下鉄サリン事件の傷跡が残った世紀末の日本に産み落とされたヘヴィーなクロニクルを背負った音だと感じましたね。これを聞きながらちょうど1年前にリリースされたボアダムズの『Super Roots 5』の超越性も呼び覚まされ、どこか彼らと完全に繋がったような気がしました」

　98年の冬に日本に戻ってきた宇川は年が明けてLAD MUSICIANの黒田雄一から電話で佐藤伸治の死を知らされる。

「ちょうど世田谷3部作がリリースされたフィッシュマンズにとって最も重要な実験期の96年から97年は僕自身が日本不在で、帰国してすぐ佐藤伸治氏が他界した。だから結局佐藤氏とは一度もお会いできなかった。なので、その後DVDで観て悶絶した最後のツアー『男達の別れ』のパッケージのグラフィックのような、ブラウン管を通して30フレームで動いていた佐藤伸治のその姿が脳内に残像としてまとわりついたままなんですよ。何か靄の奥の天上界で演奏しているような、あのステージ上の佐藤さんはもう時空が違って映っていました。そもそもその時期日本にいなかったから、自分にとっては、銀盤を通じて西海岸に声と魂だけが届いていた、そんな存在なんですよ。なので最初から霊的な私信を一方的に受け取っていたので、本当にその肉体が存在していたのかさえわからない。いまもそんな空気を引きずっていて。だからフィッシュマンズの中心人物が不在になったと言われても実感がなく、見えないメンバーが中心にいるバンドが自分のスタジオに降りて来て演奏している。コロナ禍に入ってZAKさんと僕は「み・え・な・い・も・の」というシリーズを始めたんだけど、つまり、み・え・な・い・も・のって佐藤伸治氏のことでもあるのです。み・え・な・い・も・のの存在が世紀をまたいでもフィッシュマンズを持続可能にさせている。このようなサステナビリティを内蔵したバンド形態は極めてポストパンデミック的だなーと」

　DOMMUNEとフィッシュマンズはコロナ禍でも再タッグを組んだ。パルコに移動し、SUPER DOMMUNEとして再起動したライヴ・ストリーミング・スペースは2020年6月14日に

ARライヴとして無観客配信ライヴ「INVISIBILITY」を決行。前半は理論物理学の橋本幸士と宇宙物理学の磯部洋明をゲストにＺＡＫ、宇川直宏、塚田有郁と共に「み・え・な・い・も・の」をテーマに議論。音楽は神への捧げものだったのではないかという仮説や佐藤伸治の不在をジャック・ラカン風に宇川が解釈するなど予定時間を大幅にオーヴァー。「音楽は見えないもの。言葉にならないものです」というＺＡＫのアナウンスから後半はライヴに突入。演奏は茂木欣一、柏原譲、HAKASE、木暮晋也、ダーツ関口、ゲストに原田郁子と横尾實で、このところやっていなかったフィッシュマンズ前期の曲を多数パフォーマンス。「見えない力」をモチーフにした〝いかれたBaby〟はもちろん、〝MY LIFE〟は25年ぶりの演奏だった。「A PIECE OF FUTURE」とは対照的に視聴者を高揚させる曲が続き、茂木による「合奏っていいねー」はコロナ禍ならではの感慨といえる。♪窓は開けておくんだよ〜

「これもＺＡＫさんが僕にかけてくれた電話から始まり。緊急事態のたびにＺＡＫさんは僕に相談の電話をくれるんです。えびぞりエマージェンシーコール（笑）。実は４月にDOMMUNEでフィシュマンズをやる予定だったけど、欣ちゃんはいまスカパラのメンバーなので、エイベックスと契約してるから緊急事態宣言下では彼は動けなくて、解除になる時期を皆で待ち構えて実現させたのです。佐藤伸治は生前「独りで聴くフィッシュマンズ」という発言をしていました。ライヴ時もフロアにいる独りに向かって演奏するのだと。しかし、中心が不在になってからは「みんなのフィッシュマンズ」になっているところもありますよね、このことに否定的なリスナーがいることも知っています。彼らは直接魂に語りかけてくるみ・え・な・い佐藤伸治と交信しているので邪魔をされたくないのでしょう。２０１１年の東日本大震災時のDOMMUNEは、インターネットがまだぎりぎりオルタナティヴな環境だったから「独りで聴くフィッシュマンズ」も可能でした。あの日のライヴの評価が未だに高いのはそのこともあります。でも、現在は、物理空間自体にソーシャル・ディスタンスが浸透し、独りを強要されているので、ある意味、すべてのエンターテインメントがインターネットに避難してきた。なので、インターネットはマスと化し、オルタナティヴであり続けることが難しくなってしまった。ゆえに「みんなのフィッシュマンズ」にならざるを得ないのでしょう。これがウィズ／アフターコロナ時代のフィッシュマンズの効用なのでしょう。僕は、このことを、魂に対してのワクチンだと捉えていますよ」

＊「み・え・な・い・も・の」はＺＡＫのトーク・イヴェントとしてシリーズ化され、これまでに滞空時間や角銅真実のライヴもストリーミング配信している。

（４月　雲った日　電話取材）

DISCOGRAPHY

Panic Paradise

Office/コレクション（SkaFunk）踊りA.K.A.ソカ/Wonderland?（ムスタングA.K.A.）森のスーパーマーケット/オレンジバナナ（Kusu Kusu）いなごが飛んでる/Special Night（Fishmans）歌は君の歌/もうあえない（ポテトチップス）

1989 Captain Records

80年代末にバンドブームが巻き起こり、ライヴハウスで人気だったデビュー前の5バンドを青田買いしたオムニバス・アルバム。バンドブームを煽りに煽った宝島社のレコード・レーベルからリリースされ、クレジットはされていないけれどRCサクセションの第3代マネージャー、坂田喜策がフィッシュマンズを収録するようにアドヴァイスしたと話してくれたことがある。全体にレピッシュやローザ・ルクセンブルグなど先行バンドの影響が強く感じられ、じゃがたらの舎弟的存在だったKusu Kusuの「イカ天」人気のせいか、3万枚以上売れたらしい（5年後には中古盤屋にあふれていた）。フィッシュマンズは7曲目に〝いなごが飛んでる〟と8曲目に〝Special Night〟を提供（いずれも『Chappie, Don't Cry』で録り直している）。これが初の公式レコーディング（@六本木MOD STUDIO）。まずは佐藤伸治の歌がダントツにうまい（ほかがヘタすぎるともいう）。勢いがあるのは他のバンドと同じだけれど、最後まで一本調子の曲が多いなか、転調でしっとりとしたメロディに引き込むスキルなどフィッシュマンズの作曲術は頭ひとつリード。音の重ね方も凝っていて、初めから録音に対して持っていた関心の高さが窺える。また、「休む」というテーマがすでに全開になっていることも驚きか（〝Special Night〟で聞ける佐藤伸治の巻き舌もレアか）。ムスタングA.K.AにHAKASEが在籍していたのは有名な話で、4曲目の〝Wonderland?〟は〝Just Thing〟まで続いていくような中期フィッシュマンズ風。〝いなごが飛んでる〟を聴いて、半年後には後の所属事務所となる〈りぼん〉の奥田社長が契約を持ちかけることに（いまどきイナゴか!と思ったらしい）。〝いなごが飛んでる〟は『Captain Anthology Vol.2』（98）に採録。

文・三田格

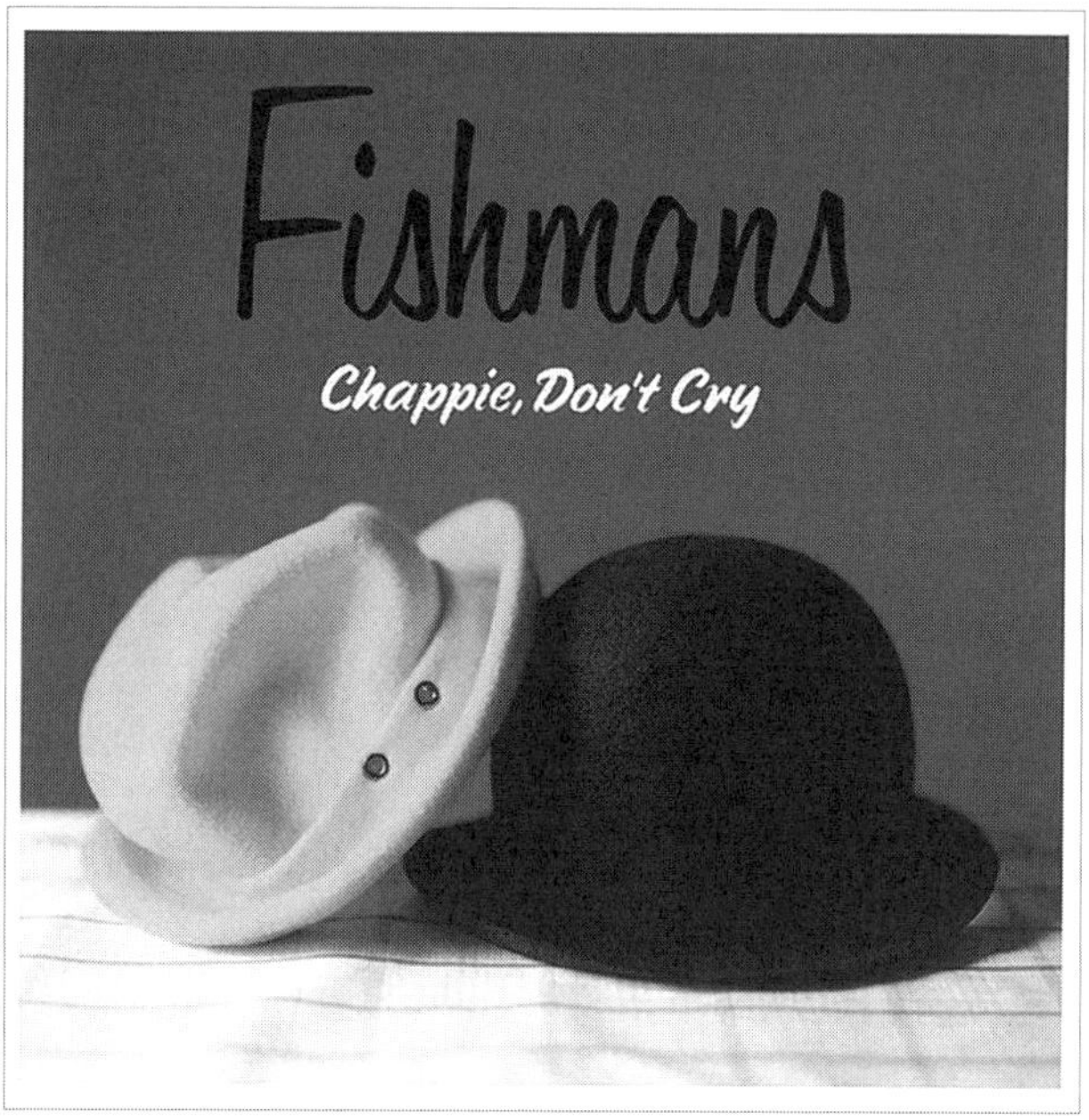

Chappie, Don't Cry

ひっくりかえってた2人/ひこうき/Special Night/Good Morning/夏の思い出/Future/いなごが飛んでる（東京タワーミックス）/Go Go Clubですれ違い/チャンス/ピアノ

1991 Virgin Japan
（→1992 Media Remoras
→1998 Pony Canyon）

文・河村祐介

メンバーがファンであったという元MUTE BEATのこだま和文（当時の表記は小玉和文）をプロデューサーに迎え、オーストラリアでレコーディングされたファースト。サウンド的にはこだまの提案もあって、レゲエと言っても、ダブではなくここではロックステディにフォーカスした。ロックステディとはレゲエの前身となるジャンルで、野太くもゆったりとしたリズムと甘いソウルフルなヴォーカルが特徴だ。1960年代後半、それまでジャマイカ音楽シーンの中心であった管楽器が主役のインスト主体で、アップテンポなスカがアメリカのソウル・ミュージックなどの影響もあり、歌を主体にテンポダウン、変化して生まれたジャンルと言われている。そんなロックステディにフォーカスしたのは、おそらく、タイトなレゲエのリズムを伸びやかな佐藤の歌と対置することで〝聴かせる〟というのがその表現の意図だったのではないだろうか（後のインタヴューで、柏原はリズムに対してこだまの方針と多少なりとも対立があったことを示唆している）。それでいて当時の彼らの、ウキウキと軽やかなネオアコ的なチャーミングさという魅力を失わないように、その最適解としてのロックステディという選択肢なのだろう。収録曲はシングル・カットされる〝いなごが飛んでる〟とラスト・トラック〝ピアノ〟を除いて、そのほとんどがレゲエ的なリズム・アレンジとなっている。『フィッシュマンズ全書』あたりで当時のレヴューを見るとわりとこの路線が賛否両論だった模様だが、類い希な日本語のロックステディ・アルバムとして、ザ・マイスティースやボノボといった2000年代中頃のレゲエ・バンドへの影響力は明らかだ。ちなみにこだまはここではインストとなった〝夏の思い出〟を同じく〝ロックステディ〟を標榜した、プロデュースを手がけた翌年のチエコ・ビューティーのファーストでも再演している（こちらは歌あり、これと同オケでのこだまソロも存在する）。

Corduroy's Mood

1991 Virgin Japan
(→1992 Media Remoras
→1998 Pony Canyon)

ごきげんはいかがですか/あの娘が眠ってる/むらさきの空から/救われる気持ち

文・水越真紀

半年前にリリースされた小玉和文プロデュースのデビューアルバムに続くミニアルバム。ディスコグラフィーの中では少し地味な「佳作」。すごい先生に手取り足取り教えてもらって作ったファーストアルバムが大学時代なら、これは卒業論文と言えようか。佐藤伸治のコルネットが響く小嶋謙介の手になる〝あの子が眠ってる〟と〝ごきげんはいかがですか〟がロックステディ、ほかには素描的なポップス〝救われる気持ち〟やジャズを取り入れた〝むらさきの空から〟を収録。本人たちは「別冊フィッシュマンズ」と呼んでいたという。ちなみにジャケット写真はフィッシュマンズ唯一の街中を背景にしていて、柏原譲によれば「都会派で売ろうと思っていたが似合わなさすぎた」とのこと。「都会派」「都市」の表層的なイメージはバブル経済の時期を頂点に変容していくが、フィッシュマンズというバンドが都心と近郊の間にある絶妙なニッチを見出す直前の試行錯誤だったのか。この頃の曲はかわいらしさや穏やかさが持ち味のように言われることも多かった。じっさいサウンド的にも言葉にも表面的な激しさはなく、ほのぼのとしたポップチューンではある。リリースされた91年はバブル経済の絶頂期。そうした環境があったからこそ若いミュージシャンたちのチャンスは増えたとも言えるが、ユースカルチャーの源泉であったハングリーという動機は雲散霧消していた頃、熱血も覚醒も相対化されながら、欲望の熱狂がジリジリと刺激され続けていた時期にリリースされた愛らしいポップス。という第一印象を少しめくれば、その言葉が鋭い切先を持つことに気付いてひんやりする。この冷気を感じることこそがフィッシュマンズを聴くことの醍醐味だが、このコーデュロイの畝の陰にももちろんそれは潜んでいる。それにしても佐藤伸治という人は、いくつの窓を持ち、いくつの空の色を見分けていたのかと感慨。

King Master George

いい言葉ちょうだい／誰かを捜そう／シーフードレストラン／影ドロボウ／ダイビング／ミネラルウォーター／なんてったの／ハンバーグ／100ミリちょっとの／頼りない天使／トナカイ／君だけがダイヤモンド／雨男憎まれる／土曜日の夜／曲目紹介／教育

1992 Media Remoras
（→1998 Pony Canyon）

文・三田格

ファーストでビギナーズ・ラックを使い果たした5人が仕事の厳しさに直面したセカンド（映画『ジゴロ　俺が泣かした女達』のOSTという設定）。録音現場には緊張感がみなぎり、音楽は「卓」で完成させることをこの時に学んだという。異質という理由でex-パール兄弟にプロデュースを依頼し、結果、思わぬ「引き出し」が開けられた。帯文は「レゲエを越えた、フィッシュマンズ待望のセカンドアルバム（窪田晴男プロデュース）」。手法としてのダブに焦点を当てたことでギャグ・センスが倍増し、剥き出しの電子音が飛び交う事態も誘発（全曲3ヴァージョンずつあるらしい）。ストレートなパンク調も珍しく、全体的にポップに振り切れた印象。「初めてちゃんとシングルを出した気がする」と佐藤がコメントしていた先行シングル〝100ミリちょっとの〟も別ヴァージョンを収録。同曲はTVドラマ「90日間トテナム・パブ」の主題歌（これもまた別ヴァージョン）だったためか、歌詞などで揉めたにもかかわらずヒットしなかったことから業界不信に陥ったと（長い目で見れば結果的に良かったと言える）。キーボードのリフが優しく空気をかき混ぜる〝なんてったの〟や〝頼りない天使〟はライヴでも定番化し、〝いい言葉ちょうだい〟は後にHONZIがソロ作でカヴァー。歌詞のイントネーションが不自然な〝土曜日の夜〟は小嶋健介・作。〝影ドロボウ〟では佐藤の性格の悪さが堪能でき、佐藤を必要以上に神格化しそうになった時は聴くべし。すぐに「その辺のお兄ちゃん」に戻ってくれます。後期フィッシュマンズに唐突に現れたように感じられた〝LONG SEASON〟も遠い雛形は〝トナカイ〟にあるのだろう。ジャズ・ロック風のアンサンブルだけで引っ張る曲は珍しく、佐藤、茂木、小嶋（フィッシュマンズの前身＝ザ・ボトムズ）が酔っ払って始めた即興演奏が元だという（佐藤は飲めなかったはずだけど?）。

Neo Yankees’ Holiday

RUNNING MAN/いかれたBaby/Smilin’ Days, Summer Holiday/エヴリデイ・エヴリナイト/疲れない人/Just Thing/太平洋/パラダイス/うまく歩けないよ/1,2,3,4,/Walkin’/スー・パー/いかれたBaby (Glittering Rewinder Mix)

1993 Media Remoras
(→1998 Pony Canyon)

佐藤伸治のヴォーカリゼーションに影響を与えたのは忌野清志郎だったが、あの超越的なまでに甘ったるいファルセットにおけるもうひとつの大きな影響がジャマイカのロックステディやアーリー・レゲエから来ていることは間違いないだろう。この当時カールトン・アンド・ザ・シューズの『This Heart of Mine』はまだ知る人ぞ知るアルバムで、いわば時代に取り残された宝石だった。佐藤は、いまでは名曲とされているその収録曲〝Give Me Little More〟を〝RUNNING MAN〟の冒頭において引用し、本作をはじめる。

『Neo Yankees’ Holiday』は、ダブ/レゲエを土台としながらヒップホップからの影響も取り入れつつ、まだ控え目とはいえZAKが録音の場に関わった最初の作品であり、フィッシュマンズが自らのサウンドを創造していくその起点となったアルバムだ。本作においてもっとも有名な〝いかれたBaby〟の催眠的なリズムは打ち込みだし、〝Just Thing〟ではサンプリングされた音の断片のコラージュを合図とし、〝Smilin’ Days Summer Horiday〟でもブレイクビーツが取り入れられている。

型にはまったロックステディ・バンドからの脱却が随所で試みられている点において『空中キャンプ』のスタートラインと見なすこともできるが、〝エヴリデイ・エヴリナイト〟では佐藤の情熱的な歌詞をもってロマンティックなロックステディを披露してもいる。小嶋謙介作詞作曲による〝うまく歩けないよ〟は同じようにキャッチーで整った曲だが、この先のバンドの方向性を感じてだろうか、むしろ『Chappie, Don’t Cry』の頃に戻ろうとしていたのかもしれない。

曲として垢抜けていないのは最後の〝Walkin’〟や〝スー・ハー〟だが、しかしスタイリッシュになりきれない泥臭さもフィッシュマンズの魅力と言えば魅力である。

文・野田努

ORANGE

Intro/気分/忘れちゃうひととき/MY LIFE/MELODY/帰り道/感謝（驚）/Woofer Girl/夜の想い

1994 Media Remoras
（→1998 Pony Canyon）

１９９４年の春に小嶋が脱退し、新体制となったフィッシュマンズによる最初のアルバム。とはいえ翌年にはHAKASEが脱退するため、４人編成でのアルバムはこの一枚だけである。一方でZAKが共同プロデューサーとしても参加しており、後期の音楽性が次第に準備されつつあった時期だとも言えるだろう。たとえばアルバム全編を通して聴くことのできるバスドラムやスネアのくぐもったようなミキシングは、ほとんどチープな聴き心地すら与えるが、それこそがまさにフィッシュマンズが次の音楽性に取り込もうとしているものであった。一方で本作はHAKASEによるキーボードが強い印象を残す内容になっているのも特徴だ。しかもそれはデビュー以来続けられてきたレゲエ調を踏み越えたものだった。〝忘れちゃうひととき〟〝MY LIFE〟〝MELODY〟そして〝夜の想い〟などなど、鍵盤が重要な部分を担う楽曲は枚挙に暇がない。前述のミキシングの特性とも相まって、全体的に『King Master George』あたりにあった若々しさは鳴りを潜め、アダルトな味わいも感じさせるバンドになっている。〝気分〟のように緊張感のある歌詞もそれに拍車をかけるものであるに違いない。その結果、トータルとしてこのアルバムは、レゲエのテイストやシンプルなロック調が後退し、代わりに少し大人の気分をポップに盛り込んだものとなった。それがこの時期、当時人気だった渋谷系とフィッシュマンズがしばしば関連付けて扱われた理由だったのではなかろうか。別の言い方をするとこのアルバムのポップな方向性はフィッシュマンズの作品としてはやや異質である。移籍後にバンドがさらに方向性を変えていったこともあって、この路線は継続されなかった。だからこそこの作品には、これでしか味わえない、唯一無二の大きな魅力がある。

文・さやか

Oh! Mountain

Oh! Crime/土曜日の夜/RUNNING MAN/夜の想い/エヴリデイ・エヴリナイト/Oh! Organ/Thank You/感謝（驚）/ひこうき/Blue Summer/頼りない天使/オアシスへようこそ/チャンス/いかれたBaby/BABY PIANO MIX/Oh! Cry

1995 Media Remoras
（→1998 Pony Canyon）

１９９４年の末にスタートしたツアーをマテリアルにしたライヴ・アルバム、と言っても歓声やＭＣなどはカットされ、エンジニアのＺＡＫと音色も足しつつ再構築することで誕生したポスト・ライヴ・アルバムとでも言うべき作品。HAKASE最後の参加音源、移籍＆『空中キャンプ』直前と、キャリアを俯瞰すれば結果的にさまざまな岐路となった作品ではあるが、フェイバリットに挙げる人も多く、そんな「出来事」以上にサウンドがファンに愛されている、そんな印象のあるアルバムだ。また自分のような当時『空中キャンプ』で彼らの虜になったリスナーに対して、それ以前の作品へのブリッジとして作用していたというか。その作用が単なる「直前」の作品だからではなく、それ以前の作品から、『空中キャンプ』以降に「連れて行く」サウンドの取捨選択を示したという感覚もある。というのも、〝ひこうき〟〝いかれたBaby〟を除いてシングル楽曲が収録されておらず、本作を「ベスト盤的」と書くのは、実は当時の視点で言えば少しズレがある。しかし、その後のライヴ・レパートリーを考えたときには順当な感じで、その後の方向性を示唆しているようなセレクトなのだ。もうひとつ、最近聴き直して気づいたことは、スライ・ダンバーのようにリムショットが華麗に舞う〝感謝（驚）〟のようなアップリフティングなステッパーや、オーガスタス・パブロばりのブルージーなダブ〝Blue Summer〟まで、リズム隊が中心となるライヴ・マテリアル故か、その生々しいリズム、音響的な感覚にしても全キャリアを通してもっともストレートにレゲエ〜ダブ的なアプローチを感じるアルバムでもある。ちなみに未聴なのだけど、アナログ盤は10インチ2枚組で〝なんてったの〟が追加、〝土曜日の夜〟〝Oh! Chrime〟はダブ・ヴァージョンを収録と内容が異なる。アナログ・ボックス『Go Go Round This World!』収録盤はＬＰ２枚組でそのアナログ盤の内容を踏襲。

文・河村祐介

空中キャンプ

ずっと前/BABY BLUE/SLOW DAYS/SUNNY BLUE/ナイトクルージング/幸せ者/すばらしくてNICE CHOICE/新しい人

1996 Polydor
(→2009 Universal Music)

文・野田努

『空中キャンプ』のジャケットの、普段着のまま宙に浮いている楽しそうな3人を見ていると、この音楽はダークサイドに背を向けた、爽やかで和やかな音楽だとなんとなくそんな印象を抱いてしまいそうだ。フィッシュマンズにそういう側面があることはたしかだろう。ロックステディやアーリー・レゲエに影響されたギター・ポップ・バンドが渋谷系やクラブ・ミュージックなどの新しいモードが台風の目となった90年代の日本の音楽シーンにおいて、ラヴソングを復権させる。じっさい佐藤伸治の感受性の強さは、それまでの4枚のアルバムにおいて潔癖で、素晴らしくロマンティックな曲をいくつも残してきている。が、『空中キャンプ』というアルバムはひと癖もふた癖もあって、佐藤のじつにきわどい歌詞がある。それがバンドの野心的な創造性とＺＡＫの冒険的な音響工作と融和したことで、永遠に色褪せないアルバムになった。しかしその魅力をもっともらしく定義しようとすると、ぼくにはどうにもしっくりこないという、やっかいなアルバムだったりもする。日常／非日常という二元論で割り切れるほど単純には思えないし、佐藤伸治が作者としての解説めいた話をあまりにも残していないこともリスナーは重要参考人を失った事件を扱っている探偵のような立場に追いやられる。逆にだから、解釈の自由度は高いとも言えるのだけれど。

海外では、ネットを散見したところ『Kuchu Camp』はドリーム・ポップというジャンルに落ち着いているようだ。このジャンル名は、メランコリックな雰囲気をもち揮発性のサイケデリックにコーティングされた、たとえばコクトー・ツインズやビーチ・ハウス、マジー・スターのような音楽を指しているが、とくに明確な定義はないし、上記のバンドとフィッシュマンズとのあいだに共通項を見るのは、『空中キャンプ』以前の作品も愛聴しているファンにしたらなおさら簡単なことではないだろう。

「世田谷3部作」に夢のような陶酔感があるのは事実だ。とりわけ『宇宙　日本　世田谷』のとくに前半には彼らなりのドリーミーな音響が高度に具現化されていると言っていい。だが、『空中キャンプ』はもっと多面的だ。〝ナイトクルージング〟の甘美な酩酊、〝BABY BLUE〟におけるポップ・レゲエのメロウな展開、〝新しい人〟で展開されるダブの静寂……。サウンド面で言えばじつにいろんな要素が混ざったアルバムで、たとえばクラブ・ミュージック的なアプローチも随所に見られる。彼らがクラブで踊っていたことはまずあり得ないとしても、〝すばらしくてNICE CHOICE〟や〝SUNNY BLUE〟といった曲におけるカットアップやブレイクビーツ風のリズムは、そのテンポもふくめてトリップ・ホップ（UKにおけるダブとヒップホップとの混合）とリンクしていると言えるだろう。そもそもヒップホップやクラブ・ミュージックはダブからの恩恵を受けているので、相性は悪くないのだ。

「窓はあけておくんだ　いい声聞こえそうさ」と佐藤伸治が歌っているようにフィッシュマンズはオープン・マインドだった。無駄を削ぎ落とし、必要な音だけを鳴らすダブの美学を継承するバンドではあったが、その音楽を拡張させることに関して能動的だった。『空中キャンプ』はそんなバンドが当時持っていたエネルギーのおそらくすべてを発揮できるプライベート・スタジオ、いつでも使えて、すべての音を自分たちでコントロールできる環境で生まれた最初の音楽だった。

　気取りのない、軽快でバウンシーな16ビートにダブ・ベースと小気味よいリズムギターが重なり、そしてはじまる〝ずっと前〟は、もし『空中キャンプ』において痛みが重要な要素だとしたら、アルバムの冒頭として完璧なチョイスだった。リラックスした雰囲気のなかで歌われる「彼女の暮らしは今始まってる」という出だしは、「ずっとそばにいて　大きなソファーベッドにヨコになって」という展開をもってまさに何気ない日常を想起させる。だが、そこに続く歌詞――「いつもそばにいる幸せは」「ある意味そんなもんで　ある意味ひとりぼっちなものなんだよ」になると様相は違ってくる。そもそもこの曲において彼女が何者かなどは重要ではない。重要なのは「冷たい夜」に「彼女の孤独」がノックされること、彼女のさみしそうな笑い、捨て犬みたいなさみしい目のほうだ。そして「孤独な影をしょったままで夜は更けてゆく」と。何気ない日常におけるさびしさ、甘いなかにも苦みを含んだポップの常套句と言えるのかもしれないが、だとしてもこれは歌の表舞台に出ているのが、いつの間にか苦みのほうに入れ替わっていやしないだろうか。このトリッキーな曲に続くのがフィッシュマンズの独壇場とも言えるポップ・レゲエ・ソング〝BABY BLUE〟だ。ヒプノティックな反復とエレクトロニクスが注入されたバンドの演奏も見事だが、循環コード上で展開される歌のメロディラインの美しさは群を抜いている。『Rubber Soul』における〝ノルウェーの森〟のようなポジションにあると言えるかもしれない。この曲がフィッシュマンズの楽曲リストにおいて3本の指に入る人気曲なのも、まずは洒脱で整ったアレンジと美しい叙情性ゆえだろう。だが、この曲を特別なものにしているのは佐藤の言葉だ。それは、恋人と寄り添いながらも夕暮れ時にふと襲いかかる日々には意味がないという虚無のようなもの、このまま自分が消えてしまいたいという切願だったりする。佐藤は、たいてい曲を作るときは歌詞から書いてそれにメロディをつけていったそうだ。ゆえにフィッシュマンズにおいては、よく日本のミュージシャンが言うところの「自分は洋楽を聴いて育ったから歌詞はサウンドでしかない」は当てはまらない。最初に言葉ありきなのだ。

　で、１９９６年当時、まずぼくを捉えたのはこれら2曲と『空中キャンプ』におけるもうひとつの名曲、〝ナイトクルージング〟だった。これはフィッシュマンズがたどり着いた極めつけとも言えるまったく見事なチルアウト・ポップだが、加藤典洋が『耳をふさいで、歌を聴く』（アルテス）のなかで指摘しているようにここにはドラッグソングと解釈されることが可能な歌詞があり、じっさいぼくも当時そのようにも聴いた。フィッシュマンズはこの時代によくいた、絞り染めのTシャツを着た足下のおぼつかないヒッピーとは明らかに違っていたが、90年代なかばの東京とは間違いなく繋がっていたし、この曲の陶酔的なムードは電気グルーヴの極めてセンチメンタルな〝虹〟のように、渋谷のセンター街の入口で（まだ合法だったとはいえ）白昼堂々とマジックマッシュルームが売られていた時代の雰囲気を捉えていると言えるだろう。もっともフィッシュマンズのことをサイケデリックとは括らないように、この曲にもそれとなく感じる日常性がある。しかしそれでも、「だれのためでもなくて暮らしてきたはずなのに大事なこともあるさ天からの贈り物」という言葉からは、ぼくはとんでもない陶酔の高みを感じてしまうのだ。〝ずっと前〟で何気ない日常のなかの孤独を描き、〝BABY BLUE〟がラヴソングの下に無常観を隠しているのなら、〝ナイトクルージング〟は日常のなかに陶酔を描き、さらにまたその陶酔の高みへと持っていこうとする。しかも、「だれのためでもなくて」という、つまりこれは自分は何ごとにも従属しないと常々思いながら生きてきたなかでのトリップで、ほんの一瞬だけの計り知れない喜びではないかと。

曲順でいえば〝ナイトクルージング〟の前に位置する〝SLOW DAYS〟は、ねばっこいリズムのパワフルだがけだるいムードの曲だ。佐藤はおどけたような声を出し、「ナイーヴな気持ちなんかにゃならない」「人生は大げさなものじゃない」と歌っている。これはその前の曲、〝BABY BLUE〟における「意味なんかない」や〝ナイトクルージング〟における「だれのためでもなくて」ともリンクする言葉だが、曲はラウドで、『空中キャンプ』の静的な側面とはコントラストを成している。また、歌詞に出てくる「終わりそうで終わらない」夏休みのような「こんな毎日をだるそうに過ごしている」は、この世界を認めるわけではないが結局はいまこの日々を生きるかしかないといういかにも佐藤らしいフレーズと言える。続く〝SUUNY BLUE〟は強力なグルーヴを有した、しかもサウンドの面での遊び心がある曲だ。ファンクの重たいリズム、シュガー吉永の歪んだギターが呼び込むサイケデリックに荒れ狂う空間と佐藤の震えるファルセット。曲のなかで彼はこう繰り返す。「夜にはいいことあるんだ」「やさしい気分になるんだ」「心のドアを開くんだ」。〝ナイトクルージング〟がドラッグソングと解釈される所以には、その前振りとも言えるこうした思わせぶりな言葉があるからだ。ちなみにspotifyの再生回数でもっとも少ないのが〝SUUNY BLUE〟とぼくが大好きな曲、〝すばらしくてNICE CHOICE〟だったりする。アルバムを通して聴けば、〝SUUNY BLUE〟は続く〝ナイトクルージング〟への繋ぎであり、その引き立て役としても機能しているし、いや、こんなノリノリの曲だからこそか、佐藤は曲の高まりのなかで彼の暗い逆説を繰り返してもいる。「悲しくなれるままに光を浴び続けて」と。90年半ばの日本の音楽シーンで悲しみを歌にすることは珍しくはなかったかもしれないが、光を浴びることで上機嫌になるのではなく悲しくなると歌ったミュージシャンは、おそらく佐藤だけだろう。

言うまでもなく『空中キャンプ』は絶望だけの作品ではない。〝ナイトクルージング〟の余韻を引き継ぐようにはじまる〝幸せ者〟は、ダブ漬けのフォーク・ロックだ。音数の少ない空間のなかで佐藤は、彼にしても珍しく捻りもケレンミもなく理想について歌っている。「みんなが夢中になって暮らしていれば別に何でもいいのさ」と。2ヴァース目の

「別に何でもいいのさ」では念を押すかのようにゴスペル・コーラスのごときヴォーカルが重ねられている。この〝幸せ者〟はアルバムのなかではやや浮いた感じがする曲で、〝BABY BLUE〟や〝ナイトクルージング〟と比べてポップスとしての完成度は高くはないかもしれないが、『男達の別れ』にも収録されているようにバンドにとって重要なレパートリーとなった。それというのも、やはり伝えたい言葉があるからだと思う。

　この曲に続くのはマッシヴ・アタックが70年代前半のベルリンで録音したかのような、スペース・ロックにトリップ・ホップを掛け合わせた〝すばらしくてNICE CHOICE〟だ。シュールな音響工作を施しながらも推進力のある力強い曲で、低い声で歌われる「目的は何もしないでいること」という佐藤の言葉は、このアルバムにおける数ある名文句のひとつだろう。何もしないということの前向きな意思表示。かつて〝Walkin'〟なる曲において多くを望むことを抑制するかのよう歌った「ぼくらは歩くただそんだけ何にも食べないでただそんだけだよ」を思い出すファンも少なくはないだろうけれど、ここで佐藤は「行動はそのためにおこす」とまで歌っているのだ。さらに言えばここには、いまのまま多くを望むことで世界が良くなるとは思えないという拒絶がある。それは続く〝新しい人〟における有名な問い――「音楽はなんのために鳴りひびきゃいいの」にも連なっているとぼくは思う。この科白は、80年代末からのCDの普及によって女性も音楽市場の主要な購買層に加わり、バブル崩壊後の90年代なかばも経済的には潤っていた日本の音楽シーンにおける共犯者に佐藤がなれなかったことを物語ってもいる。

　じっさい『空中キャンプ』がリリースされた当時、この作品を積極的に評価したメディアやライターは決して多くはなかったし、初期からのファンのなかには批判的だった人も少なくなかったとも聞くが、ぼくはこのアルバムとの出会いがなければこんなにもフィッシュマンズを好きにはならなかっただろう。1996年といえばこの時代の台風の目となったダンス・カルチャーにも陰りが見えはじめていた頃で、当初DIYだったシーンに資本が入り、アンダーグラウンドは解体し、お決まりのコースとしてその文化の熱量は落ちていった。よく言われるようにクラブ系のリスナーのほうが『空中キャンプ』を受け入れやすかったとすれば、トリップ・ホップを咀嚼したサウンドへの親しみやすさがあったのは事実だが、それよりも衰退するシーンのなかで漠然と感じていた悲しみや孤独といったメランコリーをこの作品に見出していたからに他ならない。しかもこのアルバムは多幸感を残しつつ痛みがあり、そして痛みを感じることは正しい、孤独を感じることは間違っていないと言っているようなのだ。『空中キャンプ』はリリース当初では多く聴かれることはなかったかもしれないが、じょじょにリスナーの数を増やしていったという希有な作品だ。21世紀も20年以上過ぎた現在においてもなおこのアルバムの輝きが失われていないのだとしたら、ここで見せた音楽の可能性と否定性を含めたメッセージらしきものがいまも切実なまでに有効であるということに違いないだろう。

　アルバムの最後を締める〝新しい人〟におけるダブの広がりは崇高でさえある。メランコリーの欠片もないどころか、はっきりと希望が歌われている。佐藤はそれを「格好悪い人」で「優しい人」で「みっともない人」だと表現している。なかば強制されるレールから逸脱した人たちとの共振。人が商品として生きはじめ、心傷つき、運命を諦めてしまっているかのような現在ではなおのこと響く「みっともない人」への思慕。『空中キャンプ』のジャケットにいる3人は、どこにでもいるような若者たちに見える。佐藤伸治もまたしかり。風変わりな天才というよりは、街のその辺に彼女と一緒にややうつむき加減で座っている、どこかで見たような若者のひとりとして。

LONG SEASON

LONG SEASON

1996 Polydor
(→2009 Universal Music)

文・ジェームズ・ハッドフィールド
訳・江口理恵

フィッシュマンズの佐藤伸治の存命中に、バンドの真価に値する海外のオーディエンスを獲得していたらという架空のタイムラインを想像したくなる。特に最高の偉業である『LONG SEASON』に関しては、海外レーベルからの関心も非常に高かったものの、契約の問題でコーネリアスの『FANTASMA』のような世界発売は叶わなかった。

自分のことをいえばリアルタイムで聴くことができたらどんなによかっただろう。1996年10月に日本でリリースされた『LONG SEASON』は1997年にしれっと海外で発売されていたかもしれないのだ。プライマル・スクリーム『バニシング・ポイント』、ザ・フレーミング・リップス『Zaireeka』、モグワイ『モグワイ・ヤング・チーム』、ジ・オーブ『オーブリヴィオン』、スピリチュアライズド『宇宙遊泳』、そしてレディオヘッドの『OKコンピューター』までもが出た年だ——おそらく、ヒットしただろう。

ポリドールとの契約により、DAW完備の自分たちのプライベート・スタジオを手に入れ、好きな時間に録音できるようになってから、すぐにグループのサウンドに効果が現れた。『空中キャンプ』ではライヴ・バンドからデジタル・ハイブリッドなバンドへと変化し、〝ナイトクルージング〟ではメンバーが各自のパートを直接コンピュータに録音。茂木欣一は近所迷惑にならないように、MIDIドラムを使用した。

ワイキキビーチ・スタジオはフィッシュマンズに、より緩やかなスタイルで音楽に向き合う自由を与え、『LONG SEASON』で最大限の表現となって結実した。紙の上では、このアルバムはポリドールとの契約で課せられたリリース枚数の義務を達成するための、便利な方法ではあった。しかし実際には6分の曲をフル尺のアルバムに引き伸ばすという一見投げやりなコンセプトが、彼らの最も豊かで聴く者を夢中にさせる作品となったのだ。(本作収録の多くの素材は従来のスタイルのスタジオ録音によるものであり、〝形にはまった〟前作よりも、明らかに時代遅れのサウンドには感じない理由かもしれない)

オリジナルの〝SEASON〟は、バンドにとって最も重要な曲のひとつというわけではなかった。『空中キャンプ』収録の曲に比べるとアレンジには半端な乱雑さがあり、複数の違う方向に、同時に引っ張られている感じだ。しかしより大きなキャンバスが与えられ、曲は制約から解放され、ジャム・セッションからリミックス、本格的なサイケデリックなコラージュへと変容しながら、行きつ戻りつした。『LONG SEASON』の途轍もなく長く引き伸ばされた中心部では、この曲自体がすっかり消えてしまったかのように、水滴と渦巻の夢想の中を彷徨い、BOREDOMSが『Super Roots』でやっていたような、歪んだドラミングの連打にとって代わられる。

ポリドール時代のフィッシュマンズが日本のダンス・ミュージックのファンに慕われたのは、ギター・ロックのヴァース／コーラス理論よりも、グルーヴとテクスチュアが優先された音楽だったからだといえる。アルバムの冒頭の数分で、いくつかのメロディックなモチーフのあとに佐藤のヴォーカルはループされたり、刻まれたり、エフェクトをかけられる素材の一つとして扱われる。特定の言葉やフレーズ――「走ってる」、「僕ら半分夢の中」――がマントラのように繰り返され、旅全体のムードを盛り上げる。『LONG SEASON』は、〝SEASON〟に比べて歌詞が少ないのが特徴的だ(これが、アルバムが日本人以外の海外リスナーにも受け入れられている理由かもしれない)。

フィッシュマンズの、固定されたミューシャンのグループとしての感覚はこの時点ですでに崩れ始めており、『LONG SEASON』は佐藤をただ一人の固定メンバーとした、変幻自在のプレイヤーたちによるバンドという、来るべき姿を示すものだったのかもしれない。UAが恍惚としたヴォーカルを披露し、ASA-CHANGが茂木とのパーカッション・バトルを繰り広げる。厳密にはサポート・メンバーであるHONZIが重要な役割を担い、柏原譲のダブ・ベースがアルバムをひとつにまとめる一方で、彼女のヴァイオリンとアコーディオンがサウンドの個性を際立たせている。

茂木が後に、「〝自分は楽器をプレイする1ミュージシャン〟という立場から〝自分はフィッシュマンズサウンドの素材そのもの〟に変化していったのかな?」と語っている。この標準的なロック・バンドとしての役割の曖昧さは、イギリスの音楽ライター、サイモン・レイノルズが数年前にシーフィール、ステレオラブ、ケヴィン・マーティンなどのアーティストについて「ポスト・ロック」という用語で表現したことと類似している。レイノルズはこの用語が特定のスタイルの同義語となる以前に、〝楽器としてのスタジオ〟というメソッドを取り入れたブライアン・イーノなど、リアルタイムの演奏とデジタル・エンハンスメントを融合させた、より自由度の高いアプローチを「ポスト・ロック」としてみせた。

フィッシュマンズが『LONG SEASON』でやったのは、自分たちの音楽を無限の、適応性のあるものに変化させることだった。これには、バンドが完全にライヴのみで演奏した音楽を、最終的に縫い合わせて完成させた責任者、ZAKの功績が大きい。彼の貢献をマイルス・デイヴィスの作品におけるテオ・マセロに例えることもできるが、それよりもアンドリュー・ウェザオールがダブやダンスフロアの方法論を駆使して、正統派ロックの概念を解きほぐしたことに近いかもしれない。彼はフィッシュマンズを遠い外の世界へと導く手助けをした。97年の『宇宙日本世田谷』には、バンドがこれまでに発表した中でも、最も無重力な音楽がいくつか収録されているが、『LONG SEASON』でこそ、彼らは自分たちを超越するまでの所にたどり着いたのだ。

LONG SEASON

1996 Polydor
(→2009 Universal Music)

LONG SEASON

佐藤伸治にした質問で最も早く答えが返ってきたのは「『空中キャンプ』って短いよね?」に対する「そうですよね」だった。そのあと、「もっと聴いていたいのに」と続けたのはどっちだったか忘れてしまったけれど、自分がつくったサウンドをもっと長く聴いていたい、だから「長いやつをつくろう」という発想だったのだろう、『LONG SEASON』は。シンプルである。合理的ともいえる。もうひとつ、ワイキキで佐藤伸治と交わした雑談のなかで印象的だったのは、マッド・プロフェッサーによるマッシヴ・アタックのリミックス・アルバム『No Protection』はあまりよくないというのがあった。1995年にリリースされた『No Protection』はあの当時、誰もがチル・アウトに最適と褒めそやしたダブ・アルバムで、自分だけが否定的に感じているのかと思っていたら、佐藤伸治もあれはよくないと言い、珍しく意見が一致した。ドラッグ・ミュージックをおもちゃのように捉えているだけで、音楽が伝えるべき感情をどこか置き去りにしているという意味ではトランスと同類だというのが僕の見解で、佐藤とはそこまで詳しく話し合わなかったものの、いまにして思えば、佐藤も似たようなことを別な回路で感じていたから『No Protection』に必要な感傷を足して『LONG SEASON』へと発展させるというアイディアが湧いて出たということも考えられる。『No Protection』を批判的に聴いていたという事実はフィッシュマンズのような音楽をやっていればそれを補う位置にいて、実際にやってしまったのだと解釈することはぜんぜん可能だし(なにせ柏原譲のヒーローであるホレス・アンディも参加しているアルバムである)、『空中キャンプ』で勢いがついていればそこは踏み出しやすかった面もあったに違いない。『No Protection』の、たとえば〝Cool Monsoon (Weather Storm)〟のような曲を『LONG SEASON』は断片的に再現しながら、もっと大きなヴィジョンでそれらをみっちりと包み込んでいく。無目的なトリップ・サウンドをメンタル・ミュージックとして生まれ変わらせ、音楽からドラッグによって失われてしまうものを奪回するかのように。縦横無尽に音が滑り、右から左から音がフィル・インしてくる発想はまったく共通で、幾重にも残像を残すようなZAKのミックスがダブという手法を使い倒していることは誰の耳にも明らか。それこそ音が鳴ることが可能な空間の「スミからスミまで」を使って「遊びたい」と言わんばかりである。いきなり前景に置かれる鈴の音や少し遠くで鳴っているように聴こえるドラムなど、音のパースペクティヴのなかで前後に揺さぶられる感じは90年代のチル・アウト・カルチャーがゆっくりと育んできた価値観そのものであり、わずか1ヶ月先にリリースされたDJシャドウ『Endtroducing...』とは見事にシンクロした感もある（〝Building Steam With A Grain Of Salt〟でピアノのリフがあまりにも似ているのは驚いた）。『男達の別れ』のライヴ・ヴァージョンで顕著なように〝Part4〟から〝Part5〟へ移行するあたりは散らばったままの音が（絡み合うという意味での）楽器のアンサンブルとは違った響き合いを構成し、中期のクラフトワークがライヴで表現していた空間性にも迫るものがある。ギター・ソロに被さってくるピアノの音量やバスドラムの深い振動などほんとにすべてが絶妙で、高度経済成長という時代背景を持ったクラフトワークが『Autobahn』で楽天的な気分を全開にしてフリーウェイを疾走していたのとは対照的に、経済の縮小期に入った日本がかつてない閉塞感に押しつぶされていた時期の寄る辺ない気分を〝LONG SEASON〟の「走ってる」は見事に掬い上げていく。♪思い出すことはなんだい?～と、楽しかったことは過去で、♪もうすぐ秋だね～と、黄昏ていく日本が気温の低下していく季節と重ね合わされる。佐藤伸治がかつて♪この国の気分は変わりすぎて疲れるぜ～と歌ったことを忘れてはいけない。「国の気分」というものを彼は感知しているのである。『LONG SEASON』はこれでもかと切ないムードを畳み掛け、何重にも塗り固めながら次第にスケールを膨らませる。そこにあるのは死と再生かもしれないし、ここで生きるしかないという諦念の裏打ちかもしれない。ミニマルで、悪くいえば自己完結でよしとしていた『空中キャンプ』はもうどこにも残っていない。「もっと聴いていたい」という初期衝動は製作の過程でまったくの別物となり、佐藤自身にとっても自分が聴きたいという実用性も合理性も消し飛んでいたに違いない。それこそまるで違う世界が開かれてしまったのである（わずかに言えるのは『King Master George』に収録されていたジャム・セッション〝トナカイ〟だけが過去との接点にあたるのではないかということ）。いずれにしろ『LONG SEASON』がリリースされたのは、同じくスモーカーズ・デライトなシンフォニック・ロックのシガー・ロスが『Ágætis Byrjun』をリリースするよりも3年も前で（佐藤が生きていたら〝Svefn-g-englar〟をどう聴いただろうか。声も似たような高さだし）、岩井俊二が『リリィ・シュシュのすべて』で日本の死と再生をメタファーとして描き出すよりも5年も早かったということ。〝LONG SEASON〟はその後、ライヴで演奏されるたびにエッジを柔らかくし、だんだんと澄み切った印象に変化していく。HONZIのピアノが染み渡り、佐藤のギター・ソロがオーディエンスを恍惚とさせる。ゆらゆらと踊りながら黄昏ていく気分。その記憶は体のすみずみにいつまでも残っている。

文・三田格

宇宙 日本 世田谷

POKKA POKKA/WEATHER REPORT/うしろ姿/IN THE FLIGHT/MAGIC LOVE/バックビートにのっかって/WALKING IN THE RHYTHM/DAYDREAM

1997 Polydor
(→ 2009 Universal Music)

文・水越真紀

最高傑作はやはり『空中キャンプ』だと改めて思う。なぜ『宇宙 日本 世田谷』ではないのだろう。それまでのフィッシュマンズにあって『空中キャンプ』でなくなっていたものは「皮肉」だ。人間や世界を見る目の皮肉っぽさは、佐藤伸治のトレードマークのようなものだった。あたたかみのある、ゆるくてふわふわして穏やかといったイメージに、フィッシュマンズを埋没させなかった大きな要素だった。けれども『空中キャンプ』の歌詞からは、斜に構えた表現や皮肉といったものはなくなっていた。「いつもそばにいる幸せは　ある意味そんなもんで　ある意味ひとりぼっちなものなんだよ」(〝ずっと前〟)、「長くはかなく日々は続くさ　意味なんかない　今にも僕は泣きそうだよ」(〝BABY BLUE〟)、「目的は何もしないでいること　行動はいつもそのために起こす　そっと運命に出会い運命に笑う」(〝すばらしくてNICE CHOICE〟)などなど、どの曲も、真っ直ぐな視線で世界を、人間を、生活を言葉にしている。このことはその前の『ORANGE』から始まっていたとは思うが、たとえばアルバム冒頭の小嶋謙介の面影を感じさせる〝気分〟にある「勇気のカケラも見せずに死ぬのはだれですか　大きな声も出さずに死ぬのはだれですか」はそれまでとは違う強いシリアスさを湛える。照れ隠しのための武器だった皮肉的表現がもう必要ではなくなったのか、あるいは自覚的にそれを放棄したために得た成熟だったのかは分からないが、そのアルバムは発売から時間をかけてファンの幅をジャンル的にも年齢層的にも大きく広げ、たとえばカルチャー誌「スタジオボイス」や「クイック・ジャパン」、テクノ雑誌の「ele-king」などが熱心に取り上げるようになった。

『空中キャンプ』というアルバムは、冷たくも熱くもない、シンプルでも過剰でもない、ドライでも湿っぽくもない、前向きでも後ろ向きでもないし、右にも左にも傾いていない――これはあくまでも観念の話だが、どのように言えばいいだろう。人間の感情にはスウィッチがある。動物と子供を使った映画で観客を泣かせるようなことだ。たしかに涙腺は刺激されるが、それは作品に感動していることとは違う。そのように生理に訴えることは音楽や文学でも可能だ。だけど受け手としてはそれでは納得がいかないではないか。まさに「この世の不幸は感情操作とウソ笑い」（〝幸せ者〟）ということだ。『空中キャンプ』には平たく言えば生理に訴えるような押し付けがましさがまったくない。そのような意味で、『空中キャンプ』は真ん中にあった。どこにも傾かず、まさに空中に浮かんでいるような（自立のためのではなく）世界に対するバランスを持った（サウンドというより）存在。その「次を作る」ということは、この何ものにも規定できない際どいバランスの「真ん中」からどこかしらに向かって一歩踏み出すことになる。そうせざるを得ない。踏み出した『LONG SEASON』の40分近い長さを支えたもの＝踏み出した一歩は物語性だった。

　それはフルアルバム『宇宙 日本 世田谷』にも踏襲された。『宇宙 日本 世田谷』という三語がイメージさせる、「世界」の広がり、リズム、テンポ、それらをなぞりながら内向してゆく感触は、たとえば今なら、液晶画面を滑らせる指先の動き一つで遠景も近景も自在に行き来きするような日常的なものになっている。そんな先取り的なイメージを持つこのアルバムのサイケデリックなサウンド、アレンジのグルーヴや美しさの完成度はバンドの成長と安定を感じさせる。「歌」を聴かせながら、両輪の一つの存在感でもう別の世界もイメージさせるほどの物語性の構築は見事だ。しかし豊かな物語性ゆえの整合性が「手慣れた」「手練」を感じさせることは否めない。映像的と感じさせることは説明的という意味でもある。歌詞とサウンドが合いすぎているというのか、意地悪く言えば、説明的な映画音楽にも似ている。思えば『空中キャンプ』では、たとえばベスト盤『宇宙』に収録されている〝ナイトクルージング〟のデモバージョンを聴くと、佐藤伸治の最初のアイディアがいかにバンドのメンバーそれぞれの力で、揺れやぶれや滲みのような多層的な膨らみを得たのかがよくわかる。『宇宙 日本 世田谷』で佐藤がより完成されたデモテープを作り込んできたことは知られた話だが、それは彼の創作意欲の表れでもあったのだろうが、他者との間に発生する違和感がもたらす種類の豊かさは得られなかった。『空中キャンプ』の直後に作られ、4バージョン入りのマキシシングルにもされた〝WALKING IN THE RHYTHM〟を例外としてだが。

　一方でその印象とは裏腹に、ここで歌われている歌詞は私の脳を釘付けにした。このアルバムは極めて時事的な作品だ。90年代が終盤に差し掛かった１９９７年を生きる中途半端な（定住先を持たない）人々を捕まえたのではなかったか。「好きな人と好きなものだけと生きること」の素晴らしさと、他をすべて投げ打ってもそれを実現できると目論む若い傲慢さは20世紀後半のユースカルチャーを輝かせてきた。デビュー以来のフィッシュマンズの輝きも例外ではなかった。けれどもこのアルバムは違った。あえて言えばそれは21世紀の、細分化されていく孤独を先取りしたような行き止まり感に「満ちて」いる。『空中キャンプ』が満開の花だとすれば、『宇宙 日本 世田谷』は止めどなく散る花びらのようなはかなさを持っている。90年代の日本が80年代までの戦後とは違ったのは、80年代までのように経済の豊かさとユースカルチャーの気分が連動しなくなってきたことだったのではないか。ある部分には強くバブルの余韻が残りながら、ある部分には深刻なリストラが襲い、円高でレコード・CDを含む輸入品が格安で手に入りながらも将来が見えるような職場がみるみるうちに消えていく。世代に関わらず、目の前の生活は豊かなのに来年の自分がどうなっているか分からない、逆に言えば定職についていなくてもなんとか生きていられてしまう。そういう時代の心情を、フィッシュマンズの歌は写しとり描き出していた。佐藤伸治が作ってきたデモテープそのままですでに完成されていたという〝IN THE FLIGHT〟がその真骨頂ではないか。「ドアの外で思ったんだ　あと10年たったらなんでもできそうな気がするって」「でもやっぱりそんなのウソさ　やっぱり何も出来ないよ　僕はいつまでも何も出来ないだろう」と呟いて、青年は心の中のドアの向こうに引きこもる。二人でいながら「ひとり」という観念が繰り返し歌われるアルバムの中でも、この歌詞はひときわ拒絶的に感じる。「目の前の日常生活」の繊細な感受性が暴力的に裏切られてゆき、政治や社会がぐっと身に迫ってくる21世紀のとば口に発生したその孤立感は、21世紀の日本の空低く漂い続けることになり、今に至っている。実際に歌詞を追えば、いつもと変わらない日常の風景が見える。にも関わらず、そんなふうに感じるのは、サウンドの美しいドラマ性ゆえではないか。それが押してくるのが私の中のスウィッチなのだ。私の感情はこの美しさに孤独を感じるのを拒むことができない。つまりこのアルバムの前で完全に自由になることができない。それが、『宇宙日本世田谷』という作品をフィッシュマンズの最高傑作であると、私には言えない理由なのだけれど、同時に、底なしの分断する世界で、孤立こそが安らぎであるように、21世紀を見た私には、とても愛惜しい作品だ。

アナログ盤（ジャケット違い）

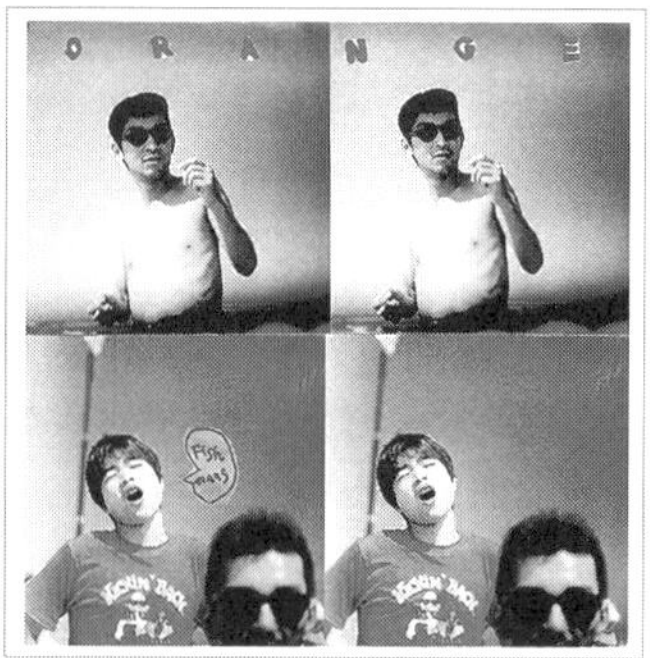

8月の現状

Oh Slime/WEATHER REPORT/ナイトクルージング/静かな朝/SUNNY BLUE/バックビートにのかって/ずっと前/それはただの気分さ/SEASON/Just Thing/新しい人

1998 Polydor
(→2009 Universal Music)

フィッシュマンズは非凡なライヴ・バンドで、しかも、この時期は曲のアレンジがどんどん変わっていくことに驚くだけだった。しかし、20年も経ってみると、いささかパラノイアックな印象も拭えない。当時、佐藤は辛いと言いながら「やらざるを得ない」と表現し、快楽原則で音を出していたはずの彼らがどこか変質していたことは確か。その動機もナゾだし、近年の茂木が前期の活動にこだわるのも末期に意識を集中させたくないからだと思えてしまう。世田谷3部作で疲弊したフィッシュマンズは新作を要求するレコード会社に無理だと答え、代わりに『Oh! Mountain』と同じライヴ・ダブ・アルバムを逆提案、佐野ディレクターが録りためていた2年分の素材からテイクを選び、偶発的に生まれたスタジオ・セッションを足すという構成に発展する(詳しくは本別冊で行った佐野ディレクターへのインタビュー参照)。移籍を前提につくられ、地方だけのテイクで固めた『Oh! Mountain』が未来への展望にあふれたものだったのに対し、東京でのライヴを中心に選曲の方向性もバラバラ、最も天国的な部分や暗闇に沈んだ面が反映されず、悪く言えば横道ばかりにこだわっている感もあり、TOKYO NO.1 SOUL SETとの〝ナイトクルージング〟や最強のファンク・ナンバーでありながら間奏でグルーヴを断ち切る〝WEATHER REPORT〟など「曲のポテンシャルを最大限まで引き出したかった」という佐藤の意図は一面では達成され、決め事から一切解き放たれたかったという〝新しい人〟の凄絶さなど異様に心に染み渡りつつも、うまくいかなくなり始めた苦しさや泣きたい気持ちが奇妙な甘美さとともに滲み出す。一方でカントリーっぽく聞こえる〝SEASON〟はかつてなく心安らいだり。エンジニアは西川一三、アナログ盤は林皇志によるミックスなど収録曲の半分近くが異なる。

文・三田格

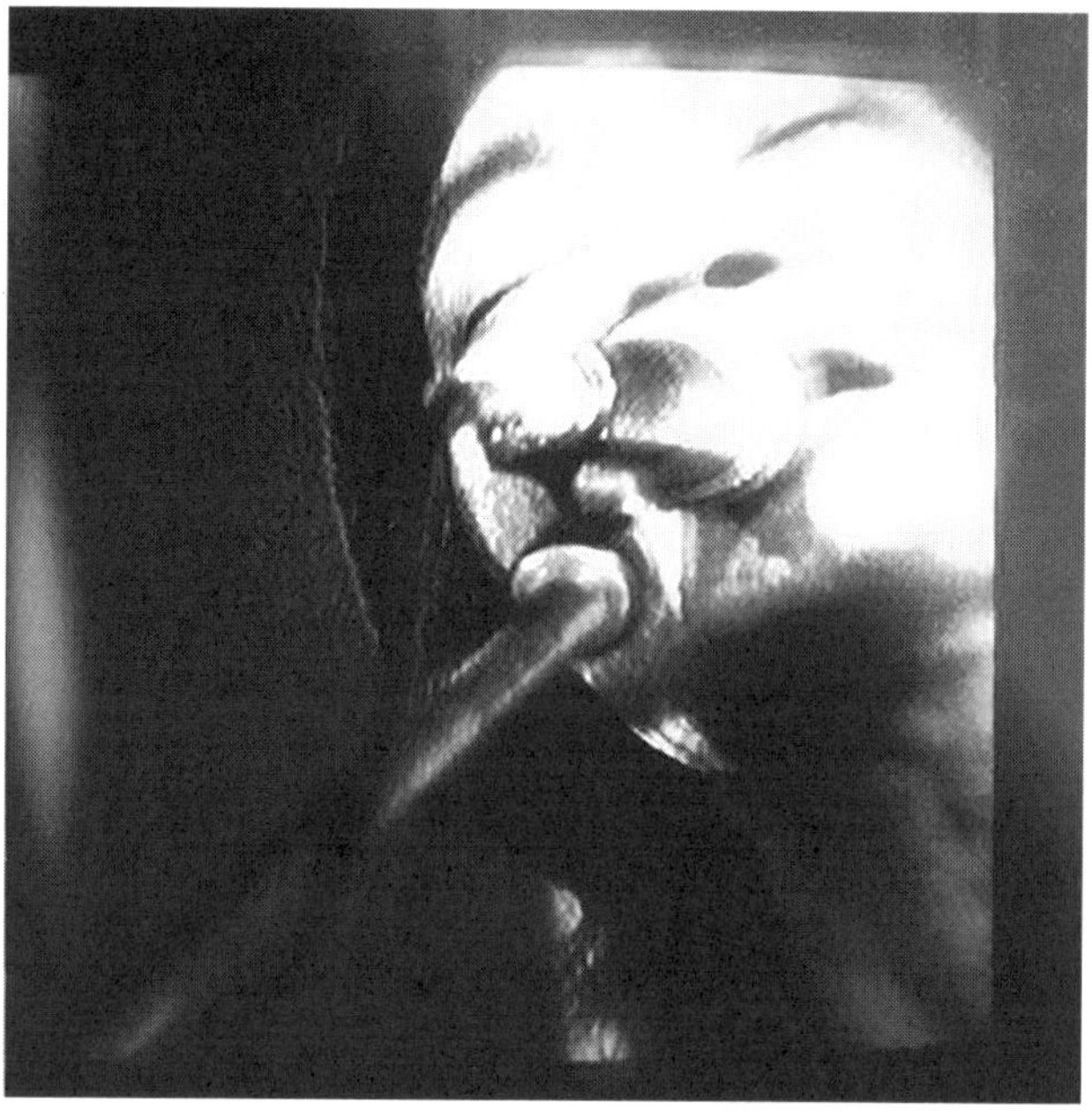

98.12.28 男達の別れ

Oh Slime/ナイトクルージング/なんてったの/Thank You/幸せ者/頼りない天使/ひこうき/IN THE FLIGHT/WALKING IN THE RHYTHM/Smilin' Days, Summer Holiday/MELODY/ゆらめき In The Air/いかれたBaby/LONG SEASON

1998 Polydor
(→2009 Universal Music)

文・松山晋也

生き物としてのバンドの終焉を記録したドキュメンタリーとしてこれ以上のものがあるだろうか。

既に脱退を表明していた柏原譲が参加した最後のコンサートの音源集である本作のリリースは、佐藤伸治急逝の約半年後だった。コンサートの時点では、フィッシュマンズはこれからも続く、続いてほしいと誰もが思っていたはずだ。実際、佐藤もMCではドラムスの茂木欣一と二人でやっていく旨を表明しているし、年が明けてからは茂木と新曲の音源をやりとりしていたという。しかしそれでも、ここには確かに、定められた終焉の気配がある。命が燃え尽きる時の白い輝きがある。それは、未来に向けての希望を掲げながらも厳かに鳴り響く自らへのレクイエムだった。ここにある複雑な感情とただならぬ熱気は、やはり万人に届くのだろう。2021年の今、本作は海外でも異常なまでの人気アイテムとなっている。フィッシュマンズは、現役時以上に解散後の人気と評価がどんどん高まっていったバンドではあった。まるで、はっぴいえんどのように。00年代に入ってからは、韓国や台湾などアジア圏では熱心なリスナーやフォロワーが現れるようになっていたわけだが、近年はその人気が欧米諸国にまで広がっているのだ。それも半端ない熱量と勢いで。中でも、本作に対する反応はすごい。オンライン最大級の音楽データ・ベース&コミュニティ・サイトの一つである《Rate Your Music》の総合チャート〈top albums of all-time〉では、現時点(21年4月半ば)で本作は17位につけている。新旧問わず世界中のポップ・ミュージック作品を対象に一般リスナー(大半が米国を中心とした欧米人)が採点/投票した結果の17位、である。1位はレイディオヘッド『OK Computer』、2位ピンク・フロイド『炎』、3位キング・クリムゾン1st。その他、8位ビートルズ『Abbey Road』、9位ヴェルヴェット・アンダーグラウンド＆ニコ『同』…で、21位ビーチ・ボーイズ『Pet Sounds』や54位イエス『危機』等よりも本作の方が上だ。ちなみに、３００位までに入っている日本の作品は本作と44位フィッシュマンズ『LONG SEASON』、２８４位裸のラリーズ『'77 Live』の３枚のみ。また、このサイトの部門別チャート〈ドリーム・ポップ〉部門と〈ネオ・サイケデリア〉部門では、なんと本作が1位で『LONG SEASON』が2位。更に〈ドリーム・ポップ〉部門では、『宇宙 日本 世田谷』が7位、『空中キャンプ』が20位と、ベスト20にフィッシュマンズの作品が4枚も入っている。快挙というより異常というべきか。まず5年ほど前から米国で『LONG SEASON』に火がつき、ストリーミングが始まった2年ほど前からは本作が急速に注目され始めた。同サイトに寄せられたコメント群には、フィッシュマンズという日本のサイケ／ドリーム・ポップ・バンドを発見した欧米リスナーたちの驚き、その最高傑作としての本作への賛辞、とりわけラストに収められた〝LONG SEASON〟から受けたショック等々がこれでもかと綴られている。そして驚くべきことに、歌詞の内容はわからなくともサウンド全体からフィッシュマンズというバンドの本質、本作に刻み込まれた佐藤の孤独と哀しみ、命を燃やし尽くすほどの音楽への情熱と覚悟がしっかりと感受されている。それを可能にした最大の功績者は、録音とミキシングを担当したＺＡＫだろう。

スタジオ・アルバムとしては『Neo Yankees' Holiday』から関わり始め、特にハワイ・スタジオ制作の『空中キャンプ』『LONG SEASON』『宇宙 日本 世田谷』では作品を重ねるごとに〝フィッシュマンズらしさ〟をメンバー以上に深く、厳しく探求していったＺＡＫにとっても、本作は畢生の傑作となったはずだ。ライヴ盤としては95年の『Oh! Mountain』もＺＡＫが担当していたが、本作での音響と比べるとその差は歴然としている。本作では全体的にかなり深いリヴァーブがかかっているのだが、楽器やヴォーカルの音は各々がくっきりとクリアに分離し、しかもトータルなサウンドとして豊かなヴォリューム感と恐ろしいほどの透明感がある。その透明感から醸し出される浄土性こそがフィッシュマンズの正体だと見抜いていたＺＡＫが数年をかけて遂にたどり着いたのが本作だったのではないか。それまでの歩みを振り返るように過去作品から満遍なく選曲された全14曲。よりダビーになった〝ひこうき〟、デモ・テープ的だった原曲にバンド・アンサンブルを施した〝IN THE FLIGHT〟、冗長な部分を削ぎ落とした〝WALKING IN THE RHYTHM〟、激しくアッパーにグルーヴする〝Smilin' Days, Summer Holiday〟……どの曲も、オリジナル版ではここが足りなかった、ここをもっとこうすべきだった、というメンバーの反省点がことごとく修正されたと思しきアレンジと演奏も見事のひとこと。より壮大かつ劇的に練り上げられた41分25秒の〝LONG SEASON〟は、サイケ・ロック、プログレ、ダブ、テクノ、ミニマル系現代音楽など様々なファンをまとめて悶絶させてしまうはずだ。海外リスナーたちが驚愕したのも当然である。60年代高度成長期から80年代バブル期に蓄積された遺産を食いつぶしながら誰もがフリーター気分で安逸に浮遊した90年代。そこは、抱えきれないほどの自由さと同時に、無気力と無関心、虚無感と刹那性におおわれた甘美な焦土であった。そして、その甘美さを噛みしめつつも、自由であることの恐ろしさと哀しさを切実に歌い続けたのがフィッシュマンズであり、一貫して自由と孤独を何よりも愛しながら、しかし人との絆を求め、別れを恐れたのが佐藤だった。「わかりあえない」という諦念と「わかりあいたい」という叫び声がアンビヴァレントに交響した白鳥の歌がここにある。

LONG SEASON '96 ~ 7 96.12.26 Akasaka Blitz

Oh Slime/Go Go Round This World!/なんてったの/土曜日の夜/バックビートにのっかって/エヴリデイ・エヴリナイト/SUNNY BLUE/Smilin' Days, Summer Holiday/すばらしくてNOCE CHOICE/夜の想い/ナイトクルージング/LONG SEASON

2016 Universal Music

１９９６年のフィッシュマンズは２月に『空中キャンプ』を、そして10月には『LONG SEASON』をリリース。付け加えるなら〝ナイトクルージング〟が発売されたのは前年の11月。わずか一年の間にこれらの重要な作品を矢継ぎ早に出したことには驚かされるが、言い換えるとこの年は、バンドの音楽性が劇的に変化していった、メンバーにとってもきわめて重要な年だったに違いない。『LONG SEASON』発売直後に行われた年末ツアーはその集大成となるものであり、それは当然ながら、プライベートスタジオで綿密に作り込まれた彼らの新しい音が、ライヴにおいてどのように試されるかが焦点となった。本作はそのツアー最終日、赤坂BLITZでの音源を収録したものだ。デビュー25周年となる２０１６年にリリース。後期フィッシュマンズのライヴの模様は『８月の現状』や『98.12.28 男達の別れ』でも知ることができるが、本作はそれらに比べるとサウンド全体のディレイ・リバーブがやや控えられた印象を与える。佐藤のヴォーカルも、やはり最晩年のライヴ・アルバムに比べると聴き取りやすい。つまり総じて本作は、ダブ的な音響処理による浮遊感漂うテイストが後のライヴ音源に比べれば弱くなっている。その音は、フィッシュマンズが今まさに『空中キャンプ』から『LONG SEASON』以降へ向かう変節の瞬間を、すなわちこのバンドが中期を脱して後期を迎えつつあることを、まさしくライヴ的にわかりやすく伝えるものとなっている。それをとりわけ強く実感させてくれるのは、むろんDISC2に収録された〝LONG SEASON〟でのパフォーマンスであるに違いない。結末へ向かって限りなく音像がにじんでいくような『98.12.28 男達の別れ』のヴァージョンと比較すれば、クリアな印象を受ける本作のヴァージョンは『空中キャンプ』から受け継がれたものを感じさせて、これはこれで心地よい。

文・さやわか

若いながらも歴史あり 96.3.2 @新宿 LIQUID Room

Oh Slime/Smilin' Days, Summer Holiday/Thank You/土曜日の夜/ずっと前/SLOW DAYS/BABY BLUE/忘れちゃうひととき/Go Go Round This World!/すばらしくてNICE CHOICE/SUNNY BLUE/気分/チャンス/いかれたBaby/オアシスへようこそ/感謝（驚）/ナイトクルージング/新しい人

2021 Universal Music

文・水越真紀

『空中キャンプ』発売時のライヴ。佐藤はずっとライヴのままでのリリースを承諾しなかったということだが、完璧主義ゆえなのか？　しかし移籍して思い通りのスタジオを作り、『空中キャンプ』を完成させたときのライヴが素晴らしくないわけがない。同時に、この時期から数年の彼らの成長がいかにダイナミックだったのか、この若々しく瑞々しいパワーが迸るライヴから感じることもできる。新曲を歌うときの揺れや軽いつまづきのような声が伝える臨場感に、佐藤伸治のあの奇妙な手の動きや不規則に反ったり揺れたりする体、独特の仕草や大きな目を閉じて歌ったり見開いたりする表情なんかが見えるような、時空を飛べる出来上がり。油が乗り切っている時期だということは最初の一音から感じる。これから彼らがやっていくことを、今これを聞く私たちは知っている。だからこそ感じられる高揚感というものがあるのだと思う。フィッシュマンズのライヴは長かった。フィッシュマンズはやっぱりライヴだね、そうだそうだと帰り道には言い合った。ライヴに行くようになってから、フィッシュマンズのライヴはどんどんすごくなっていった。しかし、この『空中キャンプ』を完成させた直後のこのライヴはそれ以降に私が聞いたどのライヴとも違う。オープニングのメンバー紹介ナンバー〝Oh Slime〟から〝Smilin' Days, Summer Holiday〟にいたるただそれだけでググッと海の底へでも連れていかれるようだ。深い、底だ。この前半の青青しさがたまらない。弾けている。ヴォーカルだけじゃない。気持ちの良いベースやときに繊細なささやきを交えるようなドラムやヴァイオリンに飲み込まれる。実力はのちのフィッシュマンズに敵わないかもしれないが、このライヴの快い張り詰め方はここでしか聴けないと思う。後半の〝すばらしくてNICE CHOICE〟〝ナイトクルージング〟に見え隠れする幼さなども短所ではなく、まさに天からの贈り物だ。ＺＡＫがリマスター。

walkin'
FISHMANS

「ひこうき c/w Little Flapper」
1991 Virgin Japan

「いなごが飛んでる（東京タワー・ミックス）c/w It's Be Alright!」
1991 Virgin Japan

「100ミリちょっとの c/w あの娘が眠ってる」
1992 Virgin Japan

「Walkin'/青空のように/いなごが飛んでる（東京タワー・ミックス）」
1993 Media Remoras

文・磯部涼

フィッシュマンズは佐藤伸治の生前――91年4月の〝ひこうき〟から98年12月の〝ゆらめきIN THE AIR〟まで、計14枚のシングルをリリースしている。後者の発表年は音楽産業のピークであり、日本におけるシングルの売り上げを振り返ると、100位中、実に60作以上を90年代に発表されたものが占める。この時代、いわゆる短冊形パッケージというドメスティックな商品が、タイアップという商法の効果もあって、次々とミリオン・セラー、ダブル・ミリオン・セラーになった。佐藤をフロントマンとするフィッシュマンズの活動は、バブル景気の余波のように立ち上がった音楽産業の好景気と重なるわけだが、商業的に言えば彼らはその中で苦戦し続けた。それは筆者の勝手な見解ではなく、『映画：フィッシュマンズ』で（元）メンバーたちが語るオフィシャルなストーリーである。もしくはシングルというメディアがアルバムやライヴ以上に市場、更に言えば公共を強く意識するメディアだとしたら、ディスコグラフィーを振り返ることでこのバンドと社会との距離感が見えてくるだろう。

『映画：フィッシュマンズ』によると、彼らはヴァージン・ジャンパンからファースト・シングル〝ひこうき〟をリリースした際、〝メジャー・デビュー〟をそこまで特別なことだとは思っていなかったという。90年代初頭はまだバンド・ブームが続いていて、ライヴ・ハウスでそこそこの集客さえあればすぐに声がかかったと。ドラマーの茂木欣一が現実を知ったのは、91年5月のファースト・アルバム『Chappie, Don't Cry』発売日、どんなに派手に陳列されているかと胸を踊らせて向かった新宿のヴァージン・メガストアで、棚に差し込まれた、たった1枚の自分たちのCDを見つけた時だった。レーベルにとっても彼らは特別ではなかったのだ。

それでもメルボルンでレコーディングを

「いかれたBaby c/w Blue Summer (Live)」
1993 Media Remoras

「MY LIFE c/w 救われる気持ち (Live Version)」
1994 Media Remoras

「Go Go Round This World/Smilin' Days, Summer Holiday (Kick The Space Echo Session) /Go Go Round This World! (Naked Funk Mix)/Future (Remix)」
1994 Media Remoras

「MELODY/静かな朝/オアシスへようこそ/WEDDING BABY (12″=NIYABINGHI BABY)」
1994 Media Remoras

行うなど予算の充実さが窺える『Chappie, Don't Cry』のプロデュースを担当したのは、佐藤が敬愛していた日本におけるダブ・バンドの草分けであるミュート・ビートのトランペッター＝小玉和文（現・こだま和文）で、ファースト・シングルに選ばれた〝ひこうき〟の、ジャマイカと日本の叙情性を繋ぐサウンドには、既にその後の音楽性が予見されていた。こだまは映画で、『Chappie, Don't Cry』をシンプルなロックステディのアルバムとしてつくろうと考えたと語っており、その点、例えば〝ひこうき〟に続くセカンド・シングルが同じ和製ロックステディの〝チャンス〟なら美しい流れが描けたのだろうが、実際にシングル・カットされたのは同作では異色のインディー・ポップ〝いなごが飛んでる〟だった。そこにはフィッシュマンズをダブ・バンドではなくポップ・バンドとして売り出したいというレーベルの思惑があったのかもしれない。

映画では92年2月のサード・シングル〝100ミリちょっとの〟に関するエピソードも語られる。やはりポップなこの曲は深夜ドラマの主題歌として制作されたが、オリジナル・ラヴの名を上げた〝月の裏で会いましょう〟に続く起用だったため、レーベルのみならずバンドもヒットを期待したようだ。しかし結果は振るわない。同曲が収録されたセカンド・アルバム『King Master George』も、様々なアレンジを試みた結果、混沌とした仕上がりになった。〝頼りない天使〟や〝土曜日の夜〟のような、その後、ライヴで長く演奏される楽曲も入っているが、それらはシングルとして世に問われることはなかった。

試行錯誤はしばらく続く。〝ひこうき〟が示唆していた方向性が明確になるのは、95年3月のライヴ・アルバム――というよりはライヴを素材としたダブ・アルバムである『Oh! Mountain』だ。ここで、それまでの計4枚のオリジナル・アルバムに点在

「ナイトクルージング
c/w ナイトクルージング（Plasma Mix）」
1995 Polydor

「BABY BLUE c/w SUNNY BLUE（Hicksville Mix）」
1996 Polydor

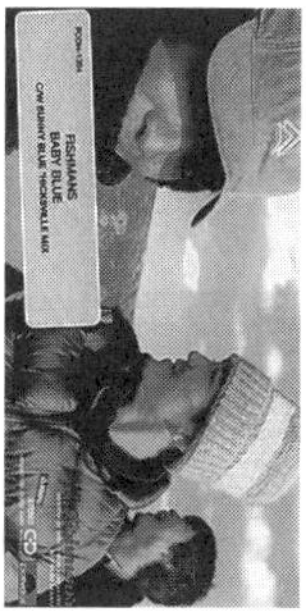

「SEASON c/w I DUB FISH」
1996 Polydor

「MAGIC LOVE c/w MAGIC LOVE（Remix）」
1997 Polydor

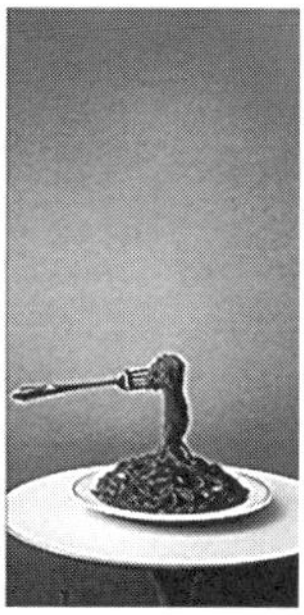

したロックステディやレゲエ調の楽曲が編纂され、新世代のダブ・バンドとしてのフィッシュマンズがはっきりと像を結ぶ。シングルから選ばれたのは〝ひこうき〟と〝いかれたBaby〟だけで、これはやはり少なく感じる。シングルがアルバムのみならずアーティストの本質への入り口になるとしたら、初期のフィッシュマンズの場合、それは深い部分には繋がっていなかったのだ。

『映画：フィッシュマンズ』では、95年、ポリドールに移籍後も、同年／同レーベルからリリースしたシングル〝ロビンソン〟がミリオン・セラーとなったスピッツに続くことを期待されたものの叶わなかった……と振り返られるが、商業的結果だけでなく芸術性にこそ着目すれば、この時期、移籍のアドバンスで設備を整えたプライヴェート・スタジオ〈ワイキキ・ビーチ／ハワイ・スタジオ〉で決定的な作品をつくりあげていったことは言うまでもない。11月のシングル〝ナイトクルージング〟も、翌年2月のアルバム『空中キャンプ』の完璧な導入になっていた。

もちろん、90年代の音楽産業の好景気を象徴するレーベルであるエイベックスで小室哲哉がヒットを連発したからこそ、サブ・レーベルのカッティング・エッジでラップ・アーティストが豊富な予算のもとにレコーディングが出来て、ヒップホップ・シーンが発展したように、フィッシュマンズがスピッツの恩恵を受けていたという側面もあるだろう。ただ、彼らが96年9月のシングル〝SEASON〟を翌月のアルバム『LONG SEASON』で35分の楽曲にリコンストラクトするなど、前者の短冊形パッケージに象徴される日本の音楽産業の在り方から逸脱していったことも確かだ。そしてそれは同時に、シングルはシングルでも12インチ・レコードや、ライヴ・ハウスよりはクラブ、レイヴのような場所を拠点とするオルタナティヴな音楽に接近する

「WALKING IN THE RHYTHM」
1997 Polydor

「ゆらめきIN THE AIR
c/w ゆらめき In The Air (Backing Track)」
1998 Polydor

「いかれたBaby (1998.12.28 @ 赤坂Blitz) /
感謝 (驚) (1996.3.2 @ 新宿Liquid Room) /
WEATHER REPORT (1997.12.12
@ 新宿Liquid Room)」
2005 Universal

「SEASONS (LIFE)」(CD+DVD)
2006 Universal

ことを意味した。

実際、移籍前はファンがブレイク前のスピッツと被っていたそうだが、〝ナイトクルージング〟以降のフィッシュマンズを、当時、アブストラクト・ヒップホップと呼ばれていたスモーキーなブレイクビーツ、あるいは急速にトランシーになっていた日本のロック・バンド――例えばモ・ワックスの12インチやボアダムスのライヴと共に楽しんでいたひとも多いはずだ。後期のフィッシュマンズのシングルで12インチになったのは〝ゆらめきIN THE AIR〟のみで、曲の終盤、言葉未満のコール・アンド・レスポンスが延々と続く展開は、最早、チャートを意識していない――世間に向かっては鳴らされていないというか、まるで彼岸に吸い込まれていくようにさえ聴こえる。しかしそれはサイケデリック・ロックとしてはむしろ正統だ。だからこそ近年、フィッシュマンズは、日本ではシティ・ポップのプレイリストに入れられているが、海外ではむしろサイケデリアのミッシングリンクとして新たに発見されたのだ。

ポップ・ミュージックと社会の関係性はチャートを通してだけ現れるわけではない。〝ナイトクルージング〟は商業的成功を得られなかったとしても、95年の日本という未だモラトリアムの中にいながら、ひたひたと不安が迫りつつあった時代の空気をこれ以上ないほどに反映していたし、普遍性も持っていた。この原稿を書き終わろうかという時に、小池百合子が新型コロナウイルスの第4波に伴う3度目の緊急事態宣言下における対策として、飲食店へのアルコールの販売自粛だけでなく、夜8時以降は看板やネオンを消灯するように求めるというニュースが流れてきた。いよいよディストピアじみてきたが、誰にも会えない夜にマスクを着け、真っ暗な街を散歩しながらEarPodsで聴く〝ナイトクルージング〟は、さぞかし凛と鳴ることだろう。

1991-1994 Singles & More

1999 Pony Canyon

チャンス/ひこうき/いなごが飛んでる(東京タワーミックス)/100ミリちょっとの/なんてったの/Walkin'/いかれたBaby/Go Go Round This World!/MELODY/MY LIFE/感謝(驚) Bonus Track/頼りない天使(Prototype Mix)/あの娘が眠ってる(p.w.m. Ver.)/救われる気持ち(Live Ver.)

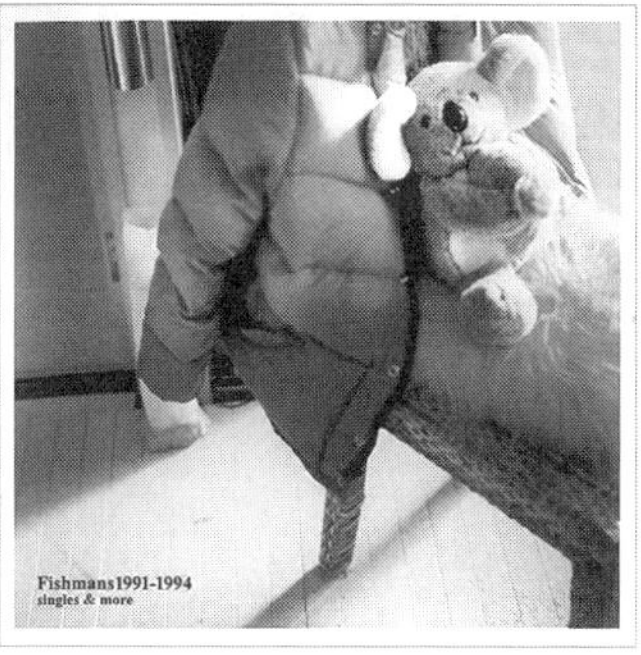

佐藤伸治の死後2日目にリリースされたメディア・レモラス時代のコンピレーション。シングル曲とそのカップリングがメイン。〝頼りない天使 (Prototype Mix)〟は激レア。

Aloha Polydor

1999 Polydor
(→2009 Universal Music)

IN THE FLIGHT/ナイト クルージング/BABY BLUE/WEATHER REPORT/MAGIC LOVE/それはただの気分さ(Demo Track)/幸せ者/WALKING IN THE RHYTHM/SEASON/ゆらめきIN THE AIR

ポリドール時代のコンピレーションで、シングルがメイン（〝WEATHER REPORT〟も候補だった）。稲垣吾郎に提供した〝それはただの気分さ (Demo Track)〟を収録。

宇宙 ベスト・オブ・フィッシュマンズ

2005 Universal Music

CD1 ずっと前/気分/MAGIC LOVE/エヴリデイ・エヴリナイト/Just Thing/SLOW DAYS/あの娘が眠ってる/頼りない天使/MELODY/ナイト クルージング/WALKING IN THE RHYTHM/100ミリちょっとの/夜の想い/新しい人
CD2 Oh! Crime [Dub]/ナイト クルージング(Demo 1995)/ずっと前(Demo 1995)/ナイト クルージング[Plasma Mix]/SUNNY BLUE [Hicksville Mix]/FISH IS WATCHING YOU/I DUB FISH/バックビートにのっかって(Demo 1996)/WEATHER REPORT (Demo 1997)/MAGIC LOVE [Remix]/それはただの気分さ(Demo 1997)/A PIECE OF FUTURE (Demo 1998)/A PIECE OF FUTURE (Live 1998)

全キャリアから「宇宙」をイメージした曲とレア・トラック集。〝ナイトクルージング〟のデモと次に録音が予定されていた〝A PIECE OF FUTURE〟は感慨深い。

空中 ベスト・オブ・フィッシュマンズ

2005 Pony Canyon

CD1 RUNNING MAN/Go Go Round This World!/チャンス/POKKA POKKA/BABY BLUE/MY LIFE/WEATHER REPORT/忘れちゃうひととき/すばらしくてNICE CHOICE/IN THE FLIGHT/SEASON/ひこうき/感謝(驚)/いかれたBaby
CD2 Blue Summer (Demo 1987)/ピアノ(Demo 1990)/ひこうき(Studio Demo 1990)/Little Flapper/It's Be Alright/100ミリちょっとの(Rehearsal 1991)/あの娘が眠ってる(P.W.M. Ver.)/なんてったの[HAKASE Mix]/青空のように/いかれたBaby (Demo 1993)/Blue Summer [Live Ver.]/BANANAMELON/MY LIFE (Demo 1994)/救われる気持ち[Live Ver.]/NIYABINGHI BABY

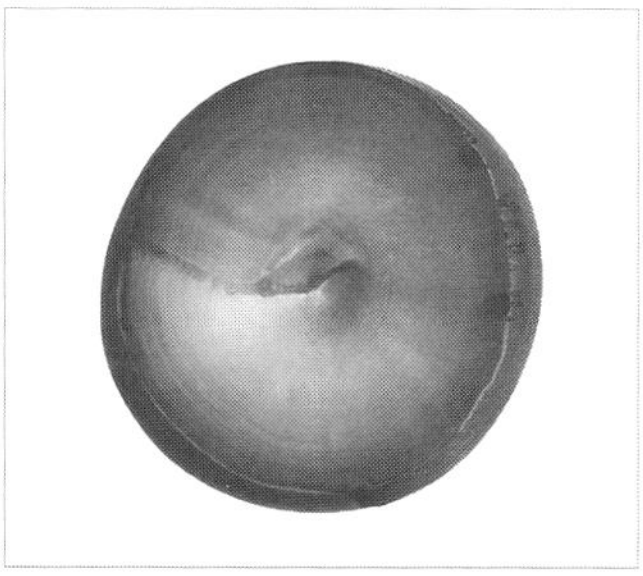

全キャリアから「空中」をイメージした曲とレア・トラック集。米国音楽に提供した〝BANANAMELON〟を収録。〝Blue Summer〟のデモは柏原加入前でベースは久松。

Fishmans Rock Festival

アナログ盤8組セット（『空中キャンプ』「SEASON」『LONG SEASON』『宇宙 日本 世田谷』「WALKING IN THE RHYTHM」『8月の現状』『98.12.28 男達の別れ』「ゆらめき IN THE AIR」）

2007 Universal Music

文・河村祐介

15歳のときに聴いた〝DUB FISH〟は自分にとって、その後原稿でも書くことになるダブという音楽の入り口で、しかも収録された8センチCD〝SEASON〟もはじめてのフィッシュマンズ作品でもある。当時、テクノと、それに類する打ち込みの音楽しか聴かないという妙な自意識と、こづかいの限られた中学生だった自分にとって、『空中キャンプ』は「ロック」のアルバムなのでなかなか手を出せずにいた。それ故、〝SEASON〟をお試し的に購入。もちろんハマって『空中キャンプ』に戻って購入するまでにはそんなに時間はかからなかったと記憶している。そんなシングルの12インチが欲しくて、本ボックスを買ったというのもあながち嘘ではない（がそれだけではない）。当時、とにかくその強烈な低音が印象的で、ベースラインが先導するリズムと、ぽっかりと浮かぶ日本語のメロディと歌、単純な理由だが、結構、ギターがうるさくないというのは大きかったように思える。バンドなのに音響的に〝聴ける〟サウンド。そしてそんな〝SEASON〟の12インチと高額な本ボックス購入の決め手はやっぱり『空中キャンプ』のアナログ盤。〝SEASON〟の思いと『空中キャンプ』への苦い思い出、それらがないまぜになって10年後は高価なアナログ・ボックスを買うのに十分な動機となっていた。アルバム1枚を買うのに悩んだ中学生が、少しはお金に自由度が増した社会人になっていたというのも実際問題ある。以来、このアナログボックスは我が家のレコード棚に収まっている。買ってからは『LONG SEASON』など、たまに箱を開けては初LP化のジャケットを見てニヤニヤしていた（その後、LPは単発でリイシューされたが〝SEASON〟などシングルはやっぱりこれだけ）。そういえば、ちょっとは〝SEASON〟の12インチをDJで使おうと思って買ったのに結局もったいなくて一度も現場に持ち出したことはない。いまのいままで門外不出となっている。一度はアナログでレゲエのサウンドシステムで〝DUB FISH〟を聴いてみたいとは思っているが、さらに持ち出されずに10年以上は経っている。

Golden☆Best
～ Polydor Years ～

2012 Universal Music

ナイトクルージング/BABY BLUE/ずっと前/すばらしくてNICE CHOICE/SEASON/MAGIC IOVE/WEATHER REPORT/WALKING IN THE RHYTHM (Prototype Mix)/いかれたBaby (1998.12.28@赤坂Blitz)/感謝(驚) (1996.3.2@新宿Liquid Room)/頼りない天使 (1998.12.28@赤坂Blitz)/ひこうき (1998.12.28@赤坂Blitz)/IN THE FLIGHT (1998.12.28@赤坂Blitz)

ポリドール時代の『空中キャンプ』から4曲、『宇宙 日本 世田谷』から2曲、シングル2曲、『若いながらも歴史あり』から1曲、『男達の別れ』から4曲。

Go Go Round
This World!

2016 Pony Canyon

アナログ盤8組セット（『Chappie, Don't Cry』「Corduroy's Mood」『King Master George』『Neo Yankees' Holiday』「Go Go Round This World!」「MELODY」『ORANGE』『Oh! Mountain』）

メディア・レモラス時代の全作をアナログ化。98年に再発された時と同じく、なぜか『ORANGE』だけが1枚組。『Oh! Mountain』はアナログ・ヴァージョンをリマスター。

Blue Summer
～ Selected Tracks
1991-1995 ～

2018 Pony Canyon

Go Go Round This World!/MELODY/Just Thing/なんてったの/ひこうき/静かな朝/Smilin' Days, Summer Holiday (Kick The Space Echo Session)/Blue Summer/あの娘が眠ってる/感謝（驚）/頼りない天使/いかれたBaby (Glittering Rewinder Mix)/Future

上記『Go Go Round This World!』の圧縮版で、メディア・レモラス時代の音源だけで構成されたアナログ盤。茂木曰く「いまの気分で選びました」。

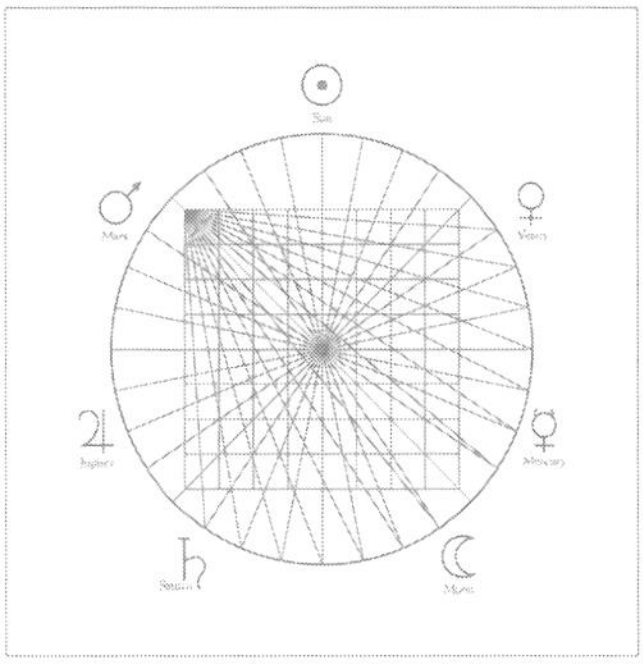

Night Cruising 2018

2018 Universal Music

ナイトクルージング/I DUB FISH/WALKING IN THE RHYTHM (Prototype Mix)/MAGIC LOVE/新しい人/ナイトクルージング 2018

ポリドール時代の5曲にZAKによる〝ナイトクルージング〟の新たなリミックスを足したアナログ盤。〝ナイトクルージング〟のみの10インチ・シングルも。

Various　ISLAND VIBES - REGGAE + DUB CLASSICS

Louie, Louie – Toots & The Maytals ／ Closer Together – The Upsetters Revue featuring Junior Murvin ／ Funky Kingston – Toots & The Maytals / Congoman – The Congos / Tradition) – Burning Spear/ Bammie Blow– Aswad / Chase The Devil– Max Romeo / Solidarity – Black Uhuru / Ire Woman – Aswad / Not The Way – Gregory Isaacs / Judgement Day – Aswad / Make Up Your Mind – The Heptones / No Loafing – Black Uhuru / Revelation Dub – The Upsetters / Back To Africa – Aswad / Why Must I<Version> – The Heptones & Lee Perry

1998 Island

文・野田努

ロックステディとは、1966年のジャマイカにおいて歌を載せやすくするためにスカの発展型として開発されたスタイルで、スカと比べてテンポが遅く、優雅で、甘ったるいヴォーカルに特徴を持っている。それがさらに（エレクトリックな要素が加わり、テンポも多様化し）ヴァラエティー豊かなスタイルへと発展したものがレゲエと呼ばれた音楽だった。もちろん、レゲエという言葉にはジャマイカ音楽全般を指すこともあり、それも間違ってはいないが、音楽スタイルとしてのレゲエのもっとも大きな特徴は大きなベースにあり、エレクトリックの応用にある。つまりダブ的な技法は、レゲエとともにはじまっている。

本作は、アイランド・レーベルという、ボブ・マーリー＆ザ・ウェイラーズを売り出したことで世界中にルーツ・レゲエを広めたレーベルの音源からフィッシュマンズが選曲したという異色のコンピレーション。ちなみにザ・ウェイラーズが開発したワンドロップと呼ばれる3拍目にアクセントをおくリズムはフィッシュマンズでも応用されている。

70年代後半にもっとも影響力のあったこのレーベルの音源は、レゲエ・ファン以外にも知られており、すでに定番の曲のリストが存在しているが、ここに選曲されているのはいわゆるお馴染みの人気曲とは少し違った、フィッシュマンズの〝好み〟による選曲という点において興味深い。ライナーにある柏原譲のコメントによれば、レゲエとは「ウェットなのにシャープ、スウィートでタフ、ワイルドでジェントル……」な音楽だというが、なるほど、それはフィッシュマンズが志向したサウンドのひとつの局面なのだろう。周知のようにフィッシュマンズにはロックステディのロマンティックで甘ったるく優雅なフィーリングがあるし、リー・ペリーばりにシュールな音響工作＝ダブもあるし、また強靱なリズムがある。こうしたものの源流のほんの一欠片であるが、換言すれば90年代当時の彼らの普段聴きが垣間見ることができる。

フィッシュマンズ以外の活動として、茂木欣一はBuffalo Daughter『New Rock』（98）、HONZI『TWO』（00）、ORIGINAL LOVE『ビッグクランチ』（00）、浅井健一『Johnny Hell』（06）にゲスト・ドラマーとして参加、ほかにSION、櫛引彩香、秦基博、椎名林檎、Glay、Sembello、Rie fu、オハナモ、KinKi Kids、ドレスコーズなども。２００１年11月、東京スカパラダイスオーケストラに正式加入したことはよく知られたところ。スカパラの変名にサワサキヨシヒロや田中知之が加わったSpeed KingではSilver Bullet名義でアシッド・ディスコのアルバムもリリース。また、スカパラのNARGOを中心に茂木ほか7名＋Black Bottom Brass Bandを加えた大所帯のSFKUaNK!!（スフォンク!!）でも2枚のアルバムをリリース。様々なゲストを迎えて行われる「茂木欣一ショー」も不定期に開催。英語圏では〝カシ〟と呼ばれている柏原譲は『男達の別れ』をもって音楽業界を退いていたものの、佐藤伸治の死をきっかけにカムバックし、２００１年にはLaB LIFeのオオヤユウスケ、ピラニアンズの坂田学とポラリスを結成、ドリームポップ調の『Home』『Family』『Union』『Tentai』などをリリース（17年には〝SEASON〟をセルフ・カヴァー。『音色』は茂木のセレクトによるコンピレーション）。07年からは丸山康太郎、小林彩香（後にbonobosの辻凡人に交代）とのOTOUTAとしてニーノ・ロータのカヴァー・アルバム『甘い生活』をリリースし、プロデューサーとしてMount Sugar、tobaccojuice、WEEKEND、トレモロイド、フレデリックなども手掛けている（Brownies『星とケモノ』では柏原、茂木、HAKASE、HONZIが揃うという場面も）。さらに竹中直人バンドのベースを務め、イエロー・マジック・オーケストラ『Oricon - The Ichiban Presents We Love YMO』ではライナーノーツも手掛けた。茂木欣一と柏原譲のコンビでは小玉和文『集団左遷』のオリジナル・サウンドトラックをはじめ、吉田亜紀、真心ブラーズ、Yukiなどに参加。

とくにモトーラ世理奈は〝いかれたBaby〟のカヴァーでデビューし、トランペットにNARGO、ギターにGABBY & LOPEZの石井マサユキを得て茂木と柏原が熟練の演奏を聴かせ、柏原譲&岩谷啓士郎によるダブ・ミックスとカップリングでは山本精一のチル・アウト・ヴァージョンも。また、茂木&柏原はHONZIが不定期にジョイント・ライヴを行っていた早川義夫とはHONZIの死後にジャックスの再結成ライヴにも参加。さらにスカパラのギタリスト、加藤隆志を加えたSo Many Tearsとしても『So Many Tears』（11）、『LOVE & WANDER』（13）、ハナレグミとのライヴ盤『どこまで行くの実況録音１４５分』（14）をリリース。茂木いわくフィッシュマンズともスカパラとも異なる音楽性を目指すといいながら夢に出てきた佐藤伸治が口ずさんでいたというメロディをもとにアメリカン・ロック調の〝Amazing Melodies〟などを発表。ちなみにフィッシュマンズに参加するため茂木と柏原が相次いで脱退した明治学院時代のバンドは後にザ・カスタネッツとして95年にメジャー・デビューを果たしている。HAKASE-SUNはフィッシュマンズを脱退した年にLITTLE TEMPOに加入、01年からは川上つよしと彼のムードメイカーズ、15年からはKODAMA & THE DUB STATION BANDにも加入し、現在までに『Plays Boyz-Toyz Reggay!』や『Adult Oriented Reggae』などソロ・アルバムを9枚リリース。『人のセックスを笑うな』ではMariMariをヴォーカルに起用してバラードで〝いかれたBaby〟とスカにアレンジした〝MY LIFE〟のカヴァーも。各種のカヴァー・アルバムにもやたらと参加。後半のサポート・ギタリスト、ダーツこと関口道生は88年にパブロック系のSuper Badでデビューするも2作目で脱退、93年からはレゲエ・バンド、Tomatosとして3枚のアルバムをリリース。エンジニアのＺＡＫはオーディオ・スポーツを皮切りにSpiritual Vibes、森若香織、さかな、恩田晃、マニー・マーク、立花ハジメ、ツジコノリコ、Cornelius、くるり、菊地成孔、カヒミカリィ、ギターウルフ、大友良英、Boredoms、OOIOO、相対性理論、きのこ帝国、Ukawanimation!、あふりらんぽ、忌野清志郎、Sunshine Love Steel Orchestra、Spiral Deluxe、坂本龍一、水曜日のカンパネラ、長谷川白紙などを手掛ける。フランスのピア・ルソーとは〝Pastorale〟を共作、ゴールディーのエンジニア、ロブ・プレイフォードともタイムコード f. ZAK名義で〝Enigma Machine (Part 2)〟を。ストロベリー・スウィッチブレイド〝Since Yesterday〟のカヴァー（ミックスは横田太朗、リミックスは佐藤伸治）でデビューしたMariMariは『空中キャンプ』の翌月に「Everyday, Under The Blue Blue Sky」をリリース。プロデュースに柏原譲、ミックスがＺＡＫで、ギター佐藤伸治、ドラム茂木欣一、ヴァイオリンはHONZIと布陣はほとんどフィッシュマンズで、12月にリリースした「Indian Summer」では恩田晃がタイトなドラム・プログラミングを手掛けるなどフィッシュマンズ色はやや後退。翌97年にはそれらの集大成としてデビュー・アルバム『耳と目そしてエコー』をリリース（ほとんどの曲で佐藤伸治がアレンジとプロデュースを手掛け、サウンド的には『宇宙 日本 世田谷』の姉妹編という感じ）。さらに佐藤の死後はその空白を埋めるかのように茂木欣一、木暮晋也をメンバーとしたMariMari Rhythmkiller Machinegunとして活動を本格化させ、『Us』（00）では前作を踏襲しつつ意表をつくパーティ・ナンバーなど意思の強さを感じさせるモードにスウィッチし、『Head Light, Suit Case - さすらいの秘密』（01）ではシティ・ポップ調にソフィスティケイト。また、ワイキキ・スタジオの内装を手掛けたパードン木村のデビュー・アルバム『Locals』では佐藤伸治がレコーディングで1曲、HONZIがヴァイオリンで1曲参加（〝MaZa Train〟はHONZI『TWO』にも収録されている）。＊HONZI's BiographyはP112を参照。

The Three Birds & More Feelings

1999 Polydor
(→2006 Universal Music)

佐藤伸治の死後2日目にVHSでリリースされたポリドール時代のヴィデオ・クリップ集。監督・川村ケンスケ。『空中キャンプ』から3曲、『宇宙 日本 世田谷』から2曲とシングル2曲。2000年に〝Just Thing〟〝それはただの気分さ〟〝IDUB FISH〟に〝ナイトクルージング〟のヴァリエーションなど計5曲を追加してDVD化され、06年にはオリジナルの8曲入りヴァージョンもDVD化。〝ナイトクルージング〟は一度完成したものを佐藤の提案で編集し直したという。体を動かすのが楽しそうな佐藤伸治がいっぱい。

若いながらも歴史あり 96.3.2 @新宿 LIQUID Room

2005 Universal Music

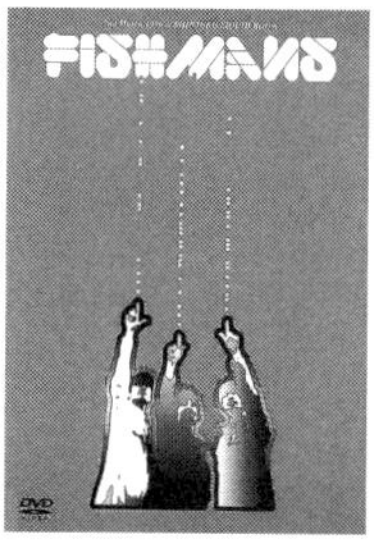

ツアー・ファイナルの模様を2時間2分に渡って収録。前日とは曲順も異なり、間奏の電子音が凄まじい〝土曜日の夜〟などパワフルなレゲエ・ロックの大洪水で、実にパーティ感あふれるステージを展開。『空中キャンプ』からは〝幸せ者〟を除く全7曲が演奏され、緊迫感を増した〝SLOW DAYS〟などアレンジはすでに変化し始めている。逆光が多く、焦点をぼやかした構図などスモーカーズ・デライトな映像の演出は川村ケンスケ。突然のヒンズースクワットとMC史上に燦然と輝く「じゃあ、君は7000円ね」は必見。

男達の別れ　98.12.28@赤坂BLITZ

2005 Universal Music

始まる前から会場が異様な雰囲気に包まれ、まさかのラスト・ライヴとなった2時間12分。いつもと違って佐藤はほとんど動かず、「幸せだよね、こんな大観衆の前で、歌を歌えるなんて」という静かなMCもあまりにらしくない（どこかやつれた表情にどうしても目がいく）。かつてのステージを彷彿とさせるのは〝ひこうき〟の間奏ぐらいで、ホーリーなクライマックスを迎える〝LONG SEASON〟は史上最高のスモーカーズ・デライト。ライヴPAは西川一三で、リリースにあたってZAKがミックス。監督・川村ケンスケ。

THE LONG SEASON REVUE

2006 Pony Canyon

佐藤の死から6年半、茂木、柏原、HONZI、関口にサポートを加えて行われた東名阪ツアーの模様が2ヴァージョンで5時間強。監督・川村ケンスケ。当時は原田郁子やハナレグミが歌い始めるたびに佐藤の不在がかえって印象づけらる思いがしたけれど、いまとなっては残されたメンバーの生きる気力に頭が下がるようなパワフルさがみっちり伝わってくる。ほかに山崎まさよし、蔡忠浩（Bonobos）、POD（from タイ）など。UAは別格でした。タイトルは「ローリング・サンダー・レビュー」に由来。翌年、HONZI逝去。

記憶の増大

2000 Universal Music

ＶＨＳ２本組とＤＶＤ２枚組でリリースされた16曲入りのライヴ・ヴィデオ集。まだ若さの残る95年は新宿リキッドルームの〝MELODY〟を皮切りに、96年に入って『若いながらも歴史あり』ツアー・ファイナルから〝SLOW DAYS〟〝感謝（驚）〟〝新しい人〟、97年はまずは5月の〝Go Go Round This World!〟で、コレがＰファンクばりのタイトなファンク仕上げでめちゃめちゃカッコいい（最後につく悪態がまたカッコいい）。６月は野音の〝すばらしくてNICE CHOICE〟と同じく『8月の現状』に収められたTOKYO NO.1 SOUL SETとの〝ナイトクルージング〟、さらに8月と10月の〝WEATHER REPORT〟が２パターンと、生前の佐藤が歌う〝A PIECE OF FUTURE〟は延々と繰り返されるギターのリフが気持ちよく、後半は構成がかなりややこしい新機軸。そしてラスト・ライヴ『男達の別れ』から〝頼りない天使〟〝ひこうき〟〝IN THE FLIGHT〟〝WALKING IN THE RHYTHM〟と途切れなく続き、〝いかれたBaby〟を加えた5曲に、2本目は日付けを丸2年戻して『LONG SEASON '96〜7』から大きなステージでは初めての披露となった〝LONG SEASON〟。はたして赤坂BLITZを満員にできるだろうかとスタッフも気を揉んでいた時期で、当日の盛況ぶりを受けて上昇気流に乗った演奏はダブ処理もあまり加えられず、それこそストレートなロック・バンドとしての演奏に近い。随所で遊びも多く、『男達の別れ』のヴァージョンとは構成も異なるし、まったくの別物。時間軸を追って聴くと、曲を追うごとに佐藤は動かなくなり、どこか荘厳さを増していく様子がよくわかる。監督・川村ケンスケ。

文・三田格

フィッシュマンズ in SPACE SHOWER TV EPISODE.1

2007 Universal Music

〝100ミリちょっとの〟リリース後、1992年2月24日に渋谷クラブ・クアトロで行われた1時間強のステージで、4月18日に「SPACE SHOWER TV」でオン・エア。若さがみなぎっている。普通すぎる佐藤のトークも逆に新鮮。できたばかりの〝頼りない天使〟を披露し、〝土曜日の夜〟はオジケンが熱唱。モロにRC調の〝いつまでも〟〝つきすぎたモンキー〟〝それはたぶん〟とロックステディ調の〝ヴィンナーソーセージ〟はレコーディングされていない。特典映像としてメンバー・トークやレコーディング風景など。

フィッシュマンズ in SPACE SHOWER TV EPISODE.2

2007 Universal Music

シングル〝SEASON〟リリース後、1996年10月6日に日比谷野音で行われた30分ほどのステージで、12月1日に「SPACE SHOWER TV」でオン・エア。佐藤は〝SUNNY BLUE〟でギターを弾く以外、ほぼフリーハンドだったため、奇天烈なダンス全開となり、チャック・ベリーのダック・ウォークまで飛び出した。ステージ終了後、楽屋でのインタビューに「1時間以上やりたい」と少し不満げ。後半は『LONG SEASON』のMVとそのオフシュートで、奥多摩の焚き火と新宿のライヴが交互に展開される。

フィッシュマンズ in SPACE SHOWER TV EPISODE.3

2007 Universal Music

前半は98年1月に放送されたロード・レースやプロレス観戦など「SPACE SHOWER TV」の企画もの。日比谷野音で一度だけ演奏された〝それはただの気分さ〟のロング・ヴァージョンをスタジオで収録し直したものが目玉。後半は1997年12月12日に新宿リキッドルームで行われた「Walking In The 奥田イズム」ツアー最終日の映像にインサート・カットを混ぜ、翌98年2月18日にオン・エアされた約2時間のライヴから6曲をチョイス。『8月の現状』に収録された〝SEASON〟や〝土曜日の夜〟のサイケデリックな間奏が圧巻。

Fishmans – 2011/5/3 日比谷野外音楽堂 LIVE “A PIECE OF FUTURE”

2012 Kampsite

東日本大震災から2ヶ月足らず、Dommuneで配信ライヴをやったメンバーによる3時間の野外ライヴ。言い出しっぺは佐藤伸治の父親だったそう（直前に亡くなられた）。最初から雨が本降りでステージ上も水浸し。〝IN THE FLIGHT〟（原田郁子）や〝BABY BLUE〟（やくしまるえつこ）はかなりアレンジを変え、佐藤が元気だったら99年に録音するつもりだったという〝A PIECE OF FUTURE〟には小山田圭吾や七尾旅人、BOSEも参加。川村ケンスケのサイトで受注生産のみの販売だったボックス・セットで、デザインは宇川直宏。

Fishmans

『映画：フィッシュマンズ』

監督:手嶋悠貴 企画・製作:坂井利帆 ACTV JAPAN/イハフィルムズ 2021/
日本/カラー/16:9/5.1ch/172分

2021

文・品川亮

フィッシュマンズのドキュメンタリーが完成したのだという。「これが最初で最後。嘘偽りなく、フィッシュマンズのすべてを話す」という茂木欣一の言葉が、惹句として引かれている。〝公式〟映画だ。あますことなく関係者の話を聞き、フィッシュマンズの楽曲を贅沢に使っているのだろう。過去の映像素材もあるだろう。しかもバンド自体は、断続的に、かつ常に変化しながら現在もなお活動を続けている。一本の記録映画が成立するには、これ以上ないくらいに条件が揃っている。だがしかし、それでいったい映画が面白くなるのだろうか？　そもそも、どうすれば面白くなるのだろう？　ファンはどういう映画を思い描き、フィッシュマンズを知らない人たちはその映画をどう感じるのだろう？　そんな自問自答を続けながらスクリーンに向かった。上映の直前になって、約3時間（172分）あることに気がついた。

　果たして面白かった。3時間、退屈することはなかった。一貫してスリリング

で、ときおり意外なほど感情がうねり、ぎょっとしたりうなずいたり、涙腺がゆるみかけたりした。鳴るべきところで鳴るべき楽曲が鳴っていた。ごくたまには、ほんのかすかな〝あの時代〟の匂いが感じられた。でもほとんどは今の話だった。いや、過去の話をしている人の話を聞いていたら、いつのまにかそれが現在時の話になり、気づくとそのまま未来にまで伸びていく一条の光線を背後から浴びていた。そんな気分になった。

　ひとことで言えば、映画の作りとして奇を衒ったところはない。最初からこのかたちで存在すべくして存在したというような顔つきで、映画が成立していた。しかもまさしくフィッシュマンズの映画だった。というより、こうでなければフィッシュマンズの映画とは言えないという映画だった。試写室からの帰り道、円山町の裏路地をぼんやり歩きながら、頭の中でそんなことを確認した。わざわざ言葉にしてみたのは、この映画について文章を書けとの依頼を受けていたからなのだが、そこで途方にくれた。果たしてこれ以上、この映画について語るべきことはあるだろうか？　これはフィッシュマンズの映画である。よくできていて、面白い。それで済んでしまうからだ。あたりまえのことだが、重要なことはすべて映画の中に存在している。〝とにかく見ればいい〟という映画たり得ていることが、すでにしてこの作品の質を証明している。

　それにしても、と試みに考えてみた。もし自分がこのお題と諸条件を与えられていたとして、こんな風にまとめ上げられただろうか？　間違いなく、できなかっただろう。なにしろフィッシュマンズなのだ。その中心には巨大な不在がある。フィッシュマンズに接近しようとすれば、その不在を覗き込みその中に踏み込まなければならない。そんな無粋なことができるものか。いやそもそも、そんなことをする必要がない。フィッシュマンズの重要なことはすべて楽曲の中に存在しているのだから。そんな堂々巡りに陥るだけだったはずだ。

　だがしかしこの映画は、こちら側のそういう勝手な思い込みはいっさい汚さないまま、フィッシュマンズの映画たり得ている。言い換えると、不在の中心を回避することもなく、かといってその中に取り込まれてもいなかった。ごく素直に、あるいはストレートに、フィッシュマンズという素材に対峙している。これはいったいどうしたことなのだろう？

　インタヴューをしていると、「みなさん知らず知らずに佐藤さんの話をしている」ことに気づいた、とこの映画の監督、手嶋悠貴も語っている。そして自身もまた、撮影を続けながら「佐藤さんのことを探している」という自覚があったのだという。だが手嶋は、フィッシュマンズの面々より一回り以上若い。もちろん音楽好きではあったので、フィッシュマンズというバンドの楽曲は聴いたことがあったし、「カッコイイ」とも感じていた。しかし、この映画を企画し、完成までもちこんだプロデューサーの坂井利帆とは異なり、リアルタイムでフィッシュマンズを追いかけてきた人物ではない。だからこそ、撮影前にまずしたことは、手嶋なりの「フィッシュマンズ・ブック」を作ることだったらしい。手に入るかぎりの情報を一冊のスクラップ・ブックにまとめたのだ。それをスタッフとも共有した。「ただただ、ちゃんとフィッシュマンズに向き合う」というのが、手嶋が定めたこの映画の基点だった。そして、取材対象者の候補をリスト化した。「フィッシュマンズのすべて」を映画にするためだ。「実現がかなわなかった人もいましたが、完璧だと思っています」と自負している。

　ところが、そうやってフィッシュマンズに向き合えば合うほど、「わからなくなっていった」という。たしかに、この映画はあきらかに〝わからないもの〟の力に牽引されている。その力のうねりの中に、大胆かつ巧みに身をまかせることで、われわれのエモーションを誘導する。そこにこそ、この作品の技巧と仕掛けがあるということだ。だがそれでもなお、前述のとおり顔つきはごくあたりまえ。それは技巧と仕掛けを駆使しつつも、映画の作り手としてのおのれの指紋をできうるかぎり拭い去りながら、その拭い去る仕草そのものが作り手の刻印となっているような、奇跡と呼んで良いバランスに到達したということでもある。監督の話を聞き、そう腑に落ちた。しかも茂木欣一は編集途上のこの作品を見て、「もっとやりたいようにやりなよ」と背中を押してくれたのだという。それを受け止めたうえで指紋を拭い、あたりまえの顔をしたこの3時間の完成形に辿り着いたのだとしたら、相当にしたたかな作り手だ。

　奇跡と言えば、いや、そういうわけで奇跡と呼んでしまってはあまりに安易であると同時に失礼なのだが、あえてもう一度この言葉を使わせてもらうならば、この映画がわれわれの中に残す、ひとつの奇跡的な触感がある。それは、佐藤伸治の不在が不在でなくなる瞬間があったという印象だ。限りなく不在に収斂していきながら、そのまま不在の向こう側に突き抜けてしまったというような。いや、考えてみればそんなのは当然のことだ。フィッシュマンズの楽曲はこの30年途切れることなく鳴り続けてきたし、そうである以上、佐藤伸治が不在になることはなかったのだから。そんなあたり前のことにも、今さらながら気づかされた。それこそが、過去から逆照射されることで出現する今と未来ということなのだが、そんなレトリックをここでこねくり回してもはじまらない。必要なものはこの映画の中にある。

Feat.佐藤伸治 茂木欣一 小嶋謙介 柏原譲 HAKASE-SUN HONZI 関口"dARTs"道生 木暮晋也 小宮山聖 ZAK UA ハナレグミ YO-KING（真心ブラザーズ）原田郁子（クラムボン）こだま和文

7月9日金曜日より、バルト9、渋谷シネクイントほかにて全国ロードショー

文とイラスト・よしもとよしとも

『映画：フィッシュマンズ』の試写を観た後の数日間は打ちのめされた状態だった。過去を振り返るってどうなんだろ、懐古趣味みたいなのはちょっとな、と50代後半にもなった自分は観る前に思っていたのだが、それは優れたドキュメンタリーであり音楽映画であり、青春映画だった。佐藤伸治くんは実にフォトジェニックな人で役者以上の佇まいを見せる人なのだが、演技ではなくリアルなそのままだけに説得力が違う。そんな生々しくそこで生きている映像に対し、それから何が起きたかを知っている現在の視点で当時が語られていくのだが、決定的な場面が後半で出てくる。その後二十数年で没落していった日本を象徴するかのような静かなそのワン・シーンはあまりに衝撃的だった。過去を振り返るということは、ならば今自分達はどこにいるのか、という問いでもある。

　あまりに素晴らしい映画なのでこの映画の話を中心に書こうと思っていたのだけど、ネタバレ禁止ということでこれ以上触れられない。別の話を書くけれども、フィッシュマンズについて知るならばまずこの映画を観て音楽を聴いてほしい。と言われなくてもこの本を手にしている人ならば当然聴いてるし観るだろうし。なのでオマケ程度に読んでもらえればと思う。なるべく肩肘張らずに自分の経験を書いてみよう。同時代を経験している者ならばやはり何か書いておくべきなのではないか、というのが依頼を引き受けた理由だった。フィッシュマンズだけでは全体が見えてこないので他の音楽の話も多くなるし、音楽業界の人間ではないので自分のマンガの話が中心になってしまうのだけれども。

　自著である単行本『青い車』（イースト・プレス）が刊行されたのは25年前の96年春で、95年初頭からの一年間に描かれた短編その他が収録されている。当時の様々な音楽がマンガにどう影響してるのかは作品を読んでもらうしかないのだが現在は絶版、ではあるが古本で簡単に手に入る。

　単行本のあとがきにもあるように『オレンジ』という短編のタイトルはフィッシュマンズのアルバムから付けた。話の中でオレンジが小道具として使われるのだが、べつに他の果物でも話は成立するわけで、つまりタイトルが先にあった。同時期に電気グルーヴも『オレンジ』というアルバムを出していたので、あとがきでフィッシュマンズだと明記した。

　執筆中実際むちゃくちゃ聴いていたのは『Oh! Mountain』で、フィッシュマンズで一番好きなアルバムは今でもこれだ。ビートルズで一番好きなのが『Rubber Soul』なのと近い。単行本には当時テクノ雑誌エレキングで連載した2ページマンガも収録されているが、同誌でベスト・アルバムを挙げてと依頼された時『Oh! Mountain』を選んだ。当時はまだエレキングでは全く場違いな選出で、野田努編集長から「このバンドは良いの？」と聞かれたことを覚えている。「めちゃくちゃ良いですよ」と答えた。

　フィッシュマンズに関する主な情報源は雑誌『米国音楽』の川崎大助さんに

よる記事やインタビューで、もともとフィッシュマンズを知ったのも93年春頃初めて買った『米国音楽』で付録のミニＣＤに収録されていたからだった。その数ヶ月後に出た『Neo Yankees' Holiday』が初めて聴いたアルバムなので、自分もまた遅れてきたファンだったわけだが。ちなみに単行本に収録された短編「マイナス・ゼロ」では、気ィ狂った未来人のおっさんに川崎大助という名前を勝手に使わせてもらった。

　単行本のデザインは『米国音楽』を手がけていた小室杏子さんに依頼した。『青い車』という本のイメージを決定的にした素晴らしいデザインをしてくれた。今後もし新装版を出すということになってもこのデザインは絶対に変えない。この本は95年という年の空気そのもののように思える。

　音楽とマンガの関係は野球に例えるとわかりやすい。ミュージシャンは投手で自分は打者。投げられた球を打ち返すが、それはヒットだったりホームランだったり、もちろん三振する時もある。レギュラーの四番打者が人気のある連載作家だとすれば、自分はたまに駆り出される代打みたいなものかもしれない。たいていの場合は二軍落ちしてる感じだが。

　そういう意味で92年からは完全なスランプだった。

　ニルヴァーナの大ヒットに象徴されるように、ソニック・ユースやダイナソーJr等の米オルタナ、グランジ、英インディー・バンドのささくれ立った轟音が時代の音で、実際それは80年代の自意識過剰を一掃するような爽快感があって夢中になっていたのだけれども。

　殺伐ロックなどと言われたそれらの一方で、フリッパーズ・ギター解散以降の小山田圭吾さんに象徴されるスタイリッシュさを武器とした渋谷系も時代の先端感覚だった。『米国音楽』を手にしたのもそうした流れからだった。

　世間的には「あらかじめ壊れた世代」といった物言いが重宝されるような、チーマーの集団が弱者を狩るモラル無用な暴力がクール、みたいな風潮があった。90年代の閉塞感みたいなことがよく言われるのはこのあたりの印象もあるのかもしれない。

　殺伐にもスタイリッシュオシャレにも中途半端だった自分は、何か描こうとしても空振り続きだった。らしくない、のだ結局。描線の細い自分の絵が80年代的な古臭いものに感じて、時代に合わせてアップデートしなければという強迫観念が常にまとわりついていた。

　そんな時期に出会ったのが全く売れてない頃のスピッツで、毅然としたそのダサい青さみたいなものにものすごく心を掴まれた。マンガに関してはダメダメな時期だったが、私生活では彼女が出来た。パンク・ニューウェイヴ育ちの同い年で趣味も話も合う。さらに全く売れてないスピッツが好きだと言う珍しい人なのでもう結婚することにした。

　吉祥寺に新居を見つけて住み始めたのが93年の春、『米国音楽』でフィッシュマンズを知ったのはこの頃だ。

　間もなくして発売されたのが小沢健二さんの1stシングルだったが、吉祥寺ディスク・ユニオンで手に取ると裏ジャケに歌詞全文が印刷されている。これを読んでぐっときて即買いした。歌詞全文を載せるというのははっきりと言いたいことがあり、自信があるということだ。ジャケ写もフリッパーズ時代とは全く違うダサさ全開で良いなと思った。世間の反応は微妙だったが、この毅然

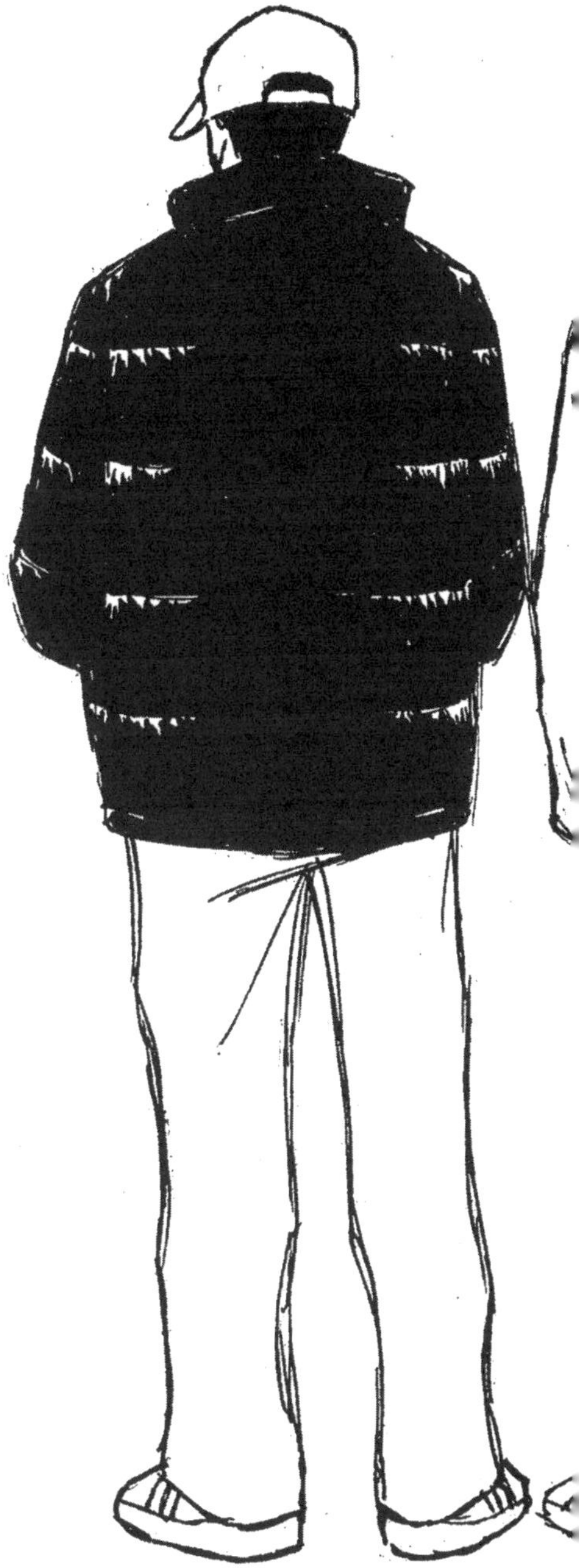

としたダサさはとても好きになった。しばらくして出た1stアルバムは傑作で、野音のライヴを妻と観に行った。小沢健二さんの弾くギターを初めて聴いたが、ニール・ヤングみたいなぎこちなく、えらくかっこいいギターを弾く人だなという光景が焼き付いている。

その夏に発売された『Neo Yankees' Holiday』もまた、毅然としたダサい青さに貫かれていた。どこか忌野清志郎さんを思わせる佐藤伸治くんのヴォーカルは渋谷系とは明らかに違う。レゲエをやっててもスノッブさに収まらない、自由でのびのびとした感覚があった。

年末に吉祥寺のワルシャワで小さいテクノ・コーナーが出来てたので勘でレコードを一つ買ってみた。そのＵＲの『Galaxy 2 Galaxy』はどえらい大当たりで、もしかしてこのテクノというジャンルはものすごく面白くなってるんじゃないかと友人に話したら、渋谷のWAVEに大きいコーナーが出来ていると言う。街の有線で流れてた曲が何だこれ良いなと思ったら、出たばかりの電気グルーヴ『VITAMIN』に入ってる〝NO〟だとＣＤ買ってから気付いて驚いた。

年明けて94年は完全にテクノにハマることになった。オシャレとかさておき聴いて感じて踊ろうというその風通しの良さは、これもまたダサい青さなのだと思う。青さゆえSL1200二台とミキサーも勢いで買ってしまった。フィッシュマンズの「MELODY」と『ORANGE』をアナログで買ったのはそれが理由だ。

そんな時代の流れと入れ替わるようにニルヴァーナのカート・コバーンは自殺してしまった。

夏に長女が生まれたが、これは自分のコミュニケーション観を激変させてしまった。子供とのコミュニケーションに大人のようなかけひきや探り合いはない。楽しい悲しいといった感情をストレートにぶつけてくる。心に壁を作るのが当たり前だった自分がアホらしくなった。もういいじゃん単純で、と思うようになった。

カーネーションは『Edo River』というソウルフルで瑞々しい傑作を出し、オザケンと呼ばれるようになった小沢健二さんも華やかでスマートな立ち居振る舞いで時代の人となっていった。音楽の全体的なエネルギーはえらく高まっていたが、自分のマンガでの空振りは3年間続いていた。

転機は95年の1月に訪れた。阪神淡路震災のショックで目が覚めた。古いも新しいもどうでもいい、生きていることが重要なのだと。あらかじめ壊れた世代なんて知ったことか。80年代も90年代も関係ない。そこで生きているかどうかを描けばいい。打ち返せないのはフォームが悪いせいだと思っていたがそうじゃない。フォームを直すことばかりを考えていたが、単に打てばいいじゃないかと。

短編「青い車」はそうして描かれた。作中、登場人物の「このみ」がカーステで流れるオザケンの〝ラブリー〟に「吐き気がする」と毒づくシーンがある。それは彼女がそこで生きているからだ。結末まで読めばなぜ彼女がそんなことを言ってしまったのかがわかる。きつい描写だが、彼女がそこで生きている限りそう描かざるをえなかった。小沢健二さんとファンには申し訳ないがそうしなければならなかった。

95年は自分だけでなく音楽も世の中もターニング・ポイントにあったように思う。サニーデイ・サービスは『若者たち』で思い切りダサい方向へと舵を切った。はっぴいえんどのパクリだなどと言われていたが、続くシングル〝青春狂走曲〟や〝恋に落ちたら〟を試聴機で聴くたび「本物だろこれ」と驚いて買って帰った。全く売れてないスピッツはもう過去の話になっていた。そのポリドールにフィッシュマンズが移籍した。『空中キャンプ』はこの時期に作られていく。テレビでは「エヴァンゲリオン」が始まっていた。

『空中キャンプ』が出た頃、たまたま聞いてたラジオにフィッシュマンズが出演していた。好きな食べ物を聞かれて佐藤伸治くんが「蕎麦」と言う。あーなんか痩せてるし蕎麦って感じだよなと思ったら、下北沢の蕎麦屋にある『ぶっかけ蕎麦』というやつで、マヨネーズがぶっかけてあると。それ美味いのか?ていうかカロリー高いじゃんよ、と思ったのをずっと覚えていて、他に何の話をしてたのかは全く覚えていない。その『ぶっかけ蕎麦』が今でも気になるのだが、店がわからんしそんなメニューの店は潰れてる気配がぷんぷんする。それにしても美味いんだろうか?という疑問は映画を観てすぐ謎が解けた。笑ってしまった。

『空中キャンプ』はもはやダサい青さではなく、純化された青さのようなアルバムだった。〝SEASON〟、『LONG SEASON』は言葉で語るだけばかばかしい、聴けばわかる全部、としか言えない。そこから受ける影響とかどう打ち返すかなんて話にならない。ただたそがれるしかない。

ところで実は97年のコミック・キュー「合作特集」での、「あさがお」という短編は最初自分で絵を描くつもりだった（「あさがお」というタイトルは後から黒田硫黄くんが付けたもので、元のタイトルは何だったか忘れてしまった）。話の中で狂人ヨシキ（元はトシキ）くんが魔法と言って夜空を飛ぶシーンがある。この場面が、自分一人の力では飛ばすことが出来ないと思っていた。本当に魔法を使える人が必要だと。そこで佐藤伸治くんにその場面に流れる詞を書いてもらえないかと思った。たしか三田格さんを通じて話を伝えてもらったような記憶があるが、答えはノーだった。詞と曲は一体のものなので、詞だけというのは書けないと。全くその通りだし、真摯な答えだなと思った。さてどうしたものか、となった矢先に奇跡的に黒田くんのマンガと出会う。この人なら飛ばせるはずだ、とすぐに合作の依頼をした。元々は夜の街の上空を〝ナイトクルージング〟のように浮遊するようなイメージだったのだが、結果は月まで飛んで行って月面着陸してしまった。まさに魔法だった。

叫び出しそうなほどの美しさと重たさ

文・朝倉加葉子

96年5月、私は美大生になりたてで、高円寺にある同級生の実家に友達たちと泊まりに行った。建築士の父親が監査をごまかして作ったという違法建築の広い屋根裏部屋には、やや古めのホームシアターセットにＪＢＬのスピーカーが設置されていた。私以外の皆はコンビニに出かけ、その時に家主がかけて出ていったのが『空中キャンプ』だった。一人きりソファに寝転がっていたが、知らない家の薄暗い部屋が突然空気を放出し始めたような、明らかに何かが一変した衝撃があった。テクノやハウス漬けだった頃で、自分が日本の歌ものに衝撃を受けたことにも驚いた。

そこから全ての音源を漁り、8月にやっとライヴを見ることができた。対バンイベント、フェス、ワンマン、年表に照らし合わせると見たのは全部で18本。勢い余って夜行バスで大阪や神戸にも一回ずつ行った。神戸チキンジョージの小箱感は贅沢だった。東京でやったライヴで見なかったのはチケットが高かったデ・ラ・ソウルの前座と持ち時間があまりに短そうだったＭＴＶのイベントの2つだけ。早稲田の学祭は会場が講義教室で机の間にいるのが窮屈だった。ペイブメントとの2マンは先攻のフィッシュマンズがあまりによかったためにペイブメントは耐えられなくて2曲目で帰った。2デイズだったブリッツの『男達の別れ』はどちらかを選べなくて両日行った。キョードートーキョーからのチケット先行発売の葉書は重要書類として扱った。ライヴに一緒に行く2、3人のメンツはやがて6人、7人と増えた。ごついハードコアの先輩も学食の入り口でヒップホップをかけてるスケーター君達も、そもそも音楽をあまり聴かないインドアな友達も「フィッシュマンズは見る」と言い、会場ではいつも誰かに会った。帰りの地下鉄の通路でジュースを賭けた50m走をして、ビールとライヴ疲れで皆全然走れなくて死ぬほど笑った。

ライヴが始まる前はとにかくワクワクしてしょうがない。クリアな頭で聴きたいから飲むのはビール一杯だけ、それでごく少しずつ水分補給する。曲が始まった瞬間から絶対的に気持ち良くて体を動かさずにはいられない。遅めの四つ打ちの気持ちよさとファンクの気持ちよさ、種類の違う二つがかけ合わさったみたいな、でもフィッシュマンズのライヴでしか聴いたことのない快楽が続く。グルーヴィーなのに理知的なベースで感情と理性が混ぜ合わされる。ドラムは柔らかくしなやかで永遠に止まらない。ギター、キーボード、ヴァイオリンは自由かつ的確に入って場を揺らす。ハウスのＤＪを聴くのにも似ていて、一曲目は大抵〝Oh! Crime〟なんかの長いインストで、リズムにじりじり我慢して我慢して、ついに佐藤伸治の高い声が歌を発すると暗闇だった視界が一気にひらける。その明と暗がライヴの間何度もうねるのもハウスのロングミックスを聴いているよう。歌声は単体でも気持ちいいのに歌詞の力でより頭と体に染みる。佐藤伸治は直接客席に向かってというよりも今流れている音楽にもう一音を乗せるように、それを丸ごと客席に届けるように歌う。〝SEASON〟は何層にもなっている時間が見えるようで、〝Go Go Round This World!〟は３６０度回る景色だ。〝すばらしくてNICE CHOICE〟は天が割れる瞬間が永遠に続く。ＣＤで聴く時の広がりとはまた別の、何かの生命体に変容した音楽。すぐそばにいるように近くて、目に見えないほど大きい。

99年2月、バァフアウトに佐藤伸治とビッケの対談が載った。佐藤伸治が語るソウルセット評からはリスナーとしての音楽への緻密な態度が垣間見え、そうかと思えば佐藤伸治が見た夢の話（しかも「こないだ夢で」ではなく「夢かなんかで」というあやふや表現）をシームレスに平然とぶち込む〝ぽさ〟もあり、しかし大体はビッケと互いのバンドを褒め合う、楽しそうないい対談だった。頁末の近況は「最新シングル〝ゆらめきIN THE AIR〟が発売中。ベース柏原譲の脱退にもめげず、今年は待望のオリジナルアルバムが出る！」。そう、毎回ライヴで死ぬほどベースを浴びせてくれ、『空中キャンプ』にあのベースラインを入れた功労者、なくてはならない柏原譲は抜けてしまった上にリリースもライヴもしばらく無いことはわかっていた。だが、やはりつまらない。次のライヴは早くて夏か、遠いな、とため息をついた。

翌月、佐藤伸治の訃報が出る。葬儀は誰もが参列ＯＫの音楽葬だった。最前で演奏するメンバー達の頭上に遺影が大きく飾られ、いつものように真ん中にいるのに佐藤伸治の顔だけ大きいのが歪だった。そのあと一切フィッシュマンズが聴けなくなった。そしてそのまま今に至る。聴かなくなった22年間に比べ、フィッシュマンズを聴いていたのはたった3年しかない。濃密だったが、あまりに短い。

フィッシュマンズはどんな曲にも全て、その浮遊感の裏側にはっきりとした拒絶があった。風景を歌った曲は視界の外の鈍重な現実を、恋人を歌った曲はそれ以外の他人を必要ないと言い切るからこそ生まれるものだった。字面だけだと鷹揚に見える「別になんでもいいのさ」は自分が邪魔されないことが前提で、対立し干渉してくる人間をも肯定する意味合いは決して内包しなかった。世界に恋人と二人きりであっても、そこにはどこまでも個人と個人の隔たりがあった。嘘じゃないものを厳しく選別した上に成り立つ世界に一人で立っている、そんな音楽。そしてどうでもいいものを手放すのには安寧と快楽があると、良くも悪くも明らかにした。後年、柏原譲は「聴いて欲しいっていう気持ちとは矛盾してるけど」と添えながらも「ほんとはフィッシュマンズの音楽が多くの人から共感を得ているような世の中じゃいけないと思うんですよね。やっぱりみんな安心して楽しい気分でいられる世の中の方がいいじゃないですか」（『ザ・ロング・シーズン・レビュー　オフィシャルブック』２００６年）と語った。選別を突き詰めると雑音はなくなるがやがて自閉と虚無が訪れる。しかしそれでもいいアルバムを作って世に出し、確信を持った顔で演奏をし平然とやっていく彼らは、嫌いなものは山のようにあるのに何も持てず、何をしたらいいかもわからない学生の自分にとって、自分のやり方で世界と対峙する姿を見せてくれる大人でありリアルなヒーローだった。仕事でいくつかのメジャーのバンドと付き合い密着ドキュメンタリーなんかも撮った今の私には、レコード会社に所属して活動することやそこそこの大きさの会場でのツアーが要する労力を少し想像できる。拒絶のねじれを抱える彼らが彼らしくいるためには、きっと多くの他のバンドよりも心身のタフネスが必要だっただろう。だからこそフィッシュマンズは彼らがライヴで飛び跳ねることがより光り輝くし、活動をし続けていることがとても重要だった。佐藤伸治の死には１００通りのことを思ったが、最終的に行き着いたのは怒りだった。死ぬなんて。たとえどんなに仕方ない死であったとしても、早く死んでしまったらあの音楽が嘘になってしまう。しかし佐藤伸治を擁するライヴは二度と行われず、嘘じゃないと思い直せる機会はない。以前と同じように見えなくなったフィッシュマンズを、私は一切聴けなくなったし、聴きたくないものになってしまった。

それ以降、新たにフィッシュマンズが好きだと言う人に出会っても当時の話はほとんどしなかった。もともとライヴ会場でもI'M FISH Tシャツは買えないし、買ってもきっと着れなかった捻くれたファンだったのに、更に憤りも抱えてしまっては尚更だ。今回の原稿もまず断ることを考えた。このままだと確実にこの先一生聴かない音楽だ。けれども当時フィッシュマンズの話をしたり誰かに紹介する時にいつも説明しきれない気がして、何故なのか答えが出なかったことがずっと心にあった。一日悩んで、覚悟を決めた。これを最後にすればいい。まずは実家に全ての音源を取りに行くところから始めることにした。

途中で止めることなく聴けるようにはなっていた。聴けなくなったころは一音一音がどこにあるか脳が覚えた記憶が抜けず辛かったが、長いブランクを経たことで普通に形を確かめながら聴くことができた。フィッシュマンズの影響を感じるバンドもその後いくつか聴いたのに、いざ本物を聴くとこれに似てるような音楽は聴いたことがない気がした。郷愁が生まれる隙はなく、リリース順にアルバムを聴きライヴ音源を聴いてはまたアルバムに戻り、シングルのカップリングを挟んではまたライヴ音源を聴いた。残していたというより捨て忘れていた雑誌からインタビューを発掘しては読み、ライヴ映像やＭＶを観てはまたＣＤを聴いて、気がついたら丸二日経っていた。聴くほどに、そうなんだ、そうなんだ、と独り言が何度も漏れた。こんなにも真っ当に、すごいことをやってたんだな、と。

「音の刺激なんてさ、つまんないじゃん。（中略）『音の刺激で暴れたいだけなの？』みたいな、そういうのは興味がないからね」（佐藤伸治 JAPAN 96年3月号）。表面上の歌詞や一音一音の集積にミックスで道が開かれると、一見語られていない何かが大きく立ち上がってくる。『空中キャンプ』以降に顕著なあの感じには当時一番やられたところだったが、その〝何か〟が何なのかがまさに掴めなかった部分でもあった。今聴くと、現在の私がちょっと知っている映画の作りととてもよく似ている。執着している主人公の背景は混雑した街中、向かいに座る別れたがっている相手は背景はひらけた空という虚無を仕込んで二人の温度差をセッティングするとか。一見普通だが実は不穏な台詞には、遠くの電車がキーンと軋む音をごく小さい音量で重ねて違和感を作るとか。あらすじがわかる表面上の台詞と画以外に、あらすじでは言及されることのない細かい要素を頭と手間と時間をかけて積み重ねる。映画はあらすじを伝えたいものじゃなくて、そこからはみ出して溢れる「映画」を伝えたいものだからだ。おそらく同じように、あの〝何か〞はサウンドや歌詞だけを見ていると聴こえなくなる、「音楽」としか表現しえないものだろう。「音楽とはどういうものか」を考え続けないと出てこないもの。音楽についての歌詞も多く、ずばり「なんのために」と歌う曲もあるが、あれはただの小洒落た言い回しなんかではなかったのだ。

歌詞だけじゃなく、当時はやや煙に巻いているように読めた佐藤伸治の発言の中にも今読むととてつもなくストレートな意図だとわかるものがいくつもあった。前出のバァフアウトではバンドが唯一無比と呼ばれる理由について「いや、頑張ってるからじゃないですかね？ 我々が他のバンドよりも。あとやっぱり『残そう』という気迫が違うような気がするけど。他の人達とは」と語っている。冗談めかした発言に見えたこれも、心からの本心だったのだと今では思う。実際に、当時「今、ここ」の音楽だと思っていたが聴き返しても古いとは決して思えなかった。今聴くにあたって「90年代の閉塞感が」とか「同時期に音響派があったり」とか、そういう背景の情報も一切必要ないように思った。文化に依って立って作られていないからだ。YouTube上でいまだに積み重なり続ける、様々な言語による熱いコメントがそれを証明している。日本のバンドであるとか、他にこんなバンドがいる界隈にいるとか、そういうものにも依っていない。言うのは易しいが、実際にそうしながらやっていくのはとてつもなく大変だ。お金だけじゃなく、伝わる安心や保証もない。恐らく私が拒絶だと思っていたものとも通じるそれは、単なるNOではなくて自分たちの音楽のために必要だったのだろうと今は思う。

『男達の別れ』の映像がリリースされていたのを初めて知った。あの日観た、ステージ幕が透き通っていく光景に心臓が強く締め付けられた。静かなようで激しい、丸ごと〝ゆらめきIN THE AIR〞みたいなライヴだと思ったのを思い出した。ラストの〝LONG SEASON〞の凄みは圧巻だった。長いドラムパートが終わり4部の歌が始まる時、それまで座っていた佐藤伸治が立ち上がるのが小さく見えて思わず声が出た。いつもあのタイミングで立つのを見ていたけれど、あの日はこちらが叫び出しそうなほどの美しさと重たさの中、佐藤伸治はそれに決然と立ち向かっていくみたいに見えて、ああ、これがフィッシュマンズだ、と思って見つめていた。映像の中には、細やかだけど力強いそのさまが、もしかすると当時よりもよりはっきりと映っていた。彼らが信じる音楽と共にある姿に、私は当時以来初めて泣いた。

原稿を受けた時、こんなことになるなんて思ってもいなかった。フィッシュマンズは、嘘じゃなかった。むしろ、何よりも本当だったことを、今はじめてちゃんと聴けた気がする。私は相変わらず嫌いなものが多くて困ることも多いけれど、今は少しだけそれが誇らしいかもしれない。

東京の西から

文・森元斎

Fishmansについて、誰も興味ないであろう、個人的な思い出を話させてください。『宇宙 日本 世田谷』が出た4年後の個人史です。東京の西の郊外に住む高校生の時、9月1日に友人が自殺をしました。その10日後に9・11が起こりました。当然のように、高校へ行かなくなりました。親御さんから葬儀で何か音楽をかけてくれとのことで、その友人が大好きであった『宇宙 日本 世田谷』を選びました。その友人は二度と目覚めず、静かに眠っていました。一曲目の〝POKKA POKKA〟にある「眠っている君を思い出すんだ 眠っている顔が一番好きだから」というリリックとメロディがその葬儀場に浸透し、感受性豊かだった高校生の私は、その頃くらいから、世界の認識が反転していくような、ユークリッド幾何学の世界観しか知らなかった自分がリーマン幾何学をはじめて認識したように、ぐにゃりと世界が曲がっていくような感覚を持つようになりました。そこへ来て9・11です。もう、終わった、と思いました。〝SEASON〟に関して、この当時、毎日映画をみていました。高校生なりに背伸びをしてゴダールなんかを見つつも、一番よく見ていたのは地味な小津映画でした。『東京物語』は記憶をめぐる映画だとしばしば言われていますが、私にとっては、違います。原節子演じる紀子は、過去を拒否し、未来も見通すこともありません。現在を悲しみや喜びだけではない、淡々とした唯の生を送ることを示しているように思えました。その中で、時計を渡されてもそれを拒否し、どの時間軸にも身を委ねない、ともすれば、ずれていこうとするその身ぶりに衝撃を受けました。そうした中、この亡くなった友人と「東京の街のスミからスミまで」、ふらついて出歩いていた記憶ばかりが思い出され、その時のことは、もはや「夢の中」。現実でありながらも、どこかふわっと、揺らいでいる感覚。現在を生きるという熱い思いではなく、ただ淡々とずれながら、今を生きているだけであるというこの感覚は、大人になってしまった今でも、何も変わりません。

そこへ来て〝IN THE FLIGHT〟は、「ドアの外で思ったんだ あと10年たったら なんでもできそうな気がするって でもやっぱりそんなのウソさやっぱり何も出来ないよ 僕はいつまでも何も出来ないだろう」と歌います。将来の夢を語りたがる高校生には重たい言葉でした。これから羽ばたこうとしている人間にとって、友人が死に、世界の変化を目の当たりにし、淡々とした今しかないということは、とても辛かった。それでも、それが真実なのではないかという気がして、そしてその音の心地よさに漂うことが正しい気がして、今に至るまで聴き続けています。

とりわけ、今も歌い継がれている〝WALKING IN THE RHYTHM〟は、フィッシュマンズの諸々の曲の中でも、大変人気がある曲なのではないでしょうか。HONZIのヴァイオリンの美しさもそうですが、ソロパートをいかようにでも変形させて、各パートがライヴで魅せることが容易な曲の構成も素晴らしい。ライヴのために作った曲なのかなと推察されます。自分も真似て、こういった曲を作って、バンドで演奏していたし、かつての私のように、バンドをやっている子たちにも、大きな影響を与えたのではないでしょうか。フィッシュマンズとともに高校時代を過ごし、その一方で、アルゼンチン音響派と称された音楽家たちやImprovised Music from Japan関連の音楽家たちを知り始め、また別に目を向ければB-BOY Parkなどでヒップホップが盛り上がりを見せ、Air Jam世代と今では言われているほどのメロコアブームなどなど、今思えば極めて豊穣な仕方で音楽を知っていく環境があり、感受性豊かだった十代後半の私には、音楽をやる以外に道はないとすら思うようになっていました。

その後、音楽家になるはずだった私は、むいていないとは思いながらも、哲学や思想史の研究の道へと進んでしまいました。人生最大の後悔は、哲学や思想史をやる、と決めたことでしょうか。それでもなお、時間は戻りませんし、死んだ友人も戻りません。今に至るまで相も変わらず、フィッシュマンズは毎日のように聴き続けています。ちょっと変わったことと言えば、自分の中で、フィッシュマンズが精神を占める割合が１００％だった十代～二十代から、それが今だと80%くらいに比重が減ったことくらいでしょうか。比重が減ったことで、どうなったかと言えば、何でもない日常とやらの中で、歩くスピードがさらに遅くなりました。もちろん、大学教員というある種恵まれた環境にいるからこそ、こうできるのかもしれませんが（当然、昨今の大学はクソだとは思いつつ）、それでもなお、やるべきことをやるという信念を持ち、「冷たいこの道の上を 歌うように 歌うように 歩きたい」です。

本が刊行されたりするとよくトークイベントなどはやる方だと思いますし、もちろん、嫌いではないのですが、基本的には大変根暗な人間なので、あまり人前に立ちたいとは思いません。マルクス主義者はよく、リーダー待望論を言いますが、アナキストである私にとっては、リーダーほど不要なものはありません。人前に立って、環境問題や労働問題を前傾化させるのもいいでしょう。しかし、結局、それで人気者になったとて、環境問題も労働問題も解決しません。イベントが盛り上がっても、その後に何かつながるようなことは、ほとんどありません。その意味でも、「死ぬほど楽しい毎日なんて まっぴらゴメンだよ」（〝DAYDREAM〟）。

じゃあどうするかって？ 自ら特異だけれども、匿名の存在と化して、地味な毎日の運動や蜂起、あるいは政府転覆を目論むしか道はないと踏んでいます。あるアッセンブリーに参加したことがありますが、民主主義は地味なものです。妥協の産物でしかありません。蜂起に参加したことがありますが、これはもちろん炎が上がると興奮はしますが、体力勝負の地味なものです。しかしこれらのおかげでヨーロッパは福祉を勝ち取ってきたわけです。そして政府転覆は経験したことはありませんが、いつか私が生きている間に、できれば、世田谷や東京の西の郊外あたりで革命が起きたらいいのに、と常々思っております。フィッシュマンズにも、こういった側面がないわけではありません。「アー この国の気分は変わりすぎて 疲れるぜ」「勇気のかけらも見せずに 死ぬのは誰ですか」（〝気分〟）。世田谷より西の郊外どころか、西に行きすぎて、須弥山に近い長崎に住まう今でも、革命のための炎が燃え上がったら、私は二段階革命をしに、すぐそちらへ、向かいます。

ライター略歴

朝倉加葉子（あさくら・かよこ）映画監督。『羊とオオカミの恋と殺人』、『クソすばらしいこの世界』など。他にカラスは真っ白「魔法陣より愛を込めて」MV、ドキュメンタリー『RADWIMPS：HESONOO』などがある。ユズル派。

磯部涼（いそべ・りょう）ライター。著作に『ルポ 川崎』（サイゾー、2017年）『令和元年のテロリズム』（新潮社、2021年）、共著に大和田俊之さん、吉田雅史さんとの『ラップは何を映しているのか』（毎日新聞出版、2017年）など。フィッシュマンズに関する仕事は『公式版 すばらしいフィッシュマンズの本』（INFAS、2010年）で曽我部恵一さん、北沢夏音さんと対談して以来。

植田亜希子（うえた・あきこ）95年に株式会社りぼんに入社。入社当時よりフィッシュマンズの現場を担当。96年、フィッシュマンズのマネージャーとなる。07年にりぼんを退社するも、現在に至るまでフィッシュマンズの諸々を担当している。WAIKIKI BEACHIの管理人でもあった。

河村祐介（かわむら・ゆうすけ）1981年生まれの乙女座。2004年～remix編集部に休刊直前まで在籍、一時期フリーやらLIQUIDROOM勤務で、いまはOTOTOY編集長。

さやわか（さやわか）ライター、物語評論家、マンガ原作者。著書に『僕たちのゲーム史』『文学の読み方』（いずれも星海社新書）、『キャラの思考法』（青土社）、『名探偵コナンと平成』（コア新書）、『ゲーム雑誌ガイドブック』（三才ブックス）など。マンガ原作に『キューティーミューティー』全5巻（LINEコミックス、作画・ふみふみこ）がある。近著に『世界を物語として生きるために』（青土社）。LINEマンガで『永守くんが一途すぎて困る。』（原作。作画・ふみふみこ）を連載中。欽ちゃん派。

品川亮（しながわ・りょう）1970年東京生まれ。著書『366日 映画の名言』（三才ブックス）、『〈帰国子女〉という日本人』（彩流社）、『ゼロ年代＋の映画』（共編著／河出書房新社）。訳書『スティーグ・ラーソン最後の事件』（共訳／ハーパーBOOKS）。アンソロジー『ひきこもり図書館』（毎日新聞出版）、『トラウマ文学館』（ちくま文庫）ほかでは、英米文学短編を翻訳。『公式版 すばらしいフィッシュマンズの本』（INFAS）を編集。映像作品は『H・P・ラヴクラフトのダニッチ・ホラーその他の物語』（東映アニメ）など。欽ちゃん派。

野田努（のだ・つとむ）1963年静岡市生まれ。世田谷在住。ele-king編集長。著書に『ブラック・マシン・ミュージック』、『ジャンク・ファンク・パンク』、『ロッカーズノークラッカーズ』、『もしもパンクがなかったら』。共著に石野卓球との『テクノボン』、三田格との『TECHNO definitive』など。通勤時には旧WAIKIKI BEACHIの前を自転車で通っている。

James Hadfield（ハッドフィールド、ジェイムズ）イギリス生まれ。2002年から日本在住。おもに日本の音楽と映画について書いている。『The Japan Tim es』、『The Wire』のレギュラー執筆者。２０１９年2月にフィッシュマンズの原稿「Twenty years after frontman Shinji Sato's death, Fishmans is still walking in the rhythm」を『The Japan Times』に発表。海外メディアの参照元となっている。

松山晋也（まつやま・しんや）１９５８年鹿児島市生まれ。音楽評論家。著書『ピエール・バルーとサラヴァの時代』、『めかくしプレイ：Blind Jukebox』、編・共著『カン大全〜永遠の未来派』、『プログレのパースペクティヴ』。その他ガイドブック等多数。スタジオボイス編集長時代、『空中キャンプ』を聴いてフィッシュマンズを表紙にしようと決め、本書の編者・三田格さんと共にインタヴューしました。今回は、佐藤さんのシャイな笑顔を思い出しながら原稿を書きました。植田亜希子派です。

水越真紀（みずこし・まき）編書に『宇宙語 日本語 世田谷語辞典』、『忌野清志郎画報　生卵』、二木信『しくじるな、ルーディ』、『戸川純全歌詞解説集　疾風怒濤ときどき晴れ』の構成など。HONZI派。

三田格（みた・いたる）１９６１年ＬＡ生まれ。共著に野田努と『TECHNO definitive』、粉川哲夫と『無縁のメディア』など。編書に『宇宙語 日本語 世田谷語辞典』『戸川純全歌詞解説集　疾風怒濤ときどき晴れ』『忌野清志郎画報　生卵』、CD『赤塚不二夫トリビュート　41歳の春だから』制作など。ユズル派。

宮台真司（みやだい・しんじ）東京都立大学教授。社会学、映画批評。著書に『権力の予期理論』（勁草書房）、『制服少女たちの選択』（講談社／朝日文庫）、『終わりなき日常を生きろ』（ちくま文庫）、『日本の難点』（幻冬舎新書）、『私たちはどこから来て、どこへ行くのか』（幻冬舎文庫）など。共著に『サブカルチャー神話解体』（ちくま文庫）など。近著に映画批評集『崩壊を加速させよ――「社会」が沈んで「世界」が浮上する』（blueprint）。旧WAIKIKI BEACHI近くに在住。

森元斎（もり・もとなお）１９８３年生まれ。長崎大学教員。著書に『具体性の哲学――ホワイトヘッドの知恵・生命・社会への思考』（以文社）『アナキズム入門』（ちくま新書）『国道３号線――抵抗の民衆史』（共和国）『もう革命しかないもんね』（晶文社）など。ceroにフィッシュマンズを教えた。

森本正樹（もりもと・まさき）１９７０年静岡県沼津市生まれ。１９９３年、株式会社フジパシフィック音楽出版（現　フジパシフィックミュージック）に大学新卒で入社。見習い期間を経て制作ディレクターとなる。１９９５年、フィッシュマンズのポリドール移籍と同時に制作担当者となり、その後２０１０年ころまで多くのアーティストの音楽制作にかかわる。WAIKIKI BEACHにはホンダシティカブリオレで通い詰めた。

よしもとよしとも（よしもと・よしとも）マンガ家。１９６４年生まれ。最新作が代表作。コロナ禍を描くアンソロジー『MANGA Day to Day』（上巻・講談社）に『OHANAMI 2020』を収録。カバーイラストにエリック・スピッツネイゲル『レコードは死なず』（ele-king Books）、れいちも『愛の武器よ！』シングル（LINE Records）など。気分が変わりすぎて疲れるツイッターは@yoshitomosan。

別冊ele-king　永遠のフィッシュマンズ

2021年6月9日　初版印刷
2021年6月9日　初版発行

編集　三田格＋野田努（ele-king）
協力　植田亜希子、小林礼奈、渡部政浩

装丁　鈴木聖

発行者　水谷聡男
発行所　株式会社Ｐヴァイン
〒150-0031 東京都渋谷区桜丘町21-2 池田ビル2Ｆ
編集部：TEL 03-5784-1256
営業部（レコード店）：
TEL 03-5784-1250
FAX 03-5784-1251
http://p-vine.jp

発売元　日販アイ・ピー・エス株式会社
〒113-0034 東京都文京区湯島1-3-4
TEL 03-5802-1859
FAX 03-5802-1891

印刷・製本　シナノ印刷株式会社

ISBN　978-4-909483-95-9

編集後記

クラブから朝帰りし、少しチル・アウトしてから寝ようとレンタルしたまま聴いてなかった『空中キャンプ』を聴いた。2回ほど聴いて、時計を見る。あと2時間起きていれば近所のレコファンがオープンする。『空中キャンプ』以外に「何か」リリースしているならそれも聴きたいという衝動が抑えられず、半分寝ながら店まで行くと「何か」どころかフィッシュマンズの「コーナー」があったので丸ごと買ってきた。適当に1枚再生してみると、あまりに『空中キャンプ』とはかけ離れているので、がっかりして気絶するように寝た。

誰が言い出したのか知らないけれど、当時、「テクノ系がフィッシュマンズを絶賛」という言い方は村意識を浮き彫りにするだけで、結果、誰のためにもならなかった。ただでさえ難解になったフィッシュマンズをより難しい位置に追いやったとさえ言える。正確には「フィッシュマンズは大人も振り向かせた」である。そして、振り向かされた大人たちは25年間、いつも頭のどこかでフィッシュマンズについて考え続けた。自分はなぜいいと思ったのか。リリース当初はまったく歯が立たなかった『空中キャンプ』も、そして、ようやく30％ぐらいは読み解くことができたのではないだろうか。「自分のことが書いてあるものは読みたくない」と言っていた佐藤伸治はもういないので、誰もが心置きなく書くことができた。

本誌の編集を引き受けて最初に原稿を書いてもらおうと考えたのは映画監督の朝倉加葉子さん。送られてきた原稿には「大人たち」とは明らかに異なるテンションが漲っている。「『空中キャンプ』に18歳で出会うということは、こういうことか」と少し嫉妬を覚えるような文章だった（本誌で対談をお願いしたＺＡＫさんと主張が似ていることも興味深い）。彼女のあとには佐藤伸治が亡くなってからフィッシュマンズと出会った人も続くことだろう。いずれはそういう人たちの「考えたこと」も読んでみたい。フィッシュマンズが時代を超えるとはそういうことだろうし、茂木欣一はそれまで活動を途切れさせてはいけない。

最後に無理なスジュールや注文に応えていただいた執筆者やスタッフの皆様に感謝いたします。執筆者の多くが自分と戦っている様子が手に取るようにわかる一冊でした。

（三田格）